leistungsstark & lebensfroh

Hochwirksame Impulse
für nachhaltigen Erfolg,
souveräne Leichtigkeit
und empathische Lebensfreude

Monika Herbstrith
Manfred Lappe

Zu diesem Buch

Seit 1983 ist Monika Herbstrith in der Erwachsenenbildung tätig. Als Trainerin und Coach unterstützt sie Unternehmen, Teams und einzelne Menschen mit immer wieder neuen zusätzlichen Themenfeldern. Stets kreisend um die Thematik „Menschen und Beziehungen in Organisationen und Strukturen". Seit ihrem erkenntnistheoretischen Mathematik- und Physikstudium hat sie sich an der Schnittstelle zwischen der subjektiven Sicht der Menschen und der „objektiven" Welt der Zahlen, Daten und Fakten vertieft. Auf der Basis von prozessorientiertem Qualitätsmanagement hat sie sich dann auf unternehmensweite KundInnen- und Serviceorientierung spezialisiert. Dabei betrachtet sie MitarbeiterInnen-Motivation als siamesischen Zwilling des externen Images. Führungs-, Organisations- und Beziehungsqualitäten sind dabei gerade in dynamischen Zeiten erfolgsentscheidend.
Immer hat sie

einzigartige Menschen mit individuellen Persönlichkeiten
in einer zielgerichteten, sinngeprägten (beruflichen) Gemeinschaft

im Fokus.

Der Themenbogen spannt sich dementsprechend von der Unternehmens- und MitarbeiterInnenführung über lösungsorientierte Kommunikation, effektive Teamarbeit, wertschätzenden Umgang mit Unterschiedlichkeiten und Interessenskonflikten bis zur persönliche (Weiter-)Entwicklung, klugem Selbstmanagement und Vereinbarkeit von Beruf und Familie.

Mit scharfem Verstand auf die wesentlichen Erfolgsfaktoren konzentriert, in verständlicher Sprache hirngerecht dargebracht und merk-würdig präsentiert. Immer mit der Ziel-Richtung, „hochwirksame Impulse" zu setzen und „nachhaltige Wirkung" zu erzielen, damit

Menschen mit Ihren persönlichen Stärken
und individuellen Lösungsstrategien
auch fordernde Leistungsansprüche
in souveräner Leichtigkeit meistern,
dabei heil bleiben
und Lebensfreude erfahren.

Im Rahmen von incite (Institute for Management Consultants and Information Technology Experts der Wirtschaftskammer Österreich) erfüllte sie als eine der ersten deren Qualitätskriterien für Trainer und Consultants:

„Customers' Certified Trainer" (ab 2000)
„Akkreditierte Wirtschaftstrainerin" (ab 2003)
„Certified Management Consultant" (ab 2003)

Ihr Wissen und ihre Erfahrungsschätze vermittelt Monika Herbstrith in Beratungsprozessen, Einzelcoachings, Universitätslehrgängen, firmeninternen Trainings, offenen Seminaren und in Keynotes auf internationalen Konferenzen. Bei letzteren erhielt sie mehrere Ehrungen, die auf den Seminarbeurteilungen ihrer TeilnehmerInnen beruhten, so z.B. von IIR (Institute for International Research) Österreich:

„Trainer of the Year" (2006, 2010, 2011)
„Ehren-Award für herausragende Leistungen bei Konferenzen und Trainings" (2008)
„Best of the Best" (2009)

Ihre Modelle, Konzepte, Methoden und Werte veröffentlicht Monika Herbstrith auch immer wieder mittels zahlreicher Artikel in Fachzeitschriften. Dieses Buch basiert auf den bisherigen Fachartikeln, die hierfür von den AutorInnen aktualisiert, aufgeteilt, zusammengefasst, ergänzt, neu geordnet und überarbeitet wurden.

toolbox
zur konkreten
Anwendung

In der

Toolbox für nachhaltigen Erfolg, souveräne Leichtigkeit und empathische Lebensfreude

im hinteren Teil des Buches haben wir für Sie die in den vielen Jahren entwickelten einfachen, hochwirksamen Methoden und Prinzipien zur Steigerung der Lebensfreude und der Leistungsstärke zusammengefasst.

Die Toolbox entfaltet besonders viel Kraft, wenn Sie sich gemeinsam mit wohlgesonnenen Verbündeten für einzelne Methoden entscheiden, Schritt für Schritt beharrlich auf den Weg zur alltäglichen Nutzung machen, sich gegenseitig erinnern/ermutigen und dabei auch Teilerfolge würdigen.
Wir wünschen Ihnen viel Freude und Spaß beim Schmökern in den einzelnen Abschnitten des Buches, deren Reihenfolge Sie gerne selbst individuell festlegen können. Wählen Sie wie aus einem Buffet das, was Ihren Geschmack trifft, Sie nährt und Ihr Wohlbefinden steigert.
Wenn unsere Gedanken Kreise ziehen, Nachdenklichkeiten bewirken und nützliche Erkenntnisse anregen, erfüllt dieses Buch seine Bestimmung. Unser Ziel ist, Standpunkte zu ver-rücken, zusätzliche Perspektiven zu erschließen und so den Denkhorizont und das Handlungsspektrum zu erweitern.
Denn:

Eine neue Sicht auf die Dinge bringt neue Dinge in Sicht!

Mögen Ihre Vorhaben von Erfolg gekrönt werden und Ihr Einsatz eine reiche Ernte erzielen!

Inhalt

Erfolgreich in souveräner Leichtigkeit 7
- Arbeitswelt im Umbruch 8
- „Ball-im-Tor-Effekt" als Grundlage der Eigenmotivation 8
- Zeitalter der vernetzten Individualisten 9
- Kluges Hirnmanagement 10
- Unser lernfreudiges Hirn 11
- High Performance im Post-Fordismus 14
- Work-Life-Balance? Leistungsstärke auf Basis von Lebensfreude! 17

Unternehmens-Führung 20
- Führungs-Qualität 20
- Führungsarbeit als Dienst-Leistung 23
- Führungsteam: Gemeinsam zum Erfolg beitragen 24
- Von der Fach- zur Führungsexpertise 26
- Unternehmens-Leitbild 27
- MitarbeiterInnengespräche 29
  - Ziele von MitarbeiterInnengesprächen 29
  - Umsetzung konkreter Veränderungen durch die Ergebnisse 29
  - Erhöhung der Aussagekraft durch ehrliche Antworten 32
  - Wer sollte die Gespräche durchführen? 33
  - Wodurch kann man die Akzeptanz bei den MitarbeiterInnen erhöhen? 33
- Neue Führungskräfte 33
  - Wichtigkeit von Kompetenzen 33
  - Tipps und Überlegungen für den Karriereweg von Nachwuchs-Führungskräften 35
  - Wirkungsvolle Trainings für Nachwuchs-Führungskräfte 36

Teamarbeit 37
- Erfolg durch Teamarbeit 37
- Managing Diversity 42
- Matrix Teams 53

Interne Dienst-LeisterInnen 63
- Stabstellen als interne Dienst-Leister 63
- Sicherheitsbeauftragte 65

Markt und KundInnen 70
- Smart ▸ wendig ▸ nachhaltig erfolgreich 70
- Marktorientiertes Denken – KundInnenorientiertes Handeln 78
- KundInnen-Dienst 80
- Unverschämt erfolgreich: Leistungen vermarkten 81
- Kommunikation mit KundInnen – selbst-bewusst telefonieren 82

Kommunikation 85
- Wirkungsvoll kommunizieren 85
- Andere sind wirklich anders 90
- Verhandlungstechnik 91
- Entschärfen von Killerphrasen 96
- 12 goldene Kommunikations-Tipps 100

Integrierte Managementsysteme 101
Qualitäts-Management 108
Qualität messbar machen 108
Prozessorientiertes Qualitätsmanagement – Smart und pfiffig 110
Impulse zur ständigen Verbesserung 112
Kontinuierlicher Verbesserungsprozess 114
Change Management 117
Gemeinsam zukünftige Erfolge gestalten 117
Stabilisierungsphase:
Nachhaltig erfolgreich – Wachstum unter Kontrolle 121
Generationswechsel 124
Wege aus der Krise 126
Wertschätzendes Miteinander von Frauen und Männern 130
Die Unterschiedlichkeit von Männer und Frauen
als unternehmensweites Gestaltungsprinzip 130
Gender Mainstreaming 145
Familienfreundlichkeit und Ergebnisorientierung: Ein Widerspruch? 147
Tipps für berufstätige Mütter 149
Persönliche Weiter-Entwicklung 154
Souveränität gewinnen durch Social Skills 154
Business – lustvoll – leben 159
Strategisches Selbst-Management 164
Lust auf Erfolg 166
Die Wahrnehmung folgt der Vorstellung 168
Ich und Er? Mein Körper? 170
Coaching 172

Toolbox:
Hochwirksame Interventionen für
mehr Erfolg, Leichtigkeit und Lebensfreude 174

Serviceteil 199
Glossar 199
Stichwortverzeichnis 202
Literaturverzeichnis 207

toolbox zur konkreten Anwendung

Erfolgreich in souveräner Leichtigkeit

Rund um den Beginn der Neuzeit hat die Physik das Weltbild – im wahrsten Sinn des Wortes – auf den Kopf gestellt. Dem Augenscheinlichen des Sonnenauf- und -untergangs am Horizont trotzend hat sich die Überzeugung durchgesetzt, dass es doch so ist, dass die Erde eine annähernd kugelförmige Gestalt hat und um die Sonne kreist. Im Moment gibt es ähnlich revolutionäre Erkenntnisse in der aktuellen Hirnforschung. Viele für uns selbstverständliche Annahmen über menschliche Denk- und Verhaltensweisen, die unsere Kultur prägen, werden durch neueste Forschungserkenntnisse widerlegt – umgekehrt erfährt in Vielem der Volksmund eine wissenschaftliche Bestätigung.
Eine der wichtigsten Erkenntnisse: unser Hirn ist unglaublich plastisch und lernfähig – bis ins hohe Alter – besonders, wenn wir es durch regelmäßige „Hirnjogging" fit und beweglich halten.

Revolutionäre Erkenntnisse der Gehirnforschung widerlegen bisherige Annahmen

Dr. Hirschhausen, der Arzt und Seminarkabarettist meint in seinem Hörbuch „Glücksbringer" launig:

„Viele Menschen meinen, das Hirn sei so wertvoll,
dass sie damit sparsam umgehen müssen."

Das Gegenteil ist der Fall: Unser Hirn nutzt sich nicht wie ein mechanisches Uhrwerk durch Gebrauch ab, sondern es wird durch Herausforderung und Training immer leistungsfähiger.
Allerdings liebt es auch die Gewohnheit. Unsere stets selektive und subjektive Wahrnehmung wird vom Hirn eigenmächtig durch bereits vorhandene Denkmuster ergänzt. Mit unseren merk-würdigen Impulsen wollen wir Standpunkte ver-rücken und im Hirn sinnlich verankerte Denkbrücken schaffen. Unser Ziel ist es, den Denkhorizont zu erweitern und das Handlungsspektrum zu bereichern, damit wir über größere und wirkungsvollere Lösungsräume verfügen. Vera Birkenbihl steht mit

„Stroh im Kopf?
Vom Hirnbesitzer zum Hirnbenützer"

seit Jahren in den Bestsellerlisten. Wir nennen es:

„Kluges Hirnmanagement für nachhaltigen Erfolg,
souveräne Leichtigkeit und empathische Lebensfreude"

Arbeitswelt im Umbruch

Nur in wenigen Nischen reicht Mittelmäßigkeit. Auf weniger Schultern lastet immer mehr. Noch fleißiger, härter, intensiver oder länger zu arbeiten kann nicht die Lösung sein. Viele Menschen sind bereits an den Grenzen ihrer Leistungsfähigkeit angelangt. Burn out mit den unterschiedlichsten Symptomen wird zur Volkskrankheit. Die Leistungssteigerung auf der Seite des Einsatzes nähert sich asymptotisch einem Grenzwert. Also muss die Lösung darin bestehen, den Wirkungsgrad der Arbeit und vor allem der Zusammenarbeit zu steigern. Wir sind viel zu sehr bemüht, die Aufgaben effizienter zu erfüllen. Dabei übersehen wir, dass wir damit das Detail optimieren statt das Handeln auf den Gesamtnutzen zu fokussieren. Der Management-Guru Peter Drucker hat schon vor Zeiten den Satz geprägt:

„Noch wichtiger als die Dinge richtig zu tun,
ist es, die richtigen Dinge zu tun."

Vor der Effizienzsteigerung ist die Erhöhung der Effektivität gefragt. Es geht um die Wirkung des Einsatzes. Das setzt einen Paradigmenwechsel voraus. Der Reformer-Kaiser Josef II hat noch nachweislich gesagt: „Ich brauche keine Beamten, die denken, sondern nur solche, die die Pflicht erfüllen." Dieses Denken prägt uns noch heute – auch in der Wirtschaft. Es ist z.B. üblich jemanden zu fragen „Was machst Du?" oder noch übler „Womit beschäftigst Du Dich?" In Klartext heißt das übersetzt „Wie füllst Du die Zeit?" Und die Arbeitszeit ist auch das, was honoriert wird. Dementsprechend gibt es Menschen mit dem Spitznamen „der rasende Stillstand", die unglaublich umtriebig sind und dennoch nichts bewegen.

„Welchen Nutzen bewirkst Du?" ist besser als „Was machst Du?"

Wir brauchen wesentlich stärkere Ergebnisorientierung. „Welchen Nutzen bewirke ich mit meiner Arbeit?" „Was ist mein Beitrag zum Gesamterfolg?" „Was haben die Kunden direkt oder indirekt davon, dass ich meine Arbeit gut mache?" und schließlich die zentrale Frage „Was macht meine Leistung wertvoll?" sowie in letzter Konsequenz „Warum sind meine Personalkosten für das Unternehmen sinnvoll eingesetzt?" Um diese Themenkreise müssten sich auch die MitarbeiterInnengespräche drehen.

„Ball-im-Tor-Effekt" als Grundlage der Eigenmotivation

Ein wunderbarer Nebeneffekt ist die Steigerung der Eigenmotivation. Jemand, der nur Aufgaben erledigt, hat ein Motivationsproblem. „Ich bearbeite den ganzen Tag nur Anfragen." wird schnell zur lästigen bis frustrierenden Routine. „Wieder jemandem zur Lösung verholfen." ist das was Vera Birkenbihl „Ball-im-Tor-Effekt" nennt, der für Motivation noch wichtiger ist als Anerkennung: Wenn ein Fußballer ein Tor schießt, ist der Applaus eine nette Draufgabe. Die eigentliche Freude – und das ist die Energie, die er braucht um immer wieder Top-Leistung zu erbringen – schöpft er aus seinem ureigensten Erfolgserlebnis. Mit der Frage „Woran kann ich erkennen, dass ich das Ziel erreicht und qualitätsvolle Arbeit geleistet habe?" setzen sie sich bzw. ihren MitarbeiterInnen das „Tor" und schaffen damit die beste Voraussetzung zur Steigerung der Eigenmotivation und damit der Leistungsfähigkeit. Während zu den traditionellen Arbeitstugenden auch das harte und ernsthafte Arbeiten zählt, braucht High Performance eine lust- und freudvollere Haltung. Boris Becker nach seinem Erfolgsrezept gefragt hat gemeint

Eigenmotivation durch „Ball im Tor-Effekte" stärken

„Wenn Du gewinnen willst, musst Du genau dieses Spiel lieben."

Lustlos oder verbissen ist der Wirkungsgrad unseres Handelns gering. „Was ist mein Zugang zu diesem meinem Auftrag?" „Was macht mir an meiner Arbeit Spaß und Freude?" sind auf das Business übertragen die Schlüsselfragen zur eigenen Leistungssteigerung. Grundvoraussetzung für die Identifikation mit der Arbeit sind Gestaltungsmöglichkeiten. Gerade in unserer immer stärker globalisierten Welt, wo Standardisierung im Sinn der Ressourceneffizienz erforderlich ist, braucht es die Führungsqualität immer klar zu kommunizieren, was vorgegeben und was gestaltbar ist. Je konkreter die Ziele des „WAS soll erreicht werden?" festgelegt sind, desto mehr kann das „WIE" der Zielerreichung selbstbestimmt sein. Es ist eine der nachhaltigsten Frust-Methoden, MitarbeiterInnen Ziele zu setzen, deren Zielerreichung sie nicht oder nur wenig beeinflussen können. Schließlich ist Willkür und nicht Gewalt das wirkungsvollste Folter-Mittel.

Zeitalter der vernetzten Individualisten

Karl-Heinz Böhm hat gemeint:

„Es gibt nicht 7 Milliarden Menschen auf der Welt, sondern 7 Milliarden Mal einen Menschen."

Das verändert die Sichtweise und hat weitreichende Konsequenzen. Das gängige Modell der Führung ist geprägt von der uniformen Logik des Militärs. Um große Massen in Krisen zu bewegen macht es Sinn, individuelle Unterschiede durch hierarchische Rangordnungen mit dazugehörigen Uniformen auszugleichen. Im „Zeitalter der vernetzten Egoisten", in dem alles schneller und individueller gelöst werden soll - wie Prof. Günther von der Donauuniversität Krems unsere Ära charakterisiert hat -, wird das immer schwieriger. Ein High-Performance-Team, das immer rascher und flexibler auf sich ändernde Anforderungen reagieren soll, kann es sich nicht leisten, einen guten Teil des Wirkungsgrades durch sehr wenig effektive Anpassungsleistungen zu verlieren. Gefragt sind vielmehr die individuellen Stärken.

Von Albert Einstein stammt die Aussage:

„JedeR ist ein Genie!
Aber wenn Du einen Fisch danach beurteilst,
wie er auf einen Baum klettern kann,
wird er sein ganzes Leben glauben, dass er dumm ist."

Ein Hochleistungs-Team wie z.B. die österreichische Schimannschaft konzentriert sich zu 80 % der Zeit auf Stärken und Erfolge. Schwächen und Misserfolge erhalten nur 20 % der Aufmerksamkeit. Erfolge zu analysieren, um daraus Kraft und Lösungsansätze für zukünftige Herausforderungen herauszukristallisieren, verdient in besonderer Weise Beachtung – entgegen dem, wie wir z.B. in unseren Schulen und Ausbildungen sozialisiert wurden.
Der Motivationsspezialist Reinhard Sprenger meint dazu:

„Achten Sie darauf, dass sie auf einem Spielfeld agieren,
wo sie mit Ihren Stärken ein Lächeln bewirken."

Es ist zentrale Führungsaufgabe, auf den richtigen Einsatz der MitarbeiterInnen, die vielleicht besser „MitwirkerInnen" heißen sollten, zu achten. Es gilt das Spannungsfeld konstruktiv zu gestalten, um individuelle Bedürfnisse und Stärken möglichst gut auf gemeinsame Ziele zu fokussieren.

Kluges Hirnmanagement

Mentaltraining ist in High-Performance-Teams nicht mehr wegzudenken. Im ausgeprägt körperlichen Schisport macht es mittlerweile 80 Prozent der Trainingszeit aus. Die Hirnforschung stellt derzeit unser Menschenbild auf den Kopf: unsere einseitig ausgeprägte Zahlengläubigkeit und Rationalität wird nur scheinbar der Wirklichkeit gerecht. Wir sind in einer ähnlichen Situation wie seinerzeit am Beginn der Neuzeit, als die Menschen sich nur schwer überzeugen ließen, dass die Erde als kugelförmiger Planet um die Sonne kreisen soll, auch wenn offensichtlich die Sonne tagtäglich hinter dem Horizont auf- und untergeht.

Rationalität ist nur ein kleiner Teil unserer Gehirnleistung

Hirnneuronale Messungen belegen eindrücklich die Macht der Emotionen und der Intuition. In den Management-Alltag sickern diese weitreichenden Erkenntnisse nur allmählich ein. Statt den Irrtum aufrecht zu erhalten, dass Verstand und Gefühl ein Gegensatzpaar ausmachen, gilt es die unterschiedlichen Ebenen klug zu kombinieren. Da unsere Wahrnehmung hochgradig selektiv und durch die Denkmuster im Kopf stark geprägt ist, werden wir in hohem Maß zum Gestalter unserer eigenen Wirklichkeit. Ausgestattet mit unserem Bewusstsein können wir Einfluss auf den millionenfach größeren Bereich des Unbewussten nehmen und so den stärksten Verbündeten gewinnen.

Die Grundvoraussetzung für Erfolg und hohe Effektivität ist, sich den Erfolg ausmalen zu können. Diese Aussage aus dem Talmud war ihrer Zeit weit voraus und wird von den hirnneuronalen Messungen bestätigt:

*„Achte auf Deine Gedanken,
denn sie werden Deine Worte.*

*Achte auf Deine Worte,
denn sie werden Deine Taten.*

*Achte auf Deine Taten,
denn sie werden Deine Gewohnheit.*

*Achte auf Deine Gewohnheiten,
denn sie werden Dein Charakter.*

*Achte auf Deinen Charakter,
denn er wird Dein Schicksal."*

Unser lernfreudiges Hirn

Das Jahrzehnt 2000 bis 2010 wurde zu Recht zum Jahrzehnt der Hirnforschung ausgerufen. So viele sensationelle Erkenntnisse wurden erzielt. Eine der wesentlichsten: Unser Hirn ist unglaublich plastisch und lernfähig. Tatsächlich lernt es immer unbewusst und entwickelt sich stets weiter.
Der klassische Lernprozess ist defizitorientiert:

Neue Erkenntnisse zeigen: unser Gehirn lernt ständig unbewusst

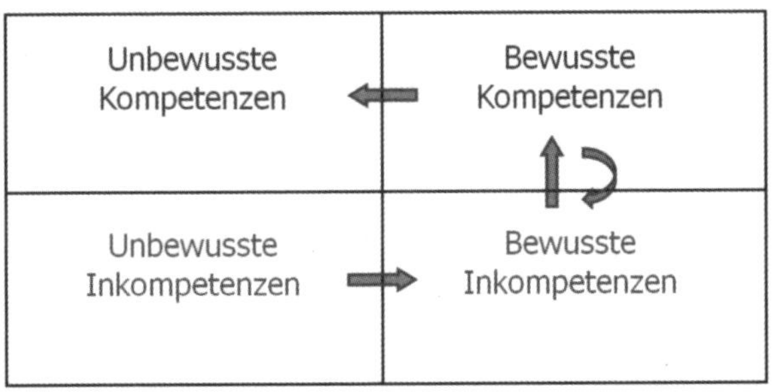

Abbildung: klassischer Lernprozess
Zunächst fällt uns gar nicht auf, dass wir etwas nicht wissen oder nicht können. Der erste ganz entscheidende Lernschritt ist der von der unbewussten zur bewussten Inkompetenz.

Diese entscheidende Erkenntnis hat Sokrates in seinem berühmten Satz zusammengefasst:

„Ich weiß, dass ich nicht weiß."

Unter Stress sind eintrainierte Verhaltensweisen besonders wichtig

Im Idealfall weckt diese Erfahrung Neugierde und bewusstes Lernen. Es entstehen bewusste Kompetenzen, die am Beginn noch etwas holprig wirken. Immer wieder fallen wir in die bewusste Inkompetenz zurück. Am Beginn ist das Neue noch fehleranfällig. Wenn uns auffällt, dass wir in unsere alten, vertrauten Muster zurückgefallen sind, sollte uns das bestärken, dass wir auf dem richtigen Weg sind. Durch wiederholendes Trainieren des neu Erlernten geht es allmählich „in Fleisch und Blut über". Wir verinnerlichen unsere Kompetenzen, sie werden uns so selbstverständlich, dass sie automatisiert ablaufen und selbst unter Stress funktionieren. Dann haben wir das Stadium der unbewussten Kompetenz erreicht.

Abbildung: spontaner Lernprozess

Häufig findet auch spontanes Lernen statt. Es fällt uns gar nicht auf, dass wir einen wesentlichen Lernschritt bewältigt haben. Das neue Können ist einfach da.

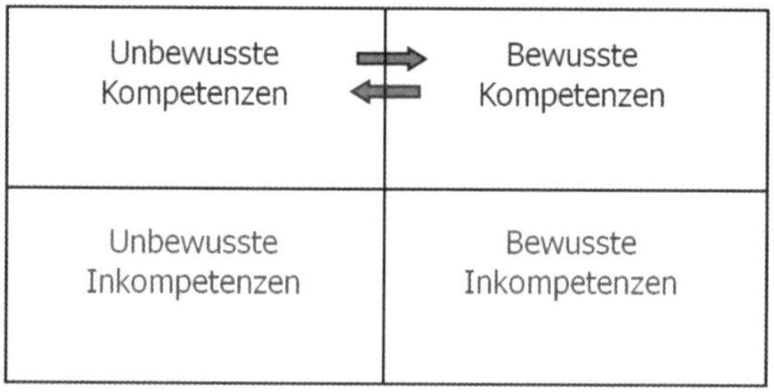

Abbildung: aus Erfolgen lernen

Im High Performance Coaching ist das Lernen aus Erfolgen und das Stärken von Stärken ein zentrales Element.

Es gilt das Prinzip vom Physiker und Judolehrer Moshé Feldenkrais, dem Begründer der nach ihm benannten Feldenkrais-Methode:

*„Nur wenn ich weiß, was ich tue,
kann ich tun, was ich will."*

Moshé Feldenkrais ging davon aus, dass ein Mensch nach dem Bild handelt, das er sich von sich macht. Wenn man diese Denkmuster erkennt, kann man sie bewusst reflektieren und adaptieren. In unserem Bildungssystem wird nur wenig Augenmerk dem Wahrnehmen und Analysieren von (Teil-)Erfolgen gewidmet.

Um unbewusste Kompetenzen zu identifizieren sind folgende Fragen hilfreich:

- Was hat meine bisherigen Erfolge ermöglicht?
- Was sind meine persönlichen Stärken?
- Mit welchen Strategien war ich bisher erfolgreich?
- Was kann ich mir aus den bereits erzielten Erfolgen als Erfahrungen mitnehmen, um damit zukünftig Hürden zu meistern und Ziele zu erreichen? *(siehe auch Toolbox Nr. 9 „Mehr von dem tun, das sich bewährt hat" Seite 179)*

Wenn ich durch solche Lernstrategien Bewusstheit über meine Kompetenzen gewinne steigert das einerseits mein Selbst-Bewusstsein d.h. das wertschätzend-realistische Bild von mir und meiner Leistungsfähigkeit. Aus dem kann ich die fundierte Zuversicht gewinnen, auch zukünftige Herausforderungen erfolgreich zu meistern. Andererseits ermöglicht das Wissen um mein Wissen und meine Fertigkeiten, dass ich diese ausbaue, vertiefe, kultiviere und vor allem gezielt einsetze. Diese gestärkten Stärken gilt es dann wieder zu verinnerlichen.
Dr. Gerald Hüther, Professor für Neurobiologe, Leiter der Zentralstelle für Neurobiologische Präventionsforschung der Psychiatrischen Klinik der Universität Göttingen und des Instituts für Public Health der Universität Mannheim/ Heidelberg hat in seiner langjährigen Forschungstätigkeit auf dem Gebiet der Entwicklungsneurobiologie erkannt: Nur wenn wir mit guten Gefühlen lernen, lernen wir nachhaltig und können wir das erworbene Wissen auch zukünftig kreativ einsetzen. Wenn wir Inhalte unter Druck und in einem negativen emotionalen Kontext lernen, können wir es kaum für kreative Problemlösungen einsetzen. Stress und Angst schaltet unser Hirn in den Überlebensmodus. Es geht um kurzfristiges Kämpfen, Flüchten oder Erstarren.
Den idealen Lernzustand können wir von kleinen Kindern lernen, die in herzhafter Neugierde, Dinge be-greifen wollen, wie ein wissensdurstiger Schwamm Informationen verinnerlichen und mit beharrlich-leidenschaftlichen WARUM-Fragen Hintergründe erforschen.

Das Lernen ‚mit guten Gefühlen' verbessert den Lernerfolg nachhaltig

Gerne unterstützen wir die Aussage von Henri Frédéric Amiel:

„Zu wissen, wie man anregt, ist die Kunst des Lehrens."

Oder in unserer Sprache: Wir setzen Impulse. Sie entscheiden, welche Sie aufgreifen und damit Sinnvolles, Nützliches, Freudvolles bewirken möchten.

High Performance im Post-Fordismus

Henry Ford hat die Arbeitsweise des industriellen Zeitalters sehr geprägt. Der Fordismus oder auch Taylorismus ist gekennzeichnet durch standardisierte Fließbandprozesse mit streng arbeitsteiligen minutiös durchgeplanten einzelnen Aufgaben. In den letzten Jahrzehnten des 20. Jahrhunderts hat der Westen fasziniert nach Japan geblickt. Dort haben neue Arbeitsformen mit viel mehr Teamwork und Eigenverantwortlichkeit eine deutlich höhere Produktivität und Qualität ermöglicht.

Teamwork und mehr Eigenverantwortung erhöhen Produktivität und auch Qualität

Der Gründer von Panasonic, Konosuke Matsushita, hat 1979 selbstbewusst gesagt:

„Wir werden gewinnen und
der industrielle Westen wird verlieren –
Sie können nicht viel dagegen unternehmen,
da die Gründe für Ihr Versagen bei Ihnen selbst liegen.

Für Sie liegt der Kern des Managements darin,
die Ideen aus den Köpfen der Chefs
in die Hände der Arbeitskräfte zu übertragen.

Für uns besteht der Kern des Managements aus der Kunst,
die intellektuellen Ressourcen aller MitarbeiterInnen
im Dienste der Firma zu mobilisieren und zu vereinen.

Es ist schon schlimm genug, dass Eure Unternehmen
nach dem Prinzip des Taylorismus organisiert sind;
viel schlimmer ist jedoch, dass es auch
in Euren Köpfen so aussieht."

Die Bezeichnung Post-Fordismus geht auf den japanischen Ingenieur Taiichi Ohno zurück, dem Erfinder des neuen Produktionsmodells bei Toyota, welches in Anlehnung an Henry Fords Modell zuerst als „Toyotismus" bezeichnet wurde. Mehr vom Gleichen kann nicht die Lösung sein. Gefragt ist vielmehr Querdenken.

Querdenken ist besser als ‚mehr vom Gleichen'

Professor Helmut Karner vom Föhrenbergkreis hat das unangemessene Festhalten an Traditionen unter geänderten Rahmenbedingungen pointiert so formuliert:

„Wir verhalten uns häufig, wie jemand, der auf der sinkenden Titanic um das Recht der Liegestühle streitet."

Die geänderte Arbeitsorganisation braucht auch ein Umdenken der zugrunde liegenden Arbeitswerte:

Paradigmenwechsel der Arbeitswerte

FORDismus →	**Post-FORDismus**
≈ Brav / gehorsam	≈ Initiativ / verantwortungsvoll
≈ Hart / eisern	≈ Souveräne Leichtigkeit
≈ Lang / pausenlos	≈ Energievoll mit Boxenstopp
≈ Fleißig / bemüht	≈ Effektiv / zielfokussiert
≈ Planmäßig	≈ Agil & resilient
≈ Uniform / angepasst	≈ Individuelle Stärken nutzen
≈ Seriös / ernsthaft	≈ Begeistert / lustvoll
≈ Ertragen / durchhalten	≈ Gestalten & auskosten

In streng hierarchischen Strukturen werden MitarbeiterInnen leicht auf gehorsame BefehlsempfängerInnen und –ausführende eingeschränkt. Tatsächlich hört man immer wieder als Argument „Weil es so in meiner Arbeitsplatzbeschreibung steht?" oder „Weil es der Workflow so vorgibt?" oder „Ich mache das für den Chef!" oder „Das hat mir ja keiner gesagt."

„Wenn Mutter wüsste was ich alles kann, müsste ich viel mehr arbeiten."
Volksweisheit

Die High-Performance-Kultur des Post-Fordismus braucht MitdenkerInnen, MitgestalterInnen und MitwirkerInnen! Eigeninitiative ist gefragt!

Werden im Taylorismus nur einzelne Aufgaben delegiert, so geht es im Post-Fordismus in erster Linie um Ergebnis- und Wirkungsverantwortung – was nur gehen kann, wenn Aufgaben, Befugnisse und Kompetenzen aufeinander abgestimmt sind.

Hartnäckig hält sich die Sicht, dass Erfolg nur zählt, wenn er hart errungen ist. Wahre Meisterschaft zeigt sich jedoch in der souveränen Leichtigkeit. Gut im Flow gehen Dinge viel leichter von der Hand. Verbissenheit schränkt unsere Leistungsfähigkeit ein – zu viel Druck ist immer wieder kontraproduktiv. *(siehe auch Lust auf Erfolg, Seite 166)*

Hart, eisern, pausenlos und lange zur Arbeit gilt nach wie vor vielerorts als Zeichen der Einsatzbereitschaft. In den meisten Unternehmen basiert die Entlohnung auch auf der Anwesenheitszeit. Länger, härter und fleißiger zu arbeiten heißt jedoch nicht unbedingt auch mehr zu bewirken. „Boxenstopps" zum Auftanken erhöhen die Effektivität des persönlichen Einsatzes. Der Zielfokus geht gerade in der operativen Hektik leicht verloren.

Führungsaufgabe ist die Förderung von MitarbeiterInnen-Stärken und die adäquate Verteilung von Aufgaben

High Performance kann es sich nicht leisten, auf die individuellen Stärken zu verzichten. Eine der wichtigsten Führungsaufgaben ist es, die Stärken der MitarbeiterInnen zu fördern und die Aufgaben im Team gemäß dieser individuellen Stärken zu verteilen.

Unser Umfeld wird immer komplexer, dynamischer und kurzlebiger. Flexibilität und Agilität sind mehr denn je gefragt. Und Resilienz, die Überlebensfähigkeit auch unter geänderten Rahmenbedingungen, während Krisen und Umbrüchen, wird zu einem zentralen Thema. Für viele gewöhnungsbedürftig, weil die Werte Seriosität und Ernsthaftigkeit von Vielen noch als tragende Säulen der Professionalität gesehen werden.

Der Lustmodus im Hirn ist der High-Performance-Modus. In der Freizeit ganz klar: wenn ich mit dem ganzen Herzen bei einer Sache bin, sind die Erfolgsaussichten deutlich größer. Halbherzig und lauwarm sind wir nicht im Vollbesitz unserer Leistungsfähigkeit. „Zähne zusammenbeißen und durch" war/ist für viele von uns eine Lebensdevise für fordernde Situationen. Gerade in der Kriegsgeneration unserer (Groß-)Eltern war der Glaubenssatz weit verbreitet „Leben heißt Erdulden, Erleiden und Ertragen".

Dementsprechend sind viele Menschen Profis im Wissen, worunter sie leiden. Unsere eigenen Gestaltungsmöglichkeiten wahrzunehmen und unsere Erfolge auszukosten sind High-Performance-Skills, die in unserer Bildungs- und Arbeitswelt noch viel zu wenig gefördert werden.

Work-Life-Balance?
Leistungsstärke auf Basis von Lebensfreude!

Das neue Top-Management präsentiert sich nach der Unternehmensübernahme allen MitarbeiterInnen und steht anschließend für Fragen zur Verfügung. Eine Führungskraft will wissen, welche Perspektiven die neue Unternehmensführung bietet. „Wenn Sie Erfolgsaussichten haben wollen, vergessen Sie Work-Life-Balance!" war die harsche Antwort mit der er seine Erwartung nach beruflichem Einsatz weit in den Privatbereich hinein ausdrückte. Mal ehrlich: als KundInnen erwarten wir uns Service sofort und häufig rund um die Uhr. Unsere KundInnen ticken auch so! Im Zeitalter von Mails, Blackberry, Smartphones und Tablet PCs verschwimmt die Grenze zwischen Beruflichem und Privatem immer mehr. Häufig haben wir den Eindruck, dass High Performance im Widerspruch zur Lebensqualität steht. Viele erfolgreiche Menschen klagen, dass sie ziemlich erschöpft nach Hause kommen. Psychisch bedingte Erkrankungen wie z.B. Burn-out nehmen rasant zu.

Arbeitszeit ist Lebenszeit

Das Wort „Work-Life-Balance" enthält einen systematischen Denkfehler. Es tut so, als fände Leben nur außerhalb der Arbeit statt.

„Sie altern auch in der Arbeitszeit"

Monika Herbstrith

Manchmal hat man allerdings den Eindruck als wären manche Menschen nur schein-lebendig: Aus Tradition stehen sie auf und atmen weiter – vorsichthalber unter emotionaler Vollnarkose. Sie übersehen dabei, dass das Unbewusste unseres Hirns immer lernt – und dabei keinen Unterschied macht, ob wir gerade in unserer Freizeit sind oder nicht.
Marc Aurel hat schon gesagt:

"Im Lauf der Zeit nimmt die Seele
die Farbe der Gedanken an."

Die Neurowissenschaften bestätigen das. Alles was wir denken, fühlen, wahrnehmen, handeln bildet sich als Eiweißbrücken in unserem Hirn ab. Und da sich das auch in unserer Mimik widerspiegelt ist das eine der Ursachen, warum sich Langzeitpaare immer ähnlicher sehen.

Lebensqualität und –freude sind daher nicht nur ein Thema für den Feierabend, das Wochenende und den Urlaub sondern auch für den großen Anteil unserer Wachzeit, den wir beruflich erleben.

„Was macht meine Arbeitszeit zu sinnvoller Lebenszeit?"

ist eine ungewöhnliche, wenn auch ganz entscheidende Frage.
Selbstverständlich ist Sinn etwas höchst persönlich Individuelles.
(siehe auch Toolbox Nr. 4, Seite 176).
Wenn Sie Ihre Arbeit beenden, ist ein Stück Ihrer Lebenszeit unwiederbringlich verstrichen.

„Welchen Unterschied macht es, dass ich beruflich gelebt habe?"
„Welchen Nutzen habe ich bewirkt?"

Im Erfolgs-Tagebuch *(siehe Toolbox Nr. 8, Seite 179)* können Sie Ihre Antworten sammeln.

Entspannen durch Umschalten ist einfacher als das vielzitierte ‚abschalten'

Sind Sie auch geplagt, dass es Ihnen schwer fällt, die beruflichen Probleme und Ärgernisse auf dem Weg nach Hause abzuschalten? „Das muss doch möglich sein, jetzt nicht mehr an die beruflichen Sorgen zu denken." dient nicht dem Abschalten sondern manifestiert das Unerwünschte. Tatsächlich kann unser Hirn nur schwer abschalten. Es kann jedoch umschalten.

„Worauf freue ich mich jetzt in meiner Freizeit?"
„Was gönne ich mir heute Abend?"

Tatsächlich sind Menschen, die in ihrer privaten Lebenszeit in einer soliden Homebase Kraft und Freude schöpfen können, sehr gut gegen Burnout geschützt. Workaholics unterscheiden sich von High Performern darin, dass sich Arbeitssüchtige fast ausschließlich über die berufliche Leistung definieren und häufig auch von ihren privaten Problemen und Verunsicherungen ablenken wollen. Sie sind gefährdet in die Fallen Burnout und der manischen Depression zu kippen.

„Menschen sind so unglaublich umtriebig im Außen, damit sie ja keine Zeit haben, sich mit dem zu beschäftigen, das sie am meisten ängstigt – nämlich ihr Inneres"

Samy Molcho

Häufig werden wir in den Trainings gefragt: Wie gelingt es mir besser, Privates und Berufliches zu trennen. Wir empfehlen in diesen Fällen Arbeitszeit und Freizeit besser miteinander zu verbinden! Schließlich sind unser Hirn und unser Körper die gleichen, unabhängig davon, ob wir gerade bezahlt arbeiten oder in der Freizeit aktiv sind.

Viele Menschen verhalten sich auch so, als wäre das Gehalt der Preis für abgekaufte Lebenszeit. Kennen Sie das Phänomen, dass MitarbeiterInnen, die beruflich wenig flexibel, hilflos und planlos agieren, in ihrer Freizeit ganz tolle Leistungen erbringen, die man Ihnen in der Firma nie zutrauen würde z.B. sich in Vereinen engagieren, sportlich aktiv sind, einen Hausbau oder Umzug meistern, ein Leben als AlleinerzieherIn mit geringem Einkommen organisieren, ... Alle Kompetenzen, die wir privat erfolgreich einsetzen, stehen uns prinzipiell zur Verfügung. Häufig gibt es allerdings im Berufsleben Blockaden, die den Zugang zu den Stärken und Potenzialen versperren. High Performance greift auf diese Stärken zu. „Mehr von dem tun, das sich bewährt hat" ist das zentrale Prinzip. *(siehe auch Toolbox Nr. 9, Seite 179 und Lust auf Erfolg, Seite 166).*

In der Freizeit gelebte Kompetenzen können auch in der Arbeitszeit genutzt werden

„leistungsstark, weil lebensfroh:
Leistungsstärke auf Basis von Lebensfreude
(und nicht auf Kosten)"

ist die Devise unserer Konzepte. Tatsächlich sind Glück und Lebensfreude die beste Basis für nachhaltigen Erfolg. Wie man sie kultivieren und fördern sowie privat und beruflich nutzen kann, um mit mehr souveräner Leichtigkeit erfolgreich durch's Leben zu gehen, ist Inhalt dieses Buches „leistungsstark & lebensfroh".

„Erfolgreiche Menschen sind nicht immer erfüllt.
Erfüllte Menschen sind immer erfolgreich."

Yvonne van Dyck

Frage „Was gilt in unserer Gesellschaft als Erfolg?" bewirkt häufig kontraproduktiven Leistungsdruck und Stress.

„Was heißt Erfüllung und Erfolg für mich – privat & beruflich?"

ist die für Sie viel relevantere Frage.
Immer wieder die Totenbettperspektive einzunehmen, öffnet den Blick für das Wesentliche, hilft Prioritäten zurechtzurücken und nimmt vielen Ärgernissen den Wind aus den Segeln:

„Wie möchte ich in Dankbarkeit auf
ein erfülltes Leben zurückblicken?"

(siehe auch Toolbox Nr. 6, Seite 178)

Unternehmens-Führung

Ein Unternehmen ohne Führung ist wie ein steuerloses Boot im Wildwasserbach. Allerdings reicht es zur Bewältigung der vielfältigen Wagnisse und Gefahren nicht aus, nur eine „Führung" als Person oder Personengruppe zu haben. Unternehmens-Führung schließt bereits sprachlich mit ein, dass es um ‚das Führen', d.h. ein bestimmtes Verhalten der verantwortlichen Personen geht. Nicht nur, aber auch, auf der obersten Hierarchiestufe im Unternehmen.

Das Spektrum von Unternehmens-Führung und damit von Führungsaufgaben und Verhalten ist groß. Vielfältige Aspekte laden zum Nachdenken und Überdenken ein. Unternehmen Sie mit uns einen Streifzug in einige der wichtigen Aspekte von Unternehmens-Führung.

Führungs-Qualität

Führungskräfte sind massiv gefordert, wenn es darum geht, Chancen der sich rasch ändernden Märkte schneller als der Mitbewerb zu erkennen und zu nutzen sowie Hürden und Risiken souverän zu meistern. Neben dem Zeitfaktor sind vor allem Flexibilität und Innovationskraft zunehmend gefordert. Für ManagerInnen stellt sich die Frage: „Wie führe ich meine MitarbeiterInnen zum nachhaltigen Erfolg?"

Ist „Fachkompetenz" das ‚A und O' einer erfolgreichen Führungskraft?

„Was ist eine gute Führungskraft?" die Antworten auf diese hintergründige Frage sind vielfältig. Spiegeln sie doch die Werte und Normen der Unternehmenskultur wieder. Häufig steht besondere Fachkompetenz an vorderer Stelle. Dieses Bild von Führung drückt sich dann zum Beispiel in Aussagen aus wie „Die MitarbeiterInnen benötigen so viel Zeit, dass ich kaum mehr zu meiner eigentlichen Arbeit komme." Was sind die „eigentlichen Aufgaben" einer Führungskraft?

*„Derjenige, der immer weiß wie,
wird immer einen Job haben.
Derjenige, der immer weiß warum,
wird immer eine Führungskraft sein."*

Ralph Waldo Emmerson

Wenn sich Führungskräfte vor allem über ihre herausragende Fachkompetenz definieren, wird es für sie ein zweischneidiges Schwert, ihrer eigentlichen Aufgabe nachzukommen, nämlich MitarbeiterInnen und vor allem deren Leistungsfähigkeit zu fördern. Wissen und Information wird so häufig zum

Machtfaktor. Personalentwicklung und -weiterbildung kann sogar als bedrohlich erlebt werden. Mit ein Faktor, warum in unserer Kultur die Ernte des betrieblichen Vorschlagswesens oft so bescheiden ausfällt. ManagerInnen als Coaches und MentorInnen definieren hingegen ihre Leistung über den gemeinsamen Erfolg des von Ihnen geführten Teams. Diese Veränderung des Blickwinkels ermöglicht WIN-WIN-Strategien, in denen der Zuwachs des Know-how, der Skills und der Ideen der MitarbeiterInnen Teil der Zielerreichung der ManagerInnen werden.

Klar kommunizierte Ziele schaffen die Voraussetzung dafür, dass die Energie, die Aufmerksamkeit und die (vielleicht knappen) Ressourcen strategisch auf das Wesentliche ausgerichtet werden. Motivation ohne Information ist Illusion. Einerseits reduziert mangelnde Information und die damit verbundene Verunsicherung dramatisch den Wirkungsgrad der persönlichen Leistung. Andererseits sind Information und Einbindung Ausdruck einer Wertschätzung. Die Orientierung an der vorgegebenen Richtung dient als Entscheidungsgrundlage und ermöglicht Vereinbarungen, wer welchen Beitrag zur Zielerreichung leistet.

Motivation ohne Information ist Illusion

„Nachdem wir das Ziel endgültig aus den Augen verloren hatten, verdoppelten wir unsere Anstrengungen."

Mark Twain

Umfang und Grenzen von Aufgaben, Verantwortungen und Befugnissen müssen nicht nur klar definiert, sondern auch aufeinander abgestimmt sein. Nur wenn entsprechende Entscheidungs- und Gestaltungsmöglichkeiten gegeben sind, kann einE MitarbeiterIn der mit der Aufgabe verbundenen Verantwortung nachkommen. Als wesentliche Qualitätskriterien von Führungsarbeit ergeben sich daraus, dass klar kommuniziert wird, was vorgegeben und was gestaltbar ist, sowie dass Verantwortlichkeiten klar festgelegt und Aufgaben inklusive Ergebnisverantwortung gemeinsam mit den dafür erforderlichen Befugnissen delegiert werden.

Die Visualisierung der Zielerreichung und der (Teil-)erfolge bietet Führungskräften und MitarbeiterInnen einerseits die Möglichkeit, die Prozesse Richtung Erfolg zu steuern und zu verbessern und sich andererseits über Erreichtes zu freuen, bevor man ans Meistern neuer Herausforderungen geht.

„Führen heißt Ausgleich zu schaffen, zwischen gemeinsamen Zielen und individuellen Bedürfnissen."

Monika Herbstrith

Das systematisierte jährliche MitarbeiterInnen-Gespräch wird zum zentralen Führungswerkzeug, um das gemeinsame und gegenseitige Verständnis zu fördern. Einerseits dient es zur Zielvereinbarung und –überwachung sowie zur Aktualisierung und Weiterentwicklung des Aufgabenfeldes. Andererseits wird in diesem Rahmen Feed-back hinsichtlich Stärken und Verbesserungspotenzialen gegeben und werden konkrete Maßnahmen vereinbart. Auch von der/dem MitarbeiterIn an die Führungskraft: Welche Inputs und Rahmenbedingungen benötige ich, um die vereinbarten Outputs zu liefern?

Zielsetzung ist,
- Stärken zu stärken und gezielt einzusetzen,
- Potenziale zu entwickeln und zu nutzen,
- Lernfelder zu identifizieren und gezielte Weiterentwicklung zu fördern,
- so genannte „Schwächen" so weit abzusichern, dass sie den Erfolg nicht vermasseln
- und Strategien zu entwickeln, um in vielen Situationen mit den Stärken punkten zu können und nur selten die Defizite ausgleichen zu müssen.

Schwächen werden durch zu intensive Beschäftigung mit ihnen verstärkt

Anpassungsleistungen, um sich Soll-Profilen zu nähern, haben einen ganz schlechten Wirkungsgrad. Sie kosten hohe Anstrengungen und stärken nur wenig die Erfolgs-Chancen – häufig schwächt das sogar die Stärken. Wenn man sich zu sehr mit „Schwächen" beschäftigt, stärkt man die Schwächen durch Verunsicherung. Viel klüger und wirkungsvoller ist es, Stärken effektiver zu nutzen.

„Führen heißt individuelle Stärken auf gemeinsame Ziele zu fokussieren."

Monika Herbstrith

Attraktive Ziele, verbindende Gemeinsamkeiten und bereichernde unterschiedliche Stärken kennzeichnen das Winning-Team. Zentrale Führungsaufgaben sind, Rahmenbedingungen zu schaffen, in denen Alle im Team ihre individuellen Fähigkeiten und Erfahrungen wirkungsvoll einbringen können und die einzelnen MitarbeiterInnen möglichst gemäß ihren Stärken eingesetzt werden.

Und für Führungskräfte gilt:

„Kritik ist gut. Vorbild ist besser."

Führungsarbeit als Dienst-Leistung

MitarbeiterInnen gemeinsam zum Erfolg führen
„Das brauchen wir nicht. Wir sind alle erfahren und kompetent." Führungskräfte-Trainings werden oft nicht als Bereicherung der Persönlichkeit wahrgenommen. Vielmehr lösen sie manchmal Widerstände und Skepsis aus. „Glauben Sie vielleicht, dass ich ein besonders schwieriger Fall bin, dass Sie mir jetzt sogar noch zusätzlich ein persönliches Coaching anbieten." Im Sport ist es ein Zeichen, dass man das Hobby-Stadium überwunden hat und zur Profi-Liga zählt, wenn man TrainerInnen und Coaches zur Unterstützung nutzen kann. Im Management hat sich noch nicht überall diese Werteskala durchgesetzt.

Vom Macher zum Ermöglicher:
Weit verbreitet ist nach wie vor die Praxis, dass die besten ExpertInnen zu Führungskräften befördert werden. In unseren Schulen schneidet gut ab, wer alles weiß. Das Wissen und die Fähigkeiten anderer zu nutzen, wird im schulischen Umfeld als „Schummeln" disqualifiziert. Professionalität heißt in der Konsequenz dann, die Dinge selbst besser zu können. Und die Belastung des ‚besten Arbeitstieres' mit Führungsaufgaben bedeutet dann oft, dass aufgrund der zu hohen Arbeitsbelastung die Qualität sinkt. Andere zu Höchstleistungen zu führen, hat dann gleichzeitig den Pferdefuß, sich selbst unter Konkurrenzdruck zu setzen. Oftmals wird es als Schwäche statt als effektives, wirkungsvolles und daher professionelles Handeln wahrgenommen, wenn Unterstützung und Ressourcen anderer genutzt werden. Das Bild vom „Self-Made-Man", der autark handelt, ist nach wie vor sehr attraktiv. Der vielzitierte Team-Geist hat oftmals Durchsetzungsprobleme gegen die vorherrschenden „Platzhirschen".

„Was ist eine gute Führungskraft?"
Diese scheinbar banale Frage ist auf dem direkten Weg nur schwer zu beantworten. Versuchen wir es daher indirekt über die internen KundInnen der Führungskraft, die von ihr geführten MitarbeiterInnen. Plakat-Designer nehmen von verschiedenen Frauen deren attraktivsten Partien und gestalten so bewundernswerte Modell-Frauen. Wenden wir doch diese Methodik auch auf Führungskräfte an. Lassen Sie die Führungskräfte aufmarschieren, denen Sie selbst anvertraut waren. Nehmen Sie sich von jeder Person jene Aspekte, die Sie als MitarbeiterIn als förderlich und beispielgebend erlebt haben und lassen Sie den Rest weiterziehen. Mal sehen, welche Pracht-Mischung da raus kommt: Fachexpertise fehlt so gut wie nie in der Erfolgsrezeptur. Allerdings ist es nur ein Punkt neben vielen anderen. Aus der Perspektive der MitarbeiterInnen ist die Einbeziehung in Entscheidungsprozesse und das Gefragt-/Gehörtwerden absolut auf der positiven Bewertungsseite. Kaum jemand, der das als Schwäche der Führungskraft empfindet!

Basteln wir uns die ideale Führungskraft - welcher Zutaten bedarf es?

Erfolg misst sich daran, was man bei Anderen bewirkt

Der Entwicklungsweg vom „Macher" zum „Ermöglicher", der ein Team zu Höchstleistungen und zur Zielerreichung führt, setzt radikales Umdenken voraus. Monika Herbstrith selbst hat ihr ehemaliger Chef in der berufsbegleitenden Erwachsenenbildung verblüfft: „Wenn Du eine gute Lehrerin sein willst, erwarte ich von Dir, dass etliche Deiner SchülerInnen einmal wesentlich mehr verdienen als Du!" Es ist schon gewöhnungsbedürftig, dass man seinen eigenen Erfolg daran misst, welche Erfolge man bei Anderen bewirkt. Das deutsche Wort „Dienst-Leistung" bringt diese Ambivalenz auf den Punkt: Einerseits die Expertise und Professionalität der Leistung und andererseits die Bereitschaft zu dienen.

Führungsarbeit als Dienst-Leistung zu verstehen ist ein zukunftsweisender Lösungsansatz. Neben den MitarbeiterInnen sind natürlich auch die Unternehmensleitung, andere Bereiche des Unternehmens und – wie könnte man es vergessen – die externen KundInnen InteressenspartnerInnen, deren Erwartungen es zu erfassen, zu priorisieren und umzusetzen gilt.

Führungsteam: Gemeinsam zum Erfolg beitragen

„Glauben Sie, dass man die Zusammenarbeit im Führungsteam verbessern sollte?" diese Frage trifft auf mehr Zustimmung als „Wollen Sie Ihre persönliche Führungsarbeit weiterentwickeln?" Zwischen den Zeilen steckt oftmals der Wunsch: „Die Anderen sollen besser mit mir zusammenarbeiten."

Das Angebot einer „Führungsteamentwicklung" statt einer „Führungskräfteentwicklung" trägt diesem Umstand Rechnung. Es reicht auch wirklich nicht, dass sich nur die einzelnen Führungskräfte ständig verbessern. Das Motto sollte vielmehr

„Gemeinsam noch erfolgreicher"

sein. Im Getriebe ist es einleuchtend: Es bringt kaum etwas und kann sogar sehr kontraproduktiv sein, die einzelnen Zahnräder - jedes für sich – zu optimieren. Vielmehr geht es um die Funktion des Getriebes und die daraus abgeleitete Positionierung und Anforderungen der einzelnen Komponenten. „Wie gut greifen die Zahnräder ineinander?" ist die erfolgsentscheidende Frage und darauf sollten Verbesserungsaktivitäten abzielen. Schlupf frisst Wirkungsgrad und beschleunigt den Verschleiß. Unklare, doppelbödige Organisations-Strukturen auch. In Gesprächen kann man leicht erkennen, wenn offizielle und gelebte Organisationsstruktur auseinander klafft: Aussagen wie „Prinzipiell ist das bei uns so geregelt ...", „Eigentlich müsste ...", „Theoretisch wäre ... zuständig ..." sind dann häufig zu hören.

Ein Teamtraining für Führungskräfte deckt im Gegensatz zur „Führungsteamentwicklung" auch nicht die Anforderungspalette ab: Da fehlt der Bezug auf die gemeinsamen Ziele, die Aufgabenstellungen im Unternehmen und die zu berücksichtigenden Rahmenbedingungen. Hier wird zwar vernetzt, aber es fehlt noch die Zielorientierung, die strategische Ausrichtung des gemeinsamen Tuns.

Die Balance zwischen gemeinsamen Zielen und individuellen Bedürfnissen lässt sich nicht nur an künstlichen Fallbeispielen oder in adrenalinförderndem Outdoor-Gelände ausloten. Vielmehr gibt es ja ganz konkrete Herausforderungen, die im Geschäftsalltag gemeinsam zu bewältigen sind. In Workshops zur Führungsteamentwicklung gehen wir dementsprechend zunächst davon aus, welche Ziele gemeinsam angestrebt werden, welche gemeinsamen Strategien umgesetzt werden sollen und welche Arbeitsprogramme sich daraus ergeben.

Zeit für Dialoge, die zu einem gemeinsamen Verständnis und einer analogen Sichtweise der Unternehmenssituation beitragen, ist sinnvoll investiert.

*„Nichts kostet mehr Zeit, als Gespräche,
die man verabsäumt hat zu führen."*

Und gerade Ziele haben es an sich, dass sie oft „eh klar" erscheinen und man dabei übersieht, dass das „eh klar" vom nächsten zwar genauso klar, aber nicht übereinstimmend ist. Das „Big Picture" der aktuellen Situation und der angestrebten, zukünftigen Erfolge muss soweit abgestimmt sein, dass die Einzelnen Ihre Beiträge darauf ausrichten können.

Unterschiedlichkeit im Team erhöht die Handlungsmöglichkeiten wesentlich

Noch etwas lässt sich am Getriebe klar erkennen: Die Funktion des Getriebes ergibt sich daraus, dass die Zahnräder verschieden sind. Im Berufsleben hört man oft die Klage: „Wir haben so viele unterschiedliche Berufsgruppen, das erschwert die Zusammenarbeit." Das Getriebe macht sichtbar, dass im Gegenteil die Unterschiedlichkeit das Handlungsspektrum wesentlich erweitert. Die Voraussetzung ist allerdings gegenseitige Wertschätzung. Im alltäglichen Miteinander herrscht oft die gegenseitige Abwertung vor. Auf das Getriebe übertragen hieße das, dass die Großen den Kleinen zum Vorwurf machen „Igitt, seid Ihr winzig. So klein und traut sich schon ins Getriebe." Dem folgt auf Schritt der Gegenangriff der Kleinen an die Großen: „Ach, seid Ihr träge, so langsam wie Ihr Euch dreht." Jedes Rad auf seinem Platz, in seiner Funktionalität ist wichtig. Bei uns Menschen haben allerdings die Erfahrungen unserer kriegerischen Urzeit im Unterbewusstsein überlebt. Häufig herrscht jenseits des Intellekts die im Reptilienhirn verankerte Prägung vor: „Uups, der/die ist ganz anders, nicht unser Rudel - das könnte ein Feind sein!"

Zielgerichtete Vernetzung:
Der Erfolg versprechende Dreischritt besteht daher aus

1) der gemeinsamen Sichtweise „Was streben wir an?",
2) aus der Bereitschaft der Einzelnen „Was kann ich zum gemeinsamen Erfolg beitragen?"
3) und drittens „Wie wollen wir die Zusammenarbeit gestalten, dass wir den Spagat zwischen den unterschiedlichen Anforderungen der InteressenspartnerInnen und unseren eigenen individuellen Bedürfnissen meistern?"

Durch die gemeinsame Arbeit an den Aufgabenstellungen auf der Sach-Ebene kann man gleichzeitig den Teamentwicklungsprozess auf der Beziehungs-Ebene fördern und steuern. In der Reflexion der erlebten Kooperation und der geführten Dialoge werden Rollen- und Verhaltensmuster in der Teamarbeit wahrnehmbar. Wünsche bzgl. produktiver Zusammenarbeit lassen sich dann einerseits durch Regeln und Aktionen, aber auch durch die Gestaltung der Geschäftsabläufe im Alltag verankern.

Neben der positiven Erinnerung an einen erfrischenden Workshop in angenehmer Umgebung und einem (Foto-)Protokoll, dass die Eindrücke konservieren soll, bleiben vor allem konkrete Ergebnisse: Schriftliche Zielvereinbarungen, definierte, abgestimmte Einzelbeiträge, verbindliche Regeln, konkrete Aktionslisten und eine gemeinsame Kommunikationsgrundlage für die MitarbeiterInnen der unterschiedlichen Bereiche.

Von der Fach- zur Führungsexpertise

„Hilfe, ich glaube, es war eine falsche Entscheidung, Führungskraft zu werden!" war die zentrale Botschaft am Start eines Coaching-Prozesses. Wie so oft, ist der/die beste ExpertIn Führungskraft geworden. Der Alltag der bisherigen Top-Entwicklerin, die jetzt die „Head of Research and Development" auf ihrer Visitkarte stehen hatte, brachte ihr nicht mehr die Freude, die sie beim Verwirklichen neuer, kreativer Ideen empfunden hatte. Das systemische Entscheidungstool Tetralemma half ihr aus ihrem Dilemma: In einer Aufstellung klärte sie für sich, wie sie „das Eine" nämliche ihre SpezialistInnenrolle, „das Andere", ihre Führungsrolle, „das Eine und das Andere" sowie „Weder das Eine noch das Andere" empfand. Besonders reizvoll war für Sie auch der Jolly Joker des Tetralemmas, nämlich „das ganz Andere".

„Das Eine", „das Andere", „das ganz Andere" – Hilfe durch Entscheidungstools

So erkannte sie rasch, dass sie es vorzog die Entwicklung zu leiten, als von einem Anderen geführt zu werden. „Von der 1. Geigerin zur Dirigentin" war die kraftvolle, stimmige Metapher für die Musikliebhaberin, um die Freude am Führen zu stärken und die Führungsrolle authentisch wahrzunehmen. Allerdings ist aus dem Dirigentenstab noch nie ein Ton entsprungen. Erfolge operativer Aufgaben werden in unserem Hirn mit mehr Lustgefühl belohnt. Zentrale Fragen wie „Was macht meine Führungsarbeit wertvoll?" und „War-

um tue ich mir das an?" suchten nach kraftvollen Antworten. Die von uns auf Basis des systemischen Coachings und der Erkenntnisse der Hirnforschung entwickelte „Toolbox für mehr Erfolg, Leichtigkeit und Lebensfreude" *(siehe Seite 174)* bot die Instrumente, mit denen die Klientin ihre Eigenmotivation nachhaltig stärken, Voraussetzungen für kluges, nachhaltiges Delegieren schaffen und „ihr Orchester" zur High Performance führen konnte.
Nicht mehr das Geigensolo sondern der symphonische Klang war ihr Metier. Als Ritual hat sie für sich und ihr Team das Erfolgs-Tagebuch als Abschluss des Arbeitstages etabliert. „Was ist mir heute gelungen?" UND: „Was gönne ich mir heute Abend?" Denn: „Fröhlich jodelnd zieht der Bauer mit seiner Ernte heimwärts." Die Bereichsleiterin fröhlich radelnd mit den Erfolgen ihrer Führungsarbeit. Die Lust auf's Dirigieren ist nachhaltig gestärkt.

Unternehmens-Leitbild

Attraktive Namen, ansprechende Logos, verheißungsvolle Slogans und Hochglanzbroschüren vom Haus sollen dazu dienen, die Produkte anzupreisen. Das sind wichtige Maßnahmen. Denn es reicht nicht, Gutes zu tun, man muss es auch ins rechte Licht rücken. Gerade wenn der Rotstift der Ressourceneinsparung überall lauert, ist Kommunikation existenziell wichtig, sind die eingesetzten Mittel für professionelle Leistungen gerechtfertigt. Doch Werbung alleine ist äußerlich, kann leicht schal wirken und weckt vor allem Erwartungen, die es zu erfüllen gilt. Die FlugbegleiterInnen der Austrian Airlines haben z.B. darunter gelitten, dass von allen Plakaten „Most Friendly Airline" versprochen wurde. Wenn sie Kunden aufmerksam gemacht haben, wo die Grenzen der bezahlten Leistungen sind, haben diese hämisch nachgefragt, ob das wirklich das „Allerfreundlichste" sei!

Äußeres und inneres Erscheinungsbild dürfen sich nicht widersprechen

„Es gibt zwei Dinge, auf denen das Wohlgelingen in allen Verhältnissen beruht: Das eine ist, dass Zweck und Ziel der Tätigkeit richtig bestimmt sind. Das Andere aber besteht darin, die zu diesem Endziel führenden Handlungen zu finden."

Aristoteles

Externe KundInnenorientierung zu versprechen ohne interne KundInnenorientierung zu leben ist wie eine Fassade, die eine gewaltige Statik braucht, um den Schein aufrechtzuerhalten! Qualität der multiprofessionellen, bereichsübergreifenden Zusammenarbeit ist die Voraussetzung, um die durch Werbung geweckten Erwartungen zu erfüllen! Und diese beginnt im Führungsteam. Gemeinsam müssen die EntscheidungsträgerInnen der unterschiedlichen Bereiche und Berufsgruppen gegenseitige Wertschätzung, Respekt vor dem Kunden und Dienstleistungsqualität vorleben und bei den MitarbeiterInnen einfordern.

Ein gemeinsam erarbeitetes Leitbild dient dabei zur Orientierung und stiftet Identifizierungsmöglichkeiten.

Das Leitbild kann auch Basis einer höheren Eigenmotivation sein

- „Was charakterisiert unsere Organisation?"
- „Worin unterscheiden wir uns von Anderen?"
- „Welchen Nutzen bringen wir den verschiedenen InteressenspartnerInnen und der Gesellschaft?"
- „Warum sind wir für unsere KundInnen eine gute Wahl?"
- „Wie möchten wir von Anderen gesehen werden?"
- „Welchen Werten und ethischen Grundsätzen fühlen wir uns verpflichtet?" und
- „Wie soll unsere erfolgreiche Zukunft aussehen?"

sind dabei die zentralen Fragen. Naturgemäß bringen unterschiedliche Gruppen verschiedene Perspektiven in die Diskussionen ein. Aus der konstruktiven Auseinandersetzung scheinbar divergierender Sichtweisen entstehen neue Erkenntnisse, gemeinsame Ziele und so Zusammengehörigkeit. Allerdings unterscheiden wir bei Kindern Spiel- und Habzeug, das man nicht nutzen sondern nur besitzen möchte. Leitbilder neigen in manchen Organisationen dazu, dass sie als Habzeuge verkommen und belächelt werden. Schade, denn sie wären wichtige, wirkungsvolle Führungsinstrumente.

„Vom lästigen Habzeug zum nützlichen Werkzeug: es kann nur einen Nutzen bringen, wenn man es nutzt!"

Monika Herbstrith

Erfolgsentscheidend sind daher die Antworten auf die Fragen:

- „Woran können ihre MitarbeiterInnen erkennen, dass wir gemeinsam und konsequent an der Realisierung des Leitbilds arbeiten?" und
- „Wie erleben unsere Kunden, dass wir unsere schönen, viel versprechenden Worte in die Tat umsetzen?"

Eine nützliche Charakterisierung von Strategie ist: „Wohin fokussieren wir unsere Aktivitäten, unsere Ressourcen, unsere Aufmerksamkeit?"

Aus den Zukunftsperspektiven des Leitbilds müssen daher verbindliche Regeln und Abläufe für die tägliche Praxis abgeleitet werden, damit aus dem angestrebten Wunsch-Selbstbild das wahrgenommene Fremdbild der KundInnen wird. Es ist Führungsaufgabe, das Unternehmen anhand konkreter Zwischenziele und Meilensteine auf Erfolgskurs zu steuern.

Wesentliche Voraussetzung dabei ist, an den gemeinsamen Erfolg zu glauben. Es gibt die Macht der selbsterfüllenden Prophezeiungen und sie haben die Wahl zwischen Erfolgsspirale und Teufelskreis. Denn:

„Die Menschen glauben zu denken,
dabei ordnen sie nur die Vorurteile neu."

Reinhard Sprenger

Und mit unserer selektiven Wahrnehmung gilt auch *(siehe „Wahrnehmung folgt der Vorstellung" Seite 168)*

„Die Menschen glauben wahrzunehmen,
dabei suchen sie sich Bestätigungen für ihre Annahmen."

Monika Herbstrith

MitarbeiterInnengespräche

Ziele von MitarbeiterInnengesprächen

Unsere zentralen Thesen sind: Führen heißt, Ausgleich zu schaffen zwischen gemeinsamen Zielen und individuellen Bedürfnissen. Und weiters: Individuelle Stärken auf gemeinsame Erfolge zu fokussieren. Zu beidem eignet sich das MitarbeiterInnengespräch hervorragend.

Ohne Verständnis und Vertrauen entstehen Loose-Loose-Situationen

Wenn einerseits von MitarbeiterInnen immer mehr gefordert wird und andererseits Führungskräfte immer weniger Möglichkeiten haben, Anreize zu bieten, ist es besonders wichtig, das gegenseitige Verständnis und Vertrauen zu stärken. In Zeiten des Umbruchs und der dynamischen Veränderung wird Kommunikation zur zentralen Führungsaufgabe, um Orientierung zu bieten und lähmenden Ängsten entgegenzuwirken. Gilt es doch immer wieder eine gesunde Ausgewogenheit zwischen Fördern und Fordern zu finden. Andernfalls droht der Teufelskreis frustiger Loose-Loose-Situationen.

Umsetzung konkreter Veränderungen durch die Ergebnisse

In vielen Unternehmen sind relativ enge Rahmenbedingungen von außen vorgegeben. Wurden früher Ziele tatsächlich vereinbart, so gibt es jetzt zunehmend Druck und fordernde Leistungsansprüche von oben.

Das Gelassenheitsgebet ist aktueller denn je:

**„Gott gebe mir die Kraft,
die Dinge zu verändern, die ich verändern kann,
die Gelassenheit, das zu tragen, das ich nicht ändern kann,
und die Weisheit Ersteres von Zweiterem zu unterscheiden."**

Arrangieren oder Resignieren – der Unterschied ist gravierend

Den zweiten Teil des Satzes ändern wir leicht ab: Gott gebe mir die Gelassenheit, mich mit dem zu arrangieren, was ich nicht verändern kann. Ein oft übersehener Unterschied besteht zwischen dem Arrangieren mit den Gegebenheiten und dem Resignieren. Letzteres führt zu tiefer Unzufriedenheit und zumindest zu innerer Kündigung. Wenn ich mich mit der Situation arrangiere, heißt das, dass ich den Tatsachen in die Augen schaue und dabei in meiner Kraft und Würde bleibe.

Das MitarbeiterInnengespräch bietet einen idealen Rahmen, das frustrierende Ohnmachtsgefühl angesichts der kaum beeinflussbaren Vorgaben zu überwinden und das Augenmerk auf die Gestaltungsmöglichkeiten zu lenken. Zum ersten Gedanken vermitteln wir die gute Nachricht, dass wir fast immer mehr Gestaltungsmöglichkeiten haben, als wir auf den ersten Blick erkennen. In der Toolbox *(Seite 174)* finden sie einige hochwirksame Tipps, wie es uns leichter fällt beschränkende Glaubenssätze zu überwinden, die Komfortzone des Vertrauten zu verlassen und den Denk- und Handlungshorizont zu erweitern.

*„Der Frosch, der im Brunnen lebt, beurteilt
das Ausmaß des Himmels, der sich darüber wölbt,
nach dem Brunnenrand."*

Mongolisches Sprichwort

Ein ausgezeichnetes Werkzeug, um die Arbeitszufriedenheit im Mitarbeitergespräch zu fördern, ist der Motivations-Check. Es benötigt nur ein Blatt Papier, das durch 2 Striche in 4 Felder geteilt wird.

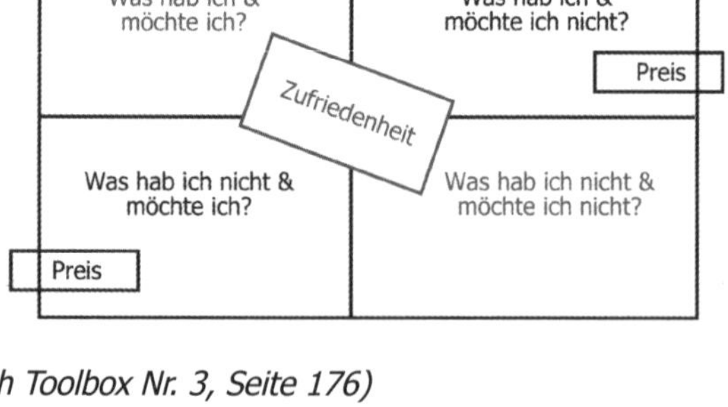

(Siehe auch Toolbox Nr. 3, Seite 176)

Unser Hirn nimmt das, was stört und fehlt, viel intensiver wahr, als das was o.k. ist. Schwören könnte ich, dass fast alle Ampeln rot (hier: Felder links unten und rechts oben) waren. Ungeduldig wartend prägen sie sich intensiv ein. Die grünen (hier: Felder links oben und rechts unten) nehme ich in der problemlosen Durchfahrt kaum wahr.
Offenen Problemen schenken wir viel mehr Aufmerksamkeit als positiv Abgeschlossenem. Vieles Positive wird rasch zur nicht mehr beachteten Selbstverständlichkeit. Wann haben Sie sich darüber gefreut, dass Sie regelmäßiges Einkommen erhalten, Urlaubsanspruch genießen dürfen, das Glück haben, in einem der reichsten Länder der Welt zu leben.
Das hat auch mit der Konstruktion unseres Hirns zu tun. Wir haben zwei Lernzentren: einerseits ein Vermeidungszentrum, wo gespeichert ist, womit wir (und unsere Vorfahren) schmerzliche Erfahrungen gemacht haben und andererseits das Lustzentrum, wo wir registrieren, wenn etwas überraschend gut oder besser als erwartet ist. Denn nur dann gibt es etwas zu lernen.
Wenn etwas bekannt und erwartet gut ist, springt das Lustzentrum nicht spontan an. Dazu müssen wir uns erst wieder willentlich bewusst machen, dass vieles nicht selbstverständlich ist.
Stellen Sie sich folgendem Gedankenexperiment:

Glück trainieren durch Freude an bisher Selbstverständlichem

„Was würde passieren,
wenn morgen nur mehr das in Ihrem Leben wäre,
wofür Sie heute Dankbarkeit empfinden?"

Vieles wissen wir – leider – erst dann zu würdigen, wenn wir darauf verzichten müssen. Die Kunst des Glücklichseins besteht in einem hohen Grad darin, das Vertraute wieder mit neuen, wertschätzenden Augen zu sehen. Das gilt für private Beziehungen genauso wie für die Arbeitszufriedenheit.

„Glück ist kein Geschenk der Götter,
es ist die Frucht einer inneren Einstellung."

Erich Fromm

Angst und Ärger sind viel intensivere Signale im Hirn als Glück und Freude – schließlich ist es in unserer Vorzeit dabei um das nackte Überleben gegangen. Die Fähigkeit zur Freude hat die Biologie übrigens ins Spiel gebracht, um Angst vor Veränderungen zu überwinden und damit die Entwicklung zu fördern.
Der Motivations-Check hilft, das Ungleichgewicht in der subjektiven Wahrnehmung auszugleichen, uns vor Augen zu führen, dass es neben dem Belastenden und Problematischen auch immer wieder viele Vorzüge gibt.
Der grünen Zufriedenheitsdiagonale steht die rote Diagonale des Preises dagegen: Alles hat Vor- und Nachteile. Und diese gilt es abzuwägen - gerade auch dann, wenn Aspekte, die man bisher geschätzt hat, weniger werden oder die Last dessen, was stört oder vermisst wird, sich mehrt.

Gemeinsam kann man im Mitarbeitergespräch erörtern, was der Mitarbeiter verändern möchte und wie ihn die Führungskraft dabei unterstützen kann, dass das Verhältnis zwischen den Sonnen- und den Schattenseiten verbessert werden kann. Das Motto lautet dabei:

"Love it, change it or leave it."

Verändern kann man dabei nicht nur die Wirklichkeit 1. Ordnung, wie die Dinge sind. Die Wirklichkeit 2. Ordnung ist mindestens genauso relevant, das ist, wie wir die Dinge erleben, wie es uns damit geht und vor allem auch, was wir daraus machen. Viktor Frankl, der die Extremsituation des Konzentrationslagers überlebt hat, ist überzeugt

*„Wir können immer etwas verändern,
nämlich unseren Zugang und unsere Sichtweisen."*

Und:

*„Die schlimmsten Mauern sind
die Gefängnismauern in unserem Kopf."*

Von ihm stammt auch das Reframing-Tool WIDEG:
Wofür Ist Das Eine Gelegenheit? *(siehe auch Toolbox Nr.10, Seite 180)*

*„Wenn man dir eine Zitrone gibt,
dann mache Limonade daraus."*

Virginia E. Wolff

Erhöhung der Aussagekraft durch ehrliche Antworten

Vertrauen als Bringschuld der Führungskraft

Die wesentliche Voraussetzung für ein wirkungsvolles MitarbeiterInnengespräch, das mehr ist als das Erledigen einer Pflichtübung, ist eine tragfähige Vertrauensbasis. Dabei muss die Führungskraft in Vorleistung gehen. Offenheit und Glaubwürdigkeit der Führungskraft sind die Voraussetzung für eine ehrliche Kommunikation des/der MitarbeiterIn.

„Manipulieren heißt, die MitarbeiterInnen so schnell über den Tisch zu ziehen, dass sie Reibungswärme mit Nestwärme verwechseln."

Dabei riskiert man die wertvollen Güter Vertrauen, Identifikation und Loyalität, die leicht brechen und schwer wieder herstellbar sind. Ein wertschätzender Rahmen, der ungestörtes miteinander Reden ermöglicht, ist die äußere Form einer vertrauensvollen Beziehung.
Richtschnur: Einem/r Mitarbeiter sollte dabei die gleiche Gastfreundschaft entgegengebracht werden, wie wichtigen externen BesucherInnen.

Wer sollte die Gespräche durchführen?

Es gilt die Regel: Nichts prägt Motivation und damit Produktivität der MitarbeiterInnen mehr als das Verhalten der unmittelbaren Führungskraft – insbesondere in herausfordernden Zeiten. Wenn der/die direkte Vorgesetzte ausgerechnet bei diesem reflektierenden Gespräch zur Vergangenheit, aktuellen Situation und vor allem der Zukunft nicht dabei wäre, setzte man damit ein äußerst kontraproduktives Zeichen. Personalabteilung oder Externe als ‚ExpertInnen' in MitarbeiterInnenführung können diesen Malus nicht ausgleichen – im Gegenteil.

Wodurch kann man die Akzeptanz bei den MitarbeiterInnen erhöhen?

Das Wesen des MitarbeiterInnen-GESPRÄCHS ist ein vertrauensvolles persönliches miteinander Reden. Anwesenheit von Dritten wäre dabei äußerst störend. Das könnte leicht eine selbsterfüllende Prophezeiung und ein Teufelskreis in Richtung Misstrauen zwischen MitarbeiterIn und Führungskraft werden. Übrigens ist evolutionspsychologisch die Fähigkeit des Sprechens als „Fernkraulen" entwickelt worden: Die Primaten kraulen sich, um die Rudelzusammengehörigkeit zu stärken. Als die Rudel weitläufiger wurden, haben sie zunehmend statt der Hände die Stimme genutzt. Erst viel später hat die Evolution die Voraussetzungen geschaffen, dass das Sprechen auch zum Informationsaustausch genutzt wurde. In Zeiten, wo so viel virtuell kommuniziert wird, ist das persönliche Gespräch besonders wertvoll und sinnvoll. Schließlich kommen durch's Reden die Leute zusammen. Kluger Volksmund! – Die Neurowissenschaften haben das erst in den letzten Jahren eindrücklich erkannt und bewiesen.

„Fernkraulen" stärkt das Vertrauen zwischen Führung und Geführten

Neue Führungskräfte

Wichtigkeit von Kompetenzen

Eine uns befreundete Tierärztin hat uns erzählt, dass sie sich bewusst dafür entschieden hat Veterinär- und nicht Humanmedizin zu studieren. Und jetzt stellt sie fest, dass sie mehr mit der Psychologie der Menschen als mit der Anatomie der Tiere beschäftigt ist.

Ähnliche Erfahrungen machen häufig auch Nachwuchs-Führungskräfte, wenn sie sich von Fach- zur Führungsexpertise weiterentwickeln. Das Bewusstsein nimmt ständig zu, dass die sozialen Kompetenzen von großer Bedeutung für Führungsstärke sind.

Und die beginnt mit der Reflexion der eigenen Führungsrolle und klugem Selbstmanagement, ganz besonders dann, wenn Führungskräfte - wie häufig der Fall - auch noch selbst operativ als ExpertInnen tätig sind. Hier steht die Falle weit offen, dass meist fachliche Aufgaben eine größere Dringlichkeit haben und die Führungsaufgaben dann leicht nicht den erforderlichen Stellenwert bekommen. Eigen- und Teamorganisation gemäß „Wichtig vor dringend" braucht Bewusstsein, Methoden und Tools, die trainiert werden sollen.
Im Sinn des Sanitäterprinzips:

„Nicht gleich die versorgen, die am lautesten schreien, sondern die, die die Aufmerksamkeit am wichtigsten brauchen."

Nachhaltiges Delegieren ist erfolgsentscheidend. Empathische Kommunikation, um ein gemeinsames Bild von Zielen und das gegenseitige Verständnis zu stärken, ist eine zentrale Führungskompetenz – einschließlich den Tools und Fallen für Anerkennung und lösungsorientierter Kritik.
(siehe Toolbox Nr. 29 bis 34, Seite 191)

Gerade in dynamischen Zeiten vieler Veränderungen und Umbrüche gilt es, die Vertrauensbasis zu stärken und durch offene, wertschätzende Kommunikation Orientierung zu bieten.

Der Druck ist in den Unternehmen deutlich gestiegen. Trotz Stress- und Frustfalle die Motivation bei sich und anderen hoch zu halten ist von zentraler Bedeutung. Die Methoden des Mentaltrainings aus dem Leistungssport, basierend auf den Erkenntnissen der Hirnforschung der letzten Jahre, sind hochgradig wirkungsvoll, um sich selbst und Teams zur High Performance zu führen. Dazu zählen das lustvoll-sinnliche Visualisieren von angestrebten Zielen, das Schöpfen von Kraft aus erzielten Teil-Erfolgen und das Nutzen der Macht der positiven Emotionen und des Unbewussten sowie kluge Alternativen zu Stress und Ärger – schließlich frisst 1 Stunde Stress, Angst oder Ärger die Energie für ca. 8 Stunden produktiven Arbeitens.
(siehe Toolbox Nr. 18, Seite 185)

Das lustvoll-sinnliche Visualisieren von Zielen fördert den Erfolg

„Sich zu ärgern gleicht dem Trinken von Gift und dann zu hoffen, es würde deine Feinde töten."

Nelson Mandela, Friedensnobelpreisträger

High Performance baut auf die individuellen Stärken der Einzelnen im Team. Von daher ist es wichtig, Stärken bei sich und Anderen zu erkennen, zu stärken und auf gemeinsame Ziele zu fokussieren. MitarbeiterInnen – so weit möglich – ihren Stärken gemäß einzusetzen, ist eine sinnvolle Strategie. „Welche Erfolge hast Du schon erzielt – privat und beruflich – und welche Stärken und Vorgehensweisen haben sich dabei bewährt?" ist ein einfacher, hochwirksamer Zugang zum Erkennen des Stärkenprofils.
(siehe Toolbox Nr. 9, Seite 179)

Führen heißt vor allem auch, im Spannungsfeld unterschiedlicher Interessen Position zu beziehen. Zum Beispiel besteht im Sandwich oft ein Loyalitätskonflikt zwischen dem Unternehmen und dem Team, z.B. wenn es gilt unliebsame Entscheidungen mitzutragen oder schlechte Nachrichten zu übermitteln.

Konfliktmanagement gehört daher zu den wesentlichen Führungskompetenzen. Gestärkt werden sollten in jedem Fall die Bereitschaft, sich Konflikten frühzeitig zu stellen und einer Eskalation proaktiv entgegenzusteuern – bei Konflikten im Team, zwischen Führungskraft und Mitarbeitern, dem Team und anderen Organisationseinheiten.

Führen heißt auch, Konflikten proaktiv zu begegnen

Tipps und Überlegungen für den Karriereweg von Nachwuchs-Führungskräften

Peter Drucker hat gemeint

„Es gibt genau einen Menschen, den wir 1:1 beeinflussen können – nämlich uns selbst."

Sich selbst klug zu führen, die eigene Motivation hoch zu halten und Reflektiertheit in Bezug auf das eigene Handeln sind daher die Grundvoraussetzungen um Andere klug führen zu können.

Im Sinn von gesundem Selbst-Bewusstsein und Selbst-Vertrauen - im wahrsten Sinn des Wortes - braucht die Führungskraft kraftvolle Antworten auf:

- „Warum bin ich als Führungskraft eine gute Wahl?"
- „Was macht mir am Führen Freude?"
- „Auf welche Stärken von mir kann ich vertrauen?"

Das ist eine solide Basis, um dann auch Akzeptanz bei anderen zu finden. Erkenntnisreich ist auch ein Spruch von Max Reinhardt

„Hohe Schauspielkunst bedeutet nicht Verbergen sondern Enthüllen."

Großartiges Rollenspiel entsteht, wenn Menschen als Persönlichkeiten Rollen verkörpern. Authentizität in der Führungsrolle ausgestattet mit der Auswahlmöglichkeit einer Toolbox mit wirkungsvollen Führungsinstrumenten ist wesentlich Erfolg versprechender und wirkungsvoller als sich an uniformen Stereotypen und vermeintlichen Idealbildern zu orientieren. Seine eigenen Stärken zu kennen, ermöglicht, sie gezielt einzusetzen. Das erschließt Freiheit durch Bewusstheit – und stärkt das Selbst-Bewusstsein.

Reinhard Sprenger meint:

„Achten Sie darauf, dass Sie auf einem Spielfeld aktiv sind, wo Sie mit Ihren Stärken ein Lächeln bewirken."

Und dann gilt es, das Spiel strategisch so anzulegen, dass man in viele Situationen kommt, wo man mit den Stärken punkten kann und in wenige, wo die Nachteile zum Verhängnis werden könnten.

Die **4 M's** sind ein guter Nährboden für Führungsstärke:

„**M**an **M**uss **M**enschen **M**ögen"

Am besten beginnend bei sich selbst. Einen wertschätzenden Zugang zu sich und Anderen zu finden, ist der Ausgangspunkt, um Beziehungen zu gestalten und Verhalten zu vereinbaren. Selbst-Bewusstsein – d.h. ein wertschätzend-realistische Bild von sich selbst – ist ein siamesischer Zwilling zu Respekt und Achtung für Andere.

Das Harvard-Prinzip **„weich in der Form und hart in der Sache"**, wohlwollend-verständnisvoll auf der Beziehungs- und klar-konsequent auf der Sachebene, ist hilfreich um Grenzen zu setzen sowie Abweichungen von Vereinbarungen und Regelverstöße anzusprechen.

Wirkungsvolle Trainings für Nachwuchs-Führungskräfte

Fallen für Nachwuchs-Führungskräfte

Am wirkungsvollsten sind Inhouse-Trainings, die den Schulterschluss zwischen den Nachwuchsführungskräften stärken. Weit offen steht die Nettigkeits- bzw. Kumpelfalle, wenn sich Führungskräfte aus dem Team entwickeln.

In die Führungsrolle zu schlüpfen heißt auch, sich innerhalb des Teams zu exponieren. Das hat den Preis, dass ich es nicht allen Recht machen, von allen geliebt werden und nur der nette Kumpel sein kann. Wenn die Führungskräfte aus ihrem Team ein Stück herauswachsen ist es bestärkend, wenn sie umgekehrt ins Führungsteam hineinwachsen können.

Inhouse-Trainings bieten außerdem die Möglichkeit, dass gemeinsame Tools und Rituale vereinbart werden können. Durch das gegenseitige Bestärken und Wieder-in-Erinnerung-Rufen wird die Nachhaltigkeit des Lernerfolgs maßgeblich gestärkt.

Erfahrungsorientiertes, praxisnahes Verhaltenstraining gemäß dem Motto „Problem sucht Lösung statt Methode sucht Anwendung" sichert die nachhaltige Wirkung der Erkenntnisse und Erfahrungen.

Teamarbeit

Die meisten der komplexeren und zeitaufwändigeren Tätigkeiten sind nicht mehr durch Einzelpersonen bewältigbar. Zwei oder mehr MitarbeiterInnen teilen sich die Aufgabe als Team, zumeist durch eineN TeamleiterIn geführt. Was aber sind die erfolgsbestimmenden Faktoren, dass die Zusammenarbeit im Team auch wirklich funktioniert? Lassen sich gar Synergiepotentiale erschließen oder ist die Teamarbeit immer die Summe der Einzelarbeiten der Teammitglieder?

T	oll		**T**	ogether
E	ein	→	**E**	verybody
A	nderer		**A**	chieves
M	acht es		**M**	ore

Was bei normalen Teams bereits schwierig sein kann, wird bei Teams in Matrix-Organisationen nochmals komplizierter. Dies liegt an den komplexeren Umfeldbedingungen, oftmals zu vagen Abgrenzungen und der Gefahr, in die Schusslinie von ‚Stellvertreterkriegen' zu geraten. Tipps, die hier konstruktives Steuern quer zur Linie und produktives Arbeiten fördern, geben wir Ihnen gerne mit an die Hand:

Erfolg durch Teamarbeit

Erfolg durch Teamarbeit:
Warum Kooperation, Kundenorientierung und Geschäftserfolg zusammenhängen und wie erfolgreiche Zusammenarbeit im Team funktioniert

Teamorientierung, Kundenorientierung und Geschäftserfolg

Im Grundsatz

„Schau dir an, wie du deine MitarbeiterInnen behandelst, dann weißt du, wie sie deine Kunden behandeln werden."

Monika Herbstrith

Führung als Basis der KundInnen-Orientierung

drückt sich die enge Verbindung zwischen MitarbeiterInnen-Orientierung, KundInnenzufriedenheit und Geschäftserfolg aus, die sich in internationalen Studien eindrucksvoll belegen lässt.

Die Organisation wird von (potenziellen) KundInnen durch die MitarbeiterInnen erlebt. KundInnen können erst dann zu PartnerInnen werden, wenn es gelingt, in der Organisation eine Vertrauenskultur des respektvollen Miteinanders zu leben. Innerbetriebliche Konkurrenz und KundInnenorientierung schließen einander daher aus. KundInnenorientierung ist nur durch Kooperation erreichbar, und Kooperation erreicht man am besten durch eine teamorientierte Kultur, die vom respektvollen Miteinander bestimmt ist.
Kooperation und Zusammenarbeit im Team als Grundlage des Geschäftserfolges ist allerdings nicht neu. Wenn man Anthropologen glauben darf, hat sich der Mensch schon vor Urzeiten durch die Fähigkeit zur Kooperation bzw. das Zusammenarbeiten in Gruppen sein Überleben gesichert. Der durch Gruppenverhalten bestimmte Cro-Magnon Mensch hat sich in der Menschheitsgeschichte gegenüber dem Neandertaler, der als Einzelkämpfer gilt, letztendlich durchgesetzt.

Die Vorteile der Zusammenarbeit im Team erkennen auch heute wieder viele Organisationen: Teamleistung ist höher als Einzelleistungen, da ein Synergieeffekt genutzt werden kann. Die Fähigkeiten jedes einzelnen Teammitglieds werden durch das Gesamtteam verstärkt und gesteigert. Dies gilt gleichermaßen für die Erweiterung und Entwicklung von Fachwissen wie für die Persönlichkeitsentwicklung. Der wechselseitige Kontakt und die emotionale Bindung im Team befriedigen soziale Bedürfnisse und führen daher zu gesteigerter Motivation und Leistungssteigerung. Der Informationsfluss verläuft im Allgemeinen reibungsloser, wodurch z.B. organisatorische Veränderungen schneller und einfacher durchgeführt werden können. Die Kreativität aller Teammitglieder kann während der Planungs- und Realisierungsphase genutzt und damit der Reifegrad der Produkte und Prozesse wesentlich verbessert werden. Kurz: „Teamarbeit führt zu besserer Qualität und macht mehr Spaß!"

„Kosten lassen sich häufig so viel einfacher erfassen als der Nutzen."

Monika Herbstrith

Was unterscheidet ein Team von einer Arbeitsgruppe?

Was ist ein Team? „Ein Team ist eine kleine Gruppe von Personen (im Idealfall weniger als 10), deren Fähigkeiten einander ergänzen und die sich für eine gemeinsame Sache einsetzen, wobei sie sowohl als Einzelpersonen wie als Gruppe für das Erreichen des Teamziels Verantwortung übernehmen." Die geteilte Verantwortung ist Grundlage des „Teamgeistes". Ein effektives Team ist mehr als nur die Summe seiner Mitglieder, es hat eine eigene Identität. Wenn Mitglieder z.B. ausscheiden, neue Mitglieder aufgenommen werden oder ein Team geteilt wird, verändert sich die Teamidentität damit grundlegend. Man kann ja auch nicht zwei Hunde dadurch herstellen, dass man einen Hund in der Mitte auseinander schneidet. Das unterscheidet ein echtes Team von einer Arbeitsgruppe. Eine Arbeitsgruppe hat keine eigene Identität, wie ein Blatt Papier lässt es sich „auseinander schneiden" und man erhält zwei kleinere Blätter/Gruppen. Denn eine Arbeitsgruppe produziert

Entscheidungen, die dann einzelnen Mitgliedern zugewiesen werden, denen die Verantwortung für die Durchführung übertragen wird. Die Summe der Einzelleistungen ergibt die Gesamtleistung der Arbeitsgruppe (1+1=2). Anders beim echten Team: Geteilte Verantwortung und einander ergänzende Teamleistungen bewirken einen Synergieeffekt, der sich am besten durch die Formel 1 & 1 > 2 ausdrückt; das Leistungsergebnis eines echten Teams ist mehr/wirkungsvoller als die Summe der Einzelleistungen der Mitglieder.
Unser Unternehmen ‚Impuls & Wirkung – Herbstrith Management Consulting GmbH' hat ganz bewusst ein Logo gewählt, in dem eine fallende Kugel eine kreisförmige Wasserwelle bewirkt. Unsere Gedanken dabei:

1. Kreiswelle:

Jeder Impuls zeitigt eine Wirkung

Veränderung beginnt immer bei mir selbst. Das zieht dann Kreise und hat so Auswirkungen auf mein Umfeld. Ich bin verantwortlich für mein Handeln. Welche Wirkung es erzielt, hängt auch vom Umfeld ab. In der Physik gilt das Huyghens'sche Prinzip: Jeder Punkt der von einer Kreis- (bzw. Kugel-)welle getroffen wird, ist wiederum Ausgangspunkt einer neuen Welle.

2. Interferenz von Wellen

Wenn sich 2 Kreiswellen überlagern, dann entsteht ein sogenanntes Interferenzmuster, etwas Neues, das als Sinnbild für die Synergien von Teamarbeit verstanden werden kann.

3. Ebene Wellen als Überlagerung mehrerer Kreiswellen

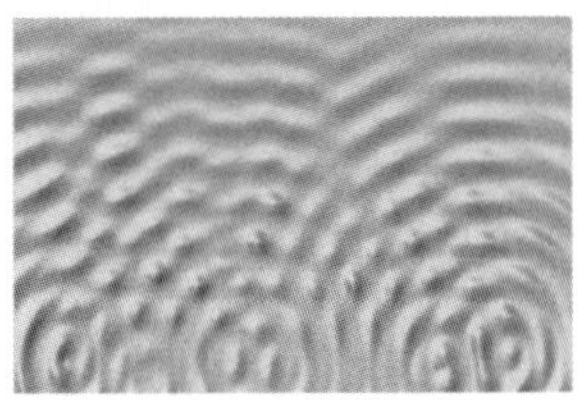

Eine ebene Welle mit geradliniger Wellenfront entsteht aus der Überlagerung mehrerer Kreiswellen. Für uns eine Metapher dafür, dass die Organisation durch die einzelnen Menschen in der Organisation wahrnehmbar wird. Jeder Kontakt mit Externen ist ein Moment der Wahrheit, ein Puzzle-Teil, durch den das externe Image bestimmt wird.

4. Beugung am Spalt – Ausgangspunkt von Neuem

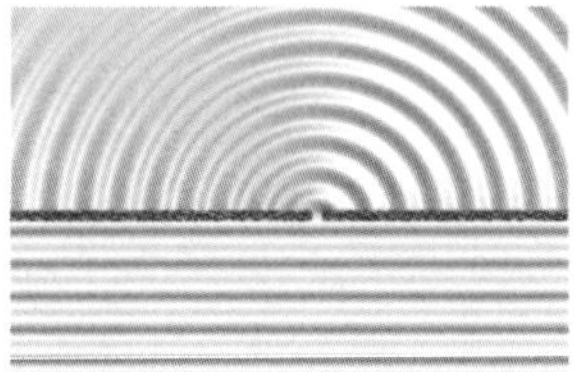

Einerseits wird die Welle durch das Hindernis gestoppt andererseits entsteht dadurch eine neue Kreiswelle. Für uns ein kraftvolles Bild für „Krise als Chance".

Teamentwicklungstrainings umfassen auch die Beziehungsebene

Die übliche Praxis, ein paar Leute zusammenzustellen und „Team" zu nennen, wird spätestens nach den ersten auftretenden Störungen und Konflikten als teures und sinnloses Verfahren erkannt. Denn um den Teamgeist und die Synergie zu erzeugen, welche die Arbeit eines Teams für die Organisation so wertvoll macht, muss zu Beginn der Teamarbeit Zeit und Energie dafür investiert werden, das Team zu entwickeln. Denn jedes Team muss neben der Arbeit an der gemeinsamen Aufgabe („WAS tun wir?"), festlegen, wie die Zusammenarbeit untereinander geschehen soll („WIE tun wir das?"). Für unsere Teamentwicklungs-Trainings gilt daher der Grundsatz: „Die parallele Arbeit auf der Sach- und Beziehungsebene quadriert den Erfolg." Ziel der Trainings ist es, den stattfindenden Teamentwicklungsprozess zu unterstützen, bewusst zu machen und derart zu steuern, dass die Basis für die erfolgreiche Arbeit an der Sache gelegt wird. Dabei muss das Team Klarheit in Bezug auf bestimmte Fragen gewinnen: zum Beispiel Fragen der Mitgliedschaft: „Werde ich als Mitglied akzeptiert?", oder der Rollen im Team „Welche Rolle habe ich?", der Entscheidungsfindung: „Wie treffen wir Entscheidungen?" und „Welchen Einfluss kann ich nehmen?", sowie der Beziehungen und Spielregeln untereinander: „Wie wollen wir miteinander umgehen?" und „Bekomme ich ausreichend Unterstützung?", und natürlich auch in Bezug auf Ziele und den Zweck des Teams: „Was wollen wir erreichen?", „Für welche Ziele setzen wir uns ein und übernehmen die gemeinsame Verantwortung?".

Die wichtigste Fähigkeit zur Problemlösung im Team ist die Fähigkeit, konstruktive Kritik und Feed-back zu geben. Denn destruktive Kritik ruft Abwehrhaltungen hervor, die das Problem meist verschlimmern, anstatt es zu lösen. Druck erzeugt Gegendruck – augenblicklich, nicht nur in der Physik sondern auch in zwischenmenschlichen Beziehungen. Ziel ist es, Verhalten zu verändern und nicht den Menschen.

„Menschen wirken wie verwandelt,
wenn man sie als Mensch behandelt"

Erich Kästner

In unseren Trainings und Teamentwicklungs-Projekten kann daher die zentrale Fähigkeit, konstruktiv Feed-back zu geben, in einem sicheren Rahmen ausprobiert und geübt werden.

Daneben ist auch die **Klärung der Rolle des/r TeamführerIn** notwendig. Grundsätzlich gilt: „Das Team ist der Star, nicht der/die TeamführerIn!" Erfolgreiche Führungskräfte wissen, dass das Ziel nur der Erfolg des Teams sein kann und nicht der Erfolg einzelner Personen, auch nicht der eigene. Aufgabe des/r TeamführerIn ist, in dem Maß Entscheidungsfreiheit zu geben, in dem das Team diese annehmen und nutzen kann. Klar zu kommunizieren, was vorgegeben und was gestaltbar ist, zählt zu den wichtigsten Führungsqualitäten. Sowohl ein Übermaß an Leitung wie der Mangel kann ein Team lähmen.

Jede/r Führungskraft sollte sich daher zu Beginn die Frage stellen und ehrlich beantworten: „Bin ich wirklich dazu bereit, hinter gemeinsamen Entscheidungen des Teams zu stehen, auch dann wenn ich selbst eine andere Lösung als bessere empfinde; und bin ich auch bereit, den Teamerfolg über meinen eigenen zu stellen?" In der Praxis wird leider allzu oft versucht, eigene Entscheidungen als Teamentscheidungen zu verkaufen (und zwar sowohl den Teammitgliedern wie der Organisation). Dieses manipulative Täuschmanöver mag wohl kurzfristig funktionieren, langfristig wirkt es sich nicht nur negativ auf das Vertrauen untereinander aus, es hat Demotivation und manchmal auch die Aufgabe des Teamgedankens zu Folge: „Teams funktionieren bei uns nicht - es bleibt ohnehin alles beim Alten!"

Manipulative Täuschungsmanöver untergraben das Vertrauen

Erfolgreiche TeamführerInnen glauben an die Aufgabe und an ihre Leute. Sie nehmen eine Rolle an, die der eines Coaches, MentorIn oder ModeratorIn entspricht, und unterstützen das Team auf seinem Weg; wobei:

„Der beste Führer ist der, dessen Existenz gar nicht bemerkt wird; der zweitbeste der, welcher geehrt und gepriesen wird; der nächstbeste der, den man fürchtet, und der schlechteste der, den man hasst."

Lao-Tse

Probleme und Konflikte sind normaler Bestandteil der Zusammenarbeit im Team und als solche auch für den Weg zum Erfolg unbedingt notwendig:

„Erkenntnis entsteht in der Auseinandersetzung und nicht aus der Harmonie."

Wenn jede Störung als Problem des Gesamtteams und nicht einzelner Teammitglieder – der Sündenböcke - gesehen werden kann, ist das Team am besten Weg, konstruktiv mit Störungen umzugehen. Gut geregelte Konflikte vertiefen das Vertrauen und stabilisieren die Beziehungen. Man ist zusammengerauft und darf darauf vertrauen, dass auch bei Streitthemen eine Lösung gefunden wird.

Fried-Höflich-Keit als falsch verstandene höfliche Rücksichtnahme

Aus gut gemeinter Harmoniesucht vermiedene Konflikte, die unter den Teppich gekehrt werden, führen hingegen zur Fried-Höflich-Keit: in falsch verstandener höflicher Rücksichtnahme werden strittige Themen nicht angesprochen sondern übergangen. Das führt zu wahren Minenfeldern in Beziehungen, wo viele Themen tabuisiert werden und allmählich Sprachlosigkeit einzieht.

Ziel eines Teamtrainings ist es unter anderem, WIN-WIN Strategien im Team zu fördern. Denn in unserer Kultur werden Unterschiede meist mit Wertungen „besser und schlechter" belegt und erzeugen Verlierer auf beiden Seiten, da sie das Vertrauen untereinander und damit die Beziehungen miteinander gefährden. Wie in einem Getriebe sollte stattdessen die Frage lauten: „Was ist meine Rolle im Team?" und „Wie kann ich mit meinen Stärken zum Gesamtergebnis beitragen?" Die optimale Aufeinanderabstimmung der einzelnen „Zahnräder" erfolgt im Teamentwicklungsprozess und während der Team-Coachings. TeamleiterInnen und -beraterInnen fungierend dabei als Coaches, die den „Sand aus dem Getriebe" entfernen, indem sie auf Steinchen und Steine aufmerksam machen, und indem sie mit Fragen, Bewusstmachen von Stärken und Potenzialen bzw. konstruktiver Kritik das Öl für einen möglichst reibungsfreien Teamablauf bereitstellen.

„Wir alle leben unter dem gleichen Himmel - allerdings mit unterschiedlichem Horizont."

Konrad Adenauer

Nicht nur überwundene Konflikte oder Krisen, sondern vor allem auch Erfolge schweißen das Team zusammen. Ziel eines Team-Coachings ist es daher auch, auf die so genannten kleinen und alltäglichen Erfolge aufmerksam zu machen. Denn diese gehen oft unter, da unsere Aufmerksamkeit häufig auf Störungen und Probleme ausgerichtet ist und wir dabei den Weg, den das Team bereits erfolgreich gegangen ist, übersehen. Erfolge feiern und Anerkennung für die geleistete Teamarbeit geben, ist essenziell für den zukünftigen Erfolg des Teams und damit auch der gesamten Organisation.

Managing Diversity

„Rund oder eckig", „richtig oder falsch", „alles oder nichts", „Freund oder Feind": In unserer abendländischen Kultur herrscht polarisierendes Schwarz-Weiß-Denken. Fassettenreiches „anders" und konziliantes „sowohl als auch" ermöglichen ganz neue Perspektiven und wesentlich bessere Ergebnisse in Wirtschaft und Privatleben. Aber dafür bedarf es einer bewussten Einstellungsänderung. Gemeinsame Ziele, verbindlich vereinbarte Kooperationsregeln, Verständnis fördernde Kommunikation sowie gegenseitige Wertschätzung sind tragende Säulen, die die Synergien der bereichernden Unterschiedlichkeiten erschließen.

„DIE" Realität? – Unterschiedliche Wirklichkeiten!

In unserer Gesellschaft ist längst der Absolutismus durch die Demokratie abgelöst. Die Relativitätstheorie gehört zu den meistzitierten Konzepten. Gerne sagt man „alles ist relativ" – doch nur wenige sind sich der vollen Tragweite und tiefen Konsequenzen dieser Aussage bewusst. Faszinierend sind die Gedankenexperimente Albert Einsteins mit seinen fast lichtgeschwindigkeitsschnellen Zügen, wenn der eine Beobachter zum Messergebnis kommt, das Ereignis A sei früher, der Andere A sei später und der Dritte zur Erkenntnis A sei gleichzeitig mit dem Ereignis B geschehen. So widersprüchlich diese drei Aussagen erscheinen. Jeder hat Recht – in seinem Bezugssystem. Und die absolute Wahrheit gibt es ebenso wenig wie den einen absoluten Raum. In der Atombombe manifestiert sich in tragischer Weise die Gewalt der Erkenntnisse der Einstein'schen Theorie. Es braucht die zusätzliche Dimension der Ethik und des Verantwortungsbewusstseins, um die hellen Seiten der Macht zu erschließen und deren dunkle Schattenseiten im Griff zu behalten.

Hilfestellung durch Physik: es kommt auf das Bezugssystem an

Die Erkenntnisse der Quantenphysik sind uns seit mehr als 100 Jahren erschlossen. Die tiefgreifende Menschheitsfrage, was die Welt zusammenhält, hat darin revolutionäre Antworten gefunden, die die Grundfesten unseres kausalen Denkens untergraben. Der alte Dualismus zwischen körniger Teilchen- und kontinuierlicher Wellennatur des Lichts und der Materie findet in den Wirkungsmöglichkeiten und Wahrscheinlichkeitsräumen eine mathematisch-exakt fundierte Synthese. Eines ist für die Naturwissenschaftler klar: je nach Fragestellung und der daraus resultierenden Betrachtungsweise des Beobachters erhält man andere messbare Versuchsergebnisse. Wenn der international hoch geschätzte österreichische Quantenphysiker Zeilinger die Theorie entwickelt, dass unsere Welt aus Information aufgebaut ist, die sich in Teilchen- und Welleneigenschaften der Quanten manifestiert, spiegelt sich darin deutlich unser Zeitgeist als Wissens- und Informationsgesellschaft.

„Wir erleben viel mehr als wir begreifen"

erörtert Quantenphysiker Dürr im gleichnamigen Buch mit der Philosophin Österreicher die Konsequenzen dieser 100-jährigen naturwissenschaftlichen Fundamente für unseren Alltag und vor allem für die Auseinandersetzung mit unserer Lebenswelt. Die geläufige Bezeichnung „Realität", die sich vom lateinischen „res" die Sache ableitet, ist Ausdruck unserer materialistisch-mechanistischen Weltsicht. Wir glauben, dass wir die Natur der Dinge verstehen, wenn wir sie auseinander nehmen, analysieren.

Doch verstehen wir die Prinzipien des Felsen, wenn wir die einzelnen Kieselsteine und Sandkörner begreifen, in die er sich zerlegt hat? Das System des Felsens ist gerade durch die starken verbindenden Kräfte zwischen seinen Teilchen gekennzeichnet.

Prof. Dürr appelliert, dass wir uns vielmehr damit auseinander setzen müssen, wie die Dinge miteinander verwoben sind, wie alles auf alles wirkt – und spannt dabei einen Bogen zwischen den aktuellen, westlichen naturwissenschaftlichen, mathematisch und empirisch fundierten Erkenntnissen der Quantenphysik und den traditionsreichen philosophischen Prinzipien des fernöstlichen Buddhismus.

In der Geschichte der abendländischen Kultur ist Galileo Galilei in einen Glaubensstreit mit der katholischen Kirche geraten.
Sein Prinzip

„Messen, was messbar ist – und messbar machen, was noch nicht messbar ist!"

Das Zeitalter der Zahlengläubigkeit hat seine Grenzen erreicht

hat das Zeitalter der Zahlengläubigkeit eingeläutet und mündete in Allmachtsphantasien: Es ist eine Frage der Messtechnik und der Rechnerleistung, um alle Materie zu orten und die Welt vorwärts und rückwärts berechnen zu können. Die Heisenberg'sche Unschärferelation hat die NaturwissenschafterInnen am Beginn des 20. Jahrhunderts auf den Boden der Realität zurückgeholt: es ist prinzipiell unmöglich, völlig exakt zu messen, weil das Messsystem das zu Messende beeinflusst. Die PhysikerInnen haben schmerzlich, aber doch zur Kenntnis genommen, dass sich wesentliche Teile der Wirklichkeit prinzipiell der naturwissenschaftlichen Methodik und der Messung entziehen. Lediglich Potenziale und Wahrscheinlichkeiten des Möglichen lassen sich exakt berechnen. Der Beobachtungsauftrag, der Kontext der Messung und die daraus zwangsläufig resultierende Unschärfe sind immer Teil des Kalküls.

„Die Wirklichkeit ist immer (m)ein menschliches Konstrukt."

Monika Herbstrith

Und wo steht das Management in diesem Entwicklungs- und Erkenntnisprozess?

Vernunft ist mehr als Verstand

In unseren Schulen wird vermittelt, was als richtig und was falsch zu bewerten ist. Der beurteilende Rotstift vermerkt, wo noch Defizite sind. Toleranz gegenüber anderen Sichtweisen und Kulturen sowie wertschätzend-kritische Auseinandersetzung mit Inhalten sind als Unterrichtsprinzipien gesetzlich verankert, in der Schulrealität über weite Strecken jedoch nicht wahrnehmbar. Vielmehr kommt die polarisierende Denkweise unserer abendländischen Kultur zum Ausdruck, in der immer mehr digitalisiert wird: alles oder nichts, richtig oder falsch, 0 oder 1, Informationsgehalt 1 bit.

Dabei ist „die Wirklichkeit" viel fassettenreicher.

Auch in der Wirtschaft gilt: Die Sicherheit, die Zahlen, Daten und Fakten dem Management geben, ist oft eine trügerische! Albert Einstein meint dazu:

„Manchmal kann das, was zählt, nicht gezählt werden, und das, was gezählt werden kann, zählt nicht."

Selbst so einfache Dinge wie 1 + 1 = 2 sind nur richtig, wenn man sich auf das Zehner-Zahlensystem geeinigt hat. In einem binären System ist dagegen 1 + 1 = 10 die richtige Lösung. Wenn man die Geschichte der Mathematik in den unterschiedlichen Kulturen verfolgt, erkennt man, wie viele Annahmen, Konventionen, Vereinbarungen getroffen werden, um das Konstrukt der uns so geläufigen Mathematik zu etablieren.

In der Mathematik ist es ganz klar und trivial, dass das Optimum ganz wesentlich davon abhängt, welche Zielgröße man wählt, welche Annahmen man über die Rahmenbedingungen trifft und welche Konventionen man weglässt. Ob dies Managern bei ihren oft folgenreichen Entscheidungen immer so bewusst ist?

Der Freud-Schüler C.G. Jung beschreibt die 4 Aspekte der Auseinandersetzung mit unserer Umwelt: das Denken, Wahrnehmen, Ahnen und Fühlen.

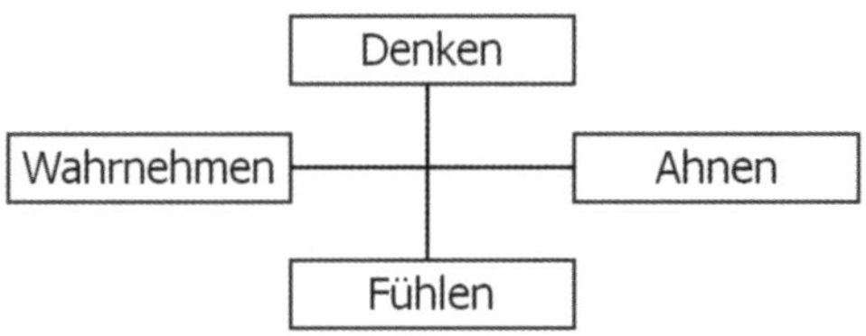

In der westlichen Welt ist die Ratio eindimensional forciert worden. Achtsames Wahrnehmen des Umfelds mit unseren Sinnen wie z.B. aufmerksames Sehen und Zuhören, körperliches Empfinden, nuanciertes Schmecken oder Riechen wird im Abendland viel weniger kultiviert.

Emotionen und Intuition: besser als ihr Ruf

Emotion wird häufig in den Privatbereich verbannt und Intuition als unprofessionell abgetan. Wissenschaft und Wirtschaft verschließen sich diesen fassettenreichen Kanälen des Austausches mit unserer Umwelt fast gänzlich. Entscheidungen „aus dem Bauch" gelten in Wirtschafts- und Managementkreisen als nicht salonfähig und werden dementsprechend abgewertet.

Dabei haben sich jetzt auch Biologen auf die Suche nach Gefühl und Intuition begeben und sich dabei im Bauch fündig geworden.

Der Artikel „Das 2. Gehirn - Wie der Bauch den Kopf bestimmt" beschreibt eine sensationelle Entdeckung: Das „Bauchhirn" mit seinen 100 Millionen „intelligenten" Nervenzellen sendet wesentlich mehr Signale zum „Kopfhirn" als umgekehrt.

**„Zuerst zum Menschen
und erst dann zur Sache kommen."**

Erst wenn die Beziehungsebene geklärt ist, können konstruktive, zielgerichtete Gespräche entstehen. Davor dient das pseudosachliche Geplänkel zeitvernichtend der Selbstdarstellung und dem Ausloten der Reviere. Nur wenn wir uns auf der Beziehungsebene wahr- und ernstgenommen fühlen, können wir auf der Sachebene zuhören. Gegenseitige Wertschätzung wäre ein guter Tausch gegen unproduktive Machtrituale. Etwas mehr menschliche Wärme wäre ein guter Nährboden für Leistungsbereitschaft und höhere persönliche Wirkungsgrade. Mit den Worten von Johann Wolfgang von Goethe:

*„Nimmst du jemanden, wie er ist,
wird er bleiben, wie er ist.
Behandelst du ihn so, als ob er wäre, was er sein könnte,
wird er zu dem werden, was er sein könnte."*

Dessen ungeachtet werden in vielen gängigen Persönlichkeitsmodellen emotionale Stärke und intellektueller Verstand nach wie vor diametral als Gegensatzpaar dargestellt. Da ist sie wieder: die Falle unseres binären „entweder-oder"-Denkens! Warum soll ich weniger mein Hirn gebrauchen, nur weil ich auch für Emotionen offen bin? Warum soll ich über weniger Einfühlungsvermögen verfügen, nur weil ich abstrakt und analytisch denken kann? Bin ich emotional oder rational, wenn ich mit Leidenschaft ein abstraktes, theoretisches Konzept entwickle und vertrete?

Intuition als Ergebnis langjähriger Erfahrung

Wer einerseits Probleme auf der Basis von Zahlen, Daten, Fakten analysiert und andererseits auch das intuitive, nonverbale Vokabular beherrscht, erzielt mehr Tiefenschärfe und erzielt so optimale Ergebnisse. Es wäre unklug, sich diesem bereichernden Spektrum zu verschließen. Intuition ist eine wertvolle Fähigkeit, die man sich in langjähriger, mühsamer Erfahrung erwirbt. Viele kleine Puzzlesteine erfahrener Wahrnehmungen lassen ein erkenntnisreiches Gesamtbild der Situation erahnen, das tausendmal mehr sagt als die einzelnen Fakten. Ein diffuser Eindruck, hier stimmt was nicht, schärft gezielt die Aufmerksamkeit und erschließt somit weiterführende Erkenntnisse, die der Denkapparat analysiert und für aussagekräftige Ergebnisse nutzt.

Zum Glück entmystifiziert jetzt auch die Wissenschaft die Intuition: neueste Hirnforschungen haben ergeben, dass unser Hirn ein Millionenfaches an Informationen speichert als es bewusst wahrnimmt. Eine tolle Fähigkeit, wenn man dieses nahezu unerschöpfliche Reservoir impliziten Wissen immer wieder einzusetzen versteht.

Die Denkleistung von Albert Einstein besteht darin, dass er aus den experimentellen Ergebnissen der Lichtmessungen, die seit Jahren vorgelegen sind, Schlüsse und Konsequenzen gezogen hat, die seine Vorreiter und auch Zeitgenossen für undenkbar gehalten haben. Er vertritt auch die Meinung:

„Fantasie ist wichtiger als Wissen,
denn Wissen ist begrenzt."

Vom Konfliktpotenzial zum Perspektivenreichtum

Wir nehmen Unterschiedlichkeiten oft als Anstoß für Konflikte wahr. Geprägt von hierarchischen Strukturen, assoziieren wir Unterschiedlichkeiten rasch mit „Ober sticht Unter" oder „Gewinner erzeugen Verlierer". Wenn „des einen Freud - des andern Leid" als Glaubenssatz angenommen wird, ist klar, auf welcher Seite man stehen will.

Viel Energie wird auf kontraproduktive Machtspiele und daraus resultierendes Tauziehen vergeudet. Das Abwerten des Anderen, des Fremden ist die daraus resultierende Logik. Erschwerend kommt hinzu, dass gerade in verunsichernden Situationen z.B. in Veränderungsprozessen die „Maschinensprache" unseres Stammhirns im Hinterkopf die hochentwickelte „Software" des denkenden Vorderkopfs dominiert.

Angst vor Veränderungen als Relikt der Vergangenheit

Biologisch verankerte Verhaltensmuster aus der längst überwunden geglaubten Vergangenheit des Überlebenskampfes in der Natur kommen zum Tragen, und die Programmierung ist einfach:

„Uuups - anders, das könnte ein Feind sein. Kämpfen oder fliehen?"

Konrad Lorenz meint sogar ernüchternd:

„Es ist erstaunlich, was der Mensch alles schafft -
mit einem Erkenntnisapparat, der gebaut ist,
um in Bäumen zu leben."

Aus meiner Sicht – aus Deiner Sicht – unser Objekt der Betrachtung

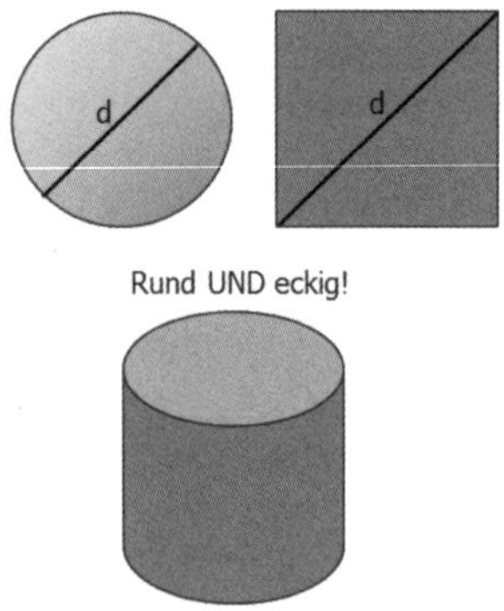

Unser Alltag ist geprägt von gegenseitiger Abwertung:
„Bist Du aber kantig, Du eckst ja überall an" kritisiert der „Runde" den „Eckigen". „Du bist aber instabil und Du bist unpraktisch: man kann Dich weder mit dem Lineal zeichnen noch einfach die Fläche berechnen." kontert prompt der „Eckige" an den „Runden". Missverständnisse sind vorprogrammiert:
Der „Runde" sagt „d" – der „Eckige" hört „d" und versteht die Welt nicht mehr, wenn der „Runde" behauptet „d" sei das Doppelte vom Radius.
Das kann nicht sein, die Diagonale „d" berechnet sich doch aus den Seiten!

Wenn sich abzeichnet, dass sich weder der „Runde" noch der „Eckige" durchsetzen können, tritt man in Verhandlungen. Ein Vieleck, ein Viereck mit abgerundeten Ecken, Kreis im Viereck oder Viereck im Kreis – bei all diesen Möglichkeiten bleibt das Machtspiel „Wer behält Oberhand?" aufrecht.

„Ein Kompromiss ist dann gut,
wenn beide Seiten gleichermaßen unzufrieden sind."
Henry Kissinger

Erst wenn man eine zusätzliche Dimension in Betracht zieht, findet man den Zylinder mit Grundfläche Kreis und Aufriss Quadrat als Synthese.

Wahrgenommene Unterschiedlichkeit als Resultat der Betrachtungsweise

Fast alle Gegenstände sehen im Grundriss anders aus als im Aufriss. Das ist wahrlich kein Problem, sondern im Gegenteil höchst aufschlussreich. Erkenntnis entsteht aus der Auseinandersetzung, aus der Asymmetrie, aus der herausragenden Auffälligkeit und nicht aus dem Gleichklang. Nachhaltiger Konsens setzt voraus, dass man sich zunächst mit dem Dissens, der Unterschiedlichkeit auseinandergesetzt hat.

Nur bei Menschen – insbesondere MitarbeiterInnen – wünschen wir uns in falsch verstandenem Harmoniestreben, dass sie sich uniform verhalten. Verkäufer und Techniker haben eine unterschiedliche Sichtweise ein und desselben Auftrags. Für ÄrztInnen, Pflegepersonal und ControllerInnen sind andere Aspekte ihrer PatientInnen relevant. Menschen aus verschiedenen Kulturen mit unterschiedlichen Erfahrungs-, Sozialisations- und Kulturhintergründen erweitern den Wahrnehmungshorizont, die Lösungsperspektiven und das Handlungsrepertoire.

"Gleichheit erlaubt Richtung und Verschiedenheit macht produktiv"

Unterschiedliche Sichtweisen und daraus resultierende divergierende Interessen erzeugen ein konstruktives Spannungsfeld, in dem sich Neues entwickeln kann. Vorausgesetzt, man stellt sich den Konflikten und regelt professionell, wie man gemeinsame, verbindliche Entscheidungen trifft. Das Motto sollte lauten:

Konstruktives Spannungsfeld durch (wahrgenommene) Unterschiedlichkeit

„Statt Menschen ändern zu wollen, gilt es, die Beziehungen zu gestalten sowie Verhalten zu vereinbaren und einzufordern."
Monika Herbstrith

Gegenseitiges Verständnis und Wertschätzung sind das Öl im Getriebe der Zusammenarbeit. Anstelle des kontraproduktiven Machtspiels „wer hat Recht" oder „wer ist wichtiger" möge der dialogische Austausch „Aus meiner Sicht ... und aus Deiner Sicht ..." bzw. „worin sind wir uns einig und was wollen wir noch klären" treten. Marshall Rosenberg, der Begründer der gewaltfreien bzw. empathischen Kommunikation stellt immer wieder die Frage:

„Willst du Recht behalten oder glücklich sein?"

Die Trainerin und Autorin Mimi StClair bringt es besonders augenzwinkernd trefflich auf den Punkt. MEINung drückt ja schon aus, dass es meine MEINung ist, neben der Platz sein sollte für Deine DEINung. Übrigens nennt die Wissenschaft die Unabänderlichkeit, dass Menschen manchmal mit ihrer Meinung auch falsch liegen, doxastischen Fallibilismus.

„Irren ist menschlich, aber auf Irrtümern zu bestehen ist teuflisch."
Cicero und Seneca der Ältere

In der klassischen Physik beschreibt man elektrische Kräfte mit dem Coulomb'schen Gesetz:

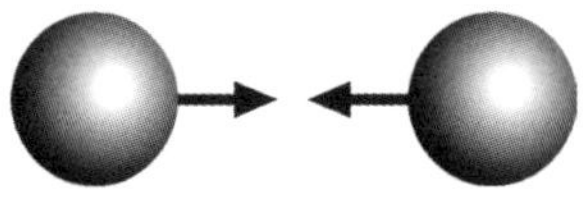

Eine einzelne Ladung bewirkt noch nichts. Wenn aber eine zweite Ladung ins Spiel kommt, herrscht plötzlich eine anziehende oder abstoßende Kraft zwischen den beiden elektrischen Ladungen. Zwischenmenschlich verfolgen wir ähnliche Glaubenssätze: „Wenn der richtige Mann/die richtige Frau in mein Leben tritt, dann wird es die große Liebe!"

Selbst-bewusst Eigen-Verantwortung übernehmen

Analog hört man ja auch häufig: „Zum Streiten gehören zwei!" Und natürlich gilt das erst recht für konstruktive Gespräche. „Ich würde ja eh, aber was kann ich dafür wenn der Andere nicht mitspielt!" gehört dementsprechend zu den häufig verwendet Killerphrasen. Tatsächlich ist in unserer Gesellschaft die Unsitte weit verbreitet, Andere für unser Lebensglück verantwortlich zu machen: „Mit der Kindheit, dem Mann, der Frau, diesen Führungskräften, den NachbarInnen ... kann ich nicht glücklich werden." Wir ermutigen hingegen Menschen ihr eigenes Leben in die Hand zu nehmen und freudvoll zu gestalten.

„Sei das 5. Rad am Wagen – das Lenkrad!"

Roman Braun

In der später entwickelten, aussagekräftigeren Feldtheorie beschreibt das Faraday'sche Gesetz:

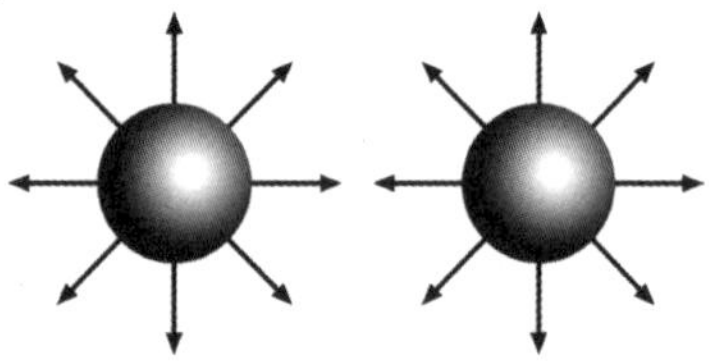

Jede einzelne Ladung erzeugt von sich aus ein Feld. Auf eine andere Ladung wirkt in diesem Feld eine Kraft. Natürlich erzeugt auch diese andere Ladung ein Kraftfeld, das wieder auf die erste wirkt. Rein zahlenmäßig liefern Coulomb und Faraday den gleichen Wert der Kraft. Es resultieren aber daraus ganz andere Konsequenzen: Jeder kann sein „Beziehungsfeld" selbst gestalten und damit wesentlich beeinflussen, welche Kräfte auf Andere und von Anderen wirken.

In einem seiner Trainings wurde Professor Samy Molcho, Pionier der Pantomime und der Körpersprache, von einer Teilnehmerin gefragt, wie sie ihren Selbstwert besser schütze könne. Darauf hat er sie aufgefordert, ihn einen Idioten zu nennen. Nach erstem Zögern und nochmaliger Aufforderung tat sie dies und warf ihm vor: „Sie sind ein Idiot." Samy Molcho lächelnd: „Und bin ich jetzt einer? Warum soll ich ein Idiot sein, nur weil Sie mich einen Idioten genannt haben!" Damit verdeutlichte er, was eigentlich klar in den Worten liegt:

„Ich bin die einzige Person,
die meinen Selbst-Wert stärken oder verletzten kann."

Denn sonst wäre er kein Selbst- sondern ein Fremd-Wert. Selbst wenn jemand in der Hausverwaltung erbost anruft und ins Telefon brüllt „Sie dumme Gans, hören sie überhaupt zu?" wird es erst dann zu einer Verletzung meines

Selbstwerts, wenn ich ernsthaft überlege, ob er mich jetzt für dumm hält. Eine viel klügere Strategie wäre es, sich die empathische Frage zu stellen:

„Was mag wohl in dem Menschen vorgehen?"

oder „Was veranlasst ihn, dies zu sagen?" wahrt man gleichzeitig auch gesunde Distanz und gelingt es, unüberlegte Äußerungen weniger persönlich zu nehmen. „Auch dieser Mensch hat als wundervoller Säugling sein Leben begonnen." kann im Umgang mit schwierigen Menschen ein hilfreicher Gedanke sein, um in der Souveränität zu bleiben.

‚Erste Reihe fußfrei in der Beobachterrolle' schafft gesunde Distanz

Sehr aufschlussreich ist auch der Grundsatz: Wann immer mich etwas kränkt, verletzt, ärgert, verunsichert etc. heißt das immer, dass ein Muster in mir aktiviert wird und in Resonanz tritt. Sonst würde es mich nicht treffen oder berühren. Daher ist die Frage angebracht: „Was hat der Ärger, die Kränkung, die Verletzung ... mit mir zu tun?" „Warum trifft mich das?" Oder pointierter ausgedrückt:

„Betrachte deine FeindInnen als kostenlose TrainerInnen."

Selbst-Reflexion ist eine wertvolle Fähigkeit zur Stärkung des Selbst-Bewusstseins und des Selbst-Vertrauens. Eine realistische Sicht der eigenen Stärken und Fähigkeiten fördert die souveräne Gelassenheit und macht die Haut resistenter gegen untergriffige Vorwürfe von Außen. Virginia Satir meinte dazu:

„Wir dürfen uns von den begrenzten Wahrnehmungen Anderer nicht definieren lassen!"

Managing Diversity als Führungsanspruch

Eines ist klar: Führungskräfte sind hier in besonderer Weise gefordert. Uniforme Massen sind leichter auf Kurs zu halten als fassettenreiche Persönlichkeiten. Wenn ich in Vorträgen und Trainings meine Überzeugung vertrete

„Ich bin eine bekennende Gegnerin der Gleichbehandlung und eine flammende Befürworterin der individuellen Behandlung mit fairen Chancen"

Monika Herbstrith

so löst der erste Teil des Satzes, gerade aus dem Mund einer Frau in Management-Position, die sich unter anderem für Gender Mainstreaming engagiert, Verwunderung bis Empörung aus.

Der Vergleich mit der Kindererziehung untermauert dieses Prinzip jedoch eindrücklich. Der zweitgeborener Sohn Tim fragte seine Mutter: „Hast Du mich auch gleich lieb wie Hanna?" Ihre Antwort: „Ich kann Dich nicht gleich lieb haben, weil Du ein anderer Mensch bist. Dich hab ich Tim-lieb und Hanna hab ich Hanna-lieb." Die prompte Frage des Sohnes: „Was ist mehr lieb Tim-lieb oder Hanna-lieb?"

Was ist mehr: ein Kilogramm oder eine Stunde?

Physikalische Gegenfrage: „Was ist mehr: ein Kilogramm oder eine Stunde?" Würde ich die beiden charakterlich deutlich verschiedenen Kinder gleich erziehen, würde ich zumindest eines von ihnen suboptimal fördern. Stark verankert sind in unserer Kultur die Werte Objektivität und Gerechtigkeit. Diese sind zugunsten der Fähigkeit zu relativieren, auf unterschiedliche Rahmenbedingungen, Bedürfnisse und Situationen angemessen einzugehen.

Eine zentrale Führungsaufgabe besteht darin, immer wieder für den Ausgleich zu sorgen zwischen den angestrebten Zielen und den individuellen Bedürfnissen. So wird Motivation ermöglicht und gefördert. Führungskräfte müssen die Rahmenbedingungen gestalten, in denen sich die individuellen Stärken entfalten und Synergien entstehen können.

Matrix Teams

Teamarbeit ist wichtig und oft genug sehr fordernd. Zu einer weiteren Erhöhung von Anforderungen und Komplexitätsgrad kommt es jedoch, wenn Teams im Spannungsfeld von Matrix-Organisationen erfolgreich geführt und motiviert werden sollen. Grund und Anlass zugleich genug, uns einmal mit einer (noch) besseren Führung von Teams und Themen quer zur Linienstruktur auseinander zu setzen.

1. Schärfen Sie Ihre Mission und stärken Sie das gemeinsame Selbst-Verständnis:

Gerade für Matrix-Teams mit Team-Mitgliedern aus unterschiedlichen Bereichen mit vielfältigen Kulturen ist die gemeinsame Sicht auf den Daseinszweck des Teams immer wieder wichtig und zu aktualisieren. Meiden Sie die Sichtweise „Was machen wir?" oder „Welche Aufgaben erfüllen wir?". Wesentlich kraftvoller sind Orientierungsfragen wie „Welchen Nutzen bewirken wir für wen?" „Was ist unser direkter oder indirekter Beitrag zu Unternehmenserfolg und KundInnen-Zufriedenheit?" und weil Leistungen von Matrix-Teams oft systemerhaltend sind: „Was ginge verloren, wenn es uns nicht gäbe?"

Orientierungsfragen dienen der Identitätsfindung und -festigung

Eine kraftvolle Mission charakterisiert die Identität. Von daher ist es wichtig darauf zu achten, dass die Aussagen nicht auf einer beliebigen, leicht austauschbaren Oberflächlichkeit bleiben. „Was können wir über unseren Daseinszweck sagen, was uns auch von Anderen unterscheidet?" Nachhaltiger Konsens braucht zunächst den Dissens: sehr aufschlussreich ist es, zunächst von unterschiedlichen Beteiligten – Teammitgliedern und InteressenspartnerInnen/KundInnen – obige Fragen beantworten zu lassen. Danach gilt es aus den Antworten möglichst viel Gemeinsamkeit zu schälen: „Worin sind wir uns einig und was müssen wir noch klären?" Auf diese Weise erhält das Mission-Statement einerseits Schärfe und Aussagekraft sowie andererseits breites Commitment.

2. Entwerfen Sie ein strahlendes Bild von der erfolgreichen Zukunft:

Eine gute Vision ist wie ein Orientierungsstern, die gerade in stürmischen und dunklen Zeiten den Weg weist und strategischen Entscheidungen eine Ausrichtung gibt. Eine lustvolle Möglichkeit dazu ist das gemeinsame Verfassen des „Briefes aus der erfolgreichen Zukunft" *(siehe Toolbox Nr.2, Seite 174)*, in dem sie sich die angestrebte erfolgreiche Zukunft in ca. 3 – 5 Jahren ausmalen.

Richard Bach beschreibt in seinem Kultbuch „Die Möwe Jonathan" die mentale Vorwegnahme des angestrebten Erfolgs. Die weise Möwe gibt Jonathan den entscheidenden Tipp:

„Sei schon da, bevor Du ankommst!"

Das Mentaltraining ist im Leistungssport nicht mehr wegzudenken, denn es gilt, der Erfolg folgt der Vorstellung vom Erfolg. Unser Hirn kann kaum zwischen Sinneseindrücken und Vorstellungen unterscheiden. Wenn mindestens zwei Sinne in der Vorstellung angesprochen werden, kann das Hirn auch aus Vorstellungen Erfahrungen lernen. Studien haben gezeigt, dass das so weit geht, dass nur vorgestelltes Muskeltraining immerhin 20 % des Muskelwachstums erzeugt wie reales körperliches Training.

Um erfolgreich zu sein, braucht es SMARTe Ziele:

SMARTe Ziele erhöhen die Erfolgschancen wesentlich

- **S**pezifisch, d.h. möglichst konkret,
- **M**essbar oder zumindest objektivierbar (Woran kann man die Zielerreichung erkennen?)
- **A**ktiv beeinflussbar
- **R**ealistisch
- **T**erminisiert.

Damit diese auch hirngerecht sind, sollten sie darüber hinaus folgende Kriterien erfüllen:

- Positiv formuliert (Achtung: Unser Hirn kann nicht NICHT denken.)
- Fordernd und glaubwürdig
- aktiv formuliert sein.

Unerreichbare „Karotten", die immer wieder weggezogen werden, sind ebenso giftig für unser Hirn wie Absichtserklärungen („Wir möchten", „Wir bemühen uns", „Wir schauen einmal"). Mit negativ formulierten Zielen wie „Kosten reduzieren", „keine Fehler", „keine Unfälle", „weniger Reklamationen" fängt unser Hirn nichts an. „Ressourcen effektiv einsetzen", „auf Anhieb alles richtig", „jeden Tag gesund und heil nach Hause kommen", „Kundenzufriedenheit steigern" sind dagegen wirkungsvoll.
Bei wenig fordernden Zielen schaltet unser Hirn auf halbe Kraft. Erfolg braucht Entschlossenheit. Lauwarm und halbherzig steht in Widerspruch zu High Performance.
Der Großteil unserer Gehirnaktivitäten erfolgt unbewusst – ein Millionenfaches des Bewussten. Unser Unbewusstes ist unser mächtigster Verbündeter oder unser kraftvollster Gegner. Um es für unsere Ziele zu aktivieren gilt es die SMARTen, positiven, fordernden Ziele hirngerecht zu verpacken: als sinnlichen, lustvollen, merkwürdigen Film des Erfolgs. Die Wahrnehmung folgt der Vorstellung.

3. Innovative Leistungspakete für die unterschiedlichen Zielgruppen:

Matrix-Teams sind oft Dienstleister für unterschiedliche Anspruchsgruppen. Betreiben Sie interne Marktforschung. Erheben Sie die aktuellen Entwicklungen Ihrer internen KundInnen-Gruppen und leiten Sie daraus Erwartungen an Ihre Leistungen ab. Das können Sie zum Beispiel gut mit internen Zufriedenheitserhebungen kombinieren. Schnüren Sie abgestimmt mit Ihren KundInnen zukunftsorientierte Leistungspakete – mit abgegrenzten Leistungsinhalten. Damit vermeiden Sie die „Gut-gemeint-Falle" und unrealistische Erwartungen, die unweigerlich zu Enttäuschungen führen müssen.

Leistung muss sich am Empfänger orientieren, nicht am Sender

„Zusammenkommen ist der Beginn.
Zusammenhalten ist der Fortschritt.
Zusammenarbeiten ist der Erfolg."

Henry Ford

Am Beginn steht die Aufgabe, die unterschiedlichen Gruppen der KundInnen zu identifizieren und priorisieren. Häufig gibt es eineN AuftraggeberIn, die unmittelbaren und mittelbaren LeistungsempfängerInnen, Beteiligte und Betroffene, die sowohl KundInnen als auch PartnerInnen/LieferantInnen sein können.
Hilfreich ist das Modell des Best-Partner-Prinzips:

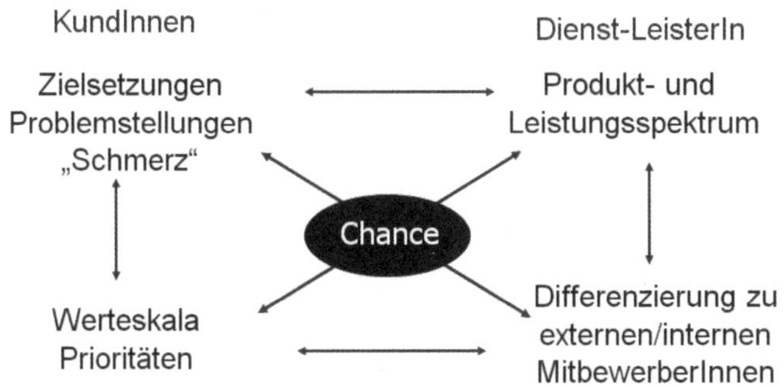

Wie gut treffen meine Leistungspakete die Ziele, Erfolgsfaktoren und Interessen meiner AuftraggeberInnen und KundInnen?

Inwiefern unterstützen Sie dabei, Herausforderungen und Probleme zu meistern und „Schmerzen" zu lindern?

Worin unterscheiden wir uns von unseren MitbewerberInnen und sich unsere Leistungen von denen Anderer?

Welchen Mehrwert und Zusatznutzen können wir daher unseren AuftraggeberInnen und KundInnen bieten?

Was macht uns mit unseren Leistungen zu wertvollen PartnerInnen – wobei die Werte der AuftraggeberInnen und KundInnen relevant sind?

Mit diesem Modell können Sie Ihre strategische Positionierung schärfen und die Voraussetzungen für erfolgreiches internes Marketing sowie eine solide Beauftragung schaffen. Abgesehen davon, dass sie durch das Bewusstmachen des Werts und des Nutzens der Leistungen das Selbst-Bewusstsein von Ihnen und Ihrem Team stärken – was wiederum die Motivation und Identifikation stärkt und steigert. Wichtig ist bei der Darstellung des Nutzens das Prinzip „Der Köder muss dem Fisch schmecken und nicht dem Angler."
(siehe auch Beitrag Seite 78: „Marktorientiertes Denken – KundInnenorientiertes Handeln" und Toolbox Tool Nr. 38, Seite 197).

4. Kluges Win-Win-Verhandeln bei der internen Beauftragung:

Mehrdimensionale Verhandlungen stärken die eigene Position und die Erfolgschancen

Häufig ist der/die AuftraggeberIn, der auch für die Ressourcenausstattung verantwortlich ist, nicht der/die unmittelbare bzw. ausschließliche LeistungsempfängerIn. Bei der Beauftragung interner Servicebereiche geht man häufig relativ achtlos um. Umfangreichere Leistungspakete brauchen dementsprechend auch mehr Ressourcen. Meiden Sie eindimensionale Verhandlungen in denen es z.B. nur um finanzielle Ausstattung geht.
Solide vorbereitetes Verhandeln in mehreren Dimensionen z.B. Leistungsumfang, Qualitätskriterien, finanzielle Ausstattung, Anzahl der MitarbeiterInnen, Zeitrahmen, Flexibilitätskriterien, Rahmenbedingungen etc. gibt mehr Spielraum und ermöglicht, dass alle vom Verhandlungstisch zufrieden aufstehen.

Erfolgreiche Verhandlungsstrategien stellen den Wert und den Nutzen der Leistungen in den Vordergrund. Erst relativ spät, wenn der Wunsch nach den nützlichen Leistungen bereits gereift ist, wird auch über die Kosten gesprochen – im Fall von internen Leistungen ist das häufig die Ressourcenausstattung. Nichts geht über eine solide Verhandlungs-vorbereitung, in der man sich sowohl seine eigenen Ziele und Verhandlungsspielräume klar macht als auch die seines Vis-a-vis überlegt.
Kluges Verhandeln heißt immer auch, die Zeit nach der Verhandlung im Auge zu haben, in der man den/die VerhandlungspartnerIn in der Umsetzung braucht. Mit Manipulation riskiert man dabei das wertvollste Gut – nämlich das gegenseitige Vertrauen.
(siehe auch Beitrag Seite 91: „Verhandlungstechnik")

5. Rollenklarheit für wirkungsvolles Handeln:

Abgrenzung von Aufgaben und Verantwortlichkeiten trägt zum Erfolg bei

Matrix-Teams sind häufig in einer exponierten Position, die das Risiko für ein Prellbock- oder Feigenblatt-Dasein erhöht. Von daher ist Rollenklarheit besonders wichtig - sowohl was die Position des Teams im Unternehmens als auch was die Rolle der einzelnen Team-Mitglieder betrifft. Für das effektive Führen in der Matrix-Organisation ist der Schulterschluss zu den Linienführungskräften erfolgsentscheidend. Das braucht die klärende Frage, für welche Themen die Linienführungskräfte und für welche der/die LeiterIn des Matrix-Teams verantwortlich zeichnet und wer welche Entscheidungsbefugnisse hat.
(siehe Toolbox Nr. 20, Seite 186).

Wenn offizielle und gelebte Organisation auseinanderklaffen, erkennen Sie das daran, dass Wörter wie „prinzipiell", „theoretisch", „eigentlich" ... häufig bei Nachfragen zu Zuständigkeiten fallen.
Eine alte Bauernregel appelliert für die Schriftlichkeit:

„Wer schreibt, der bleibt, wer net, der geht."

Für Rollen, Funktionen und Stellen gilt das auch. Wenn sich Funktionen nur schlecht beschreiben und die Verantwortlichkeiten bzw. die Eingliederung in die Organisation nur schwer grafisch darstellen lassen, dann kann man das auch nur schwer im Kopf klar bekommen.

Häufig hat auch der einzelne Mensch unterschiedliche Rollen. Da ist dann umso wichtiger, sich selbst immer wieder klar zu machen, welchen Hut man gerade trägt und beim Einstieg in das Gespräch auch den Anderen zu kommunizieren: „Ich habe mit dieser Vorgehensweise gute Erfahrungen gemacht ..." macht klar, dass man als ExpertIn bzw. KollegIn spricht. „Im Sinn des Themas XY ist es wichtig, ..." verdeutlicht, dass man in der Rolle des/der ThemenführerIn agiert. „In unserem Team möchte ich, dass wir das so handhaben." spricht für Führungsstärke im Team.

6. Führen ohne disziplinarische Verantwortung:

Matrixorganisation und Themenführerschaft bringt es meist mit sich, dass man für MitarbeiterInnen die Führung übernimmt, die disziplinarisch einer anderen Linien-Führungskraft unterstellt sind. Dadurch hat man nur eingeschränkte Mittel der Führung - beginnend bei der Auswahl der MitarbeiterInnen über die Entwicklung und Stärkung der für die Themen erforderlichen Kompetenzen bis zur Vereinbarung und Einforderung von Leistungen. Für die hohe Schule des Führens ohne disziplinarische Verantwortung gilt noch mehr als bei anderen Führungsaufgaben: sich selbst klug zu führen ist die wichtigste Voraussetzung um Andere gut führen zu können.

Auch hier gilt die Macht des Unbewussten. Entscheidend ist es, für sich selbst eine stimmige Antwort auf folgende Fragen zu finden: „Warum bin ich für meine Führungsrolle eine gute Wahl?", „Warum kann ich gut verstehen, dass man mir diese Führungsverantwortung anvertraut hat?" und „Warum ist es o.k., dass ich die (Themen-)Führung für diese Menschen übernehme, selbst wenn sie vielleicht in der Hierarchie höher als ich gestellt sind?"

Das eigene Sich-selbst-Bewusstsein und Sich-selbst-Vertrauen ist die Grundvoraussetzung für überzeugtes Auftreten. Beantworten sie auch für sich die Fragen „Warum übernehme ich gerne diese Führungsrolle?" „Welche Vorzüge hat es, Führungskraft ohne disziplinarische Verantwortung zu sein?" „Was macht mir am Führen Freude und Spaß?" Für sich selbst die Eigenmotivation zu stärken ist die beste Voraussetzung, um Andere mit ins Boot zu holen. *(siehe dazu auch Motivations-Check Toolbox Nr. 3, Seite 176)*

Delegieren betrifft nicht nur Aufgaben, sondern auch Verantwortung

Delegieren Sie Wirkungsbereiche mit Ergebnisverantwortung (und nicht nur vage Teile von Aufgaben) einschließlich Eigenkontrolle: „Woran können Sie erkennen, dass Ihr Verantwortungsfeld im grünen Bereich ist und Sie auf einem guten Weg sind die vereinbarten Ergebnisse zum vereinbarten Zeitpunkt zu erzielen?" und „Wie überzeugen wir uns gemeinsam davon?" Kommunizieren Sie klar, was der vorgegebene Rahmen ist und lassen Sie genügend Gestaltungsmöglichkeiten. Denn diese stiften Identifikation.
Es braucht die Konsequenz, Regelverstöße und nicht erfüllte Vereinbarungen möglichst direkt und zeitnah anzusprechen. Hilfreich sind dazu die Regeln konstruktiver, lösungsorientierter Kritik. *(siehe Nr. 3 bis 7 und 15 aus „Hochwirksame Interventionen für mehr Erfolg, Leichtigkeit und Lebensfreude" in der Toolbox Seite 176 - 178, 182)*

Denn wenn sie die Verstöße nicht aufzeigen, tragen Sie Mitverantwortung, dass die Regeln an Kraft und Durchsetzbarkeit verlieren. Unterhöhlt werden dann nicht nur die Regeln und Vereinbarungen, sondern vor allem auch sie als Führungsauthorität. Daher ist es klug, sich zunächst die Kontrollfragen zu stellen: „Ist mir die Regel so wichtig, dass ich die Konsequenz aufbringe, sie immer wieder einzufordern?" Und: es braucht ausreichende Rückendeckung von der/dem AuftraggeberIn und Schulterschluss zu den Linienführungskräften.

7. Verbindende Gemeinsamkeiten stärken und bereichernde Unterschiede nutzen:

Neueste Erkenntnisse der Hirnforschung zeigen eindeutig: „Gleich und gleich gesellt sich gern." Wir alle haben so viele Fassetten, dass es gelingen sollte, Gemeinsamkeiten zu finden, zu kultivieren und so die soziale Verträglichkeit zu stärken. Umgekehrt wirken Unterschiedlichkeiten oft befremdlich und irritierend. In unser abendländischen Kultur fällt uns dabei leicht „Ober sticht Unter" ein. Daher sind kontraproduktive Macht-Spielchen „Wer hat Recht?" oder „Wer ist wichtiger?" an der Tagesordnung.

Stattdessen sollte „Wer trägt was zu den gemeinsamen Erfolgen bei?"
im Mittelpunkt des Interesses stehen.
Albert Einstein hat gemeint

*„Wenn zwei immer einer Meinung sind,
ist einer überflüssig."*

Nutzen Sie daher die Unterschiedlichkeiten in gegenseitiger Wertschätzung, um zusätzliche Perspektiven und Lösungsmöglichkeiten zu gewinnen.

Killerwörter führen zu rasch eskalierenden Konflikten

Eines der häufigsten verwendeten Killerwörter ist „aber". Setzt es doch das, was vor dem „aber" steht, außer Kraft. Gegenseitiges „ja, aber ..." führt zu ineffizienten Meetings, zur Verhärtung von Standpunkten und zu rasch eskalierenden Konflikten.
Viel häufiger als wir es zunächst sehen ist statt dem strittigen „entweder-oder" ein konziliantes „sowohl-als-auch" möglich. Das entwertende „aber" lässt sich häufig durch ein verbindendes „und" ersetzen: „Aus meiner Sicht ... und aus Ihrer Sicht ..." schauen wir beide auf gemeinsame Ziele.

Zwei zentrale Führungsthesen für High Performance:
„Führen heißt Ausgleich zu schaffen zwischen gemeinsamen Zielen und individuellen Bedürfnissen." Und: „Führen heißt individuelle Stärken auf gemeinsame Erfolge zu fokussieren."

Im zunehmend komplexen Umfeld mit immer mehr Spezialwissen kann man es sich nicht mehr leisten, auf individuelle Stärken und Expertisen zu verzichten. Übrigens ein Dirigent, der an sich den Anspruch hätte, alle Instrumente am besten zu spielen, hätte die Mittelmäßigkeit des Orchesters zu verantworten. Die hohe Schule des Orchesterleitens besteht darin für die einzelnen Plätze die jeweiligen Spitzenkräfte zu rekrutieren und zu fördern!

8. Wirkungsvoll kommunizieren und so das gegenseitige Verständnis stärken:

Der Volksmund weiß

„Durch's Reden kommen die Leute zusammen."

Und die aktuelle Hirnforschung gibt ihm Recht: Die Evolutions-Psychologie meint, dass Kommunizieren als „Fern-Kraulen" erfunden wurde, um wie das Kraulen die Rudelzusammengehörigkeit und -identität zu stärken. Gerade in virtuellen Teams ist es wichtig, immer wieder darauf zu achten, dass miteinander Reden viel mehr bedeutet als bloßer Informationsaustausch per Mail und Internet. In einem persönlichen Gespräch wirkt deutlich mehr als 80 % die non-verbale Kommunikation und nur zu 10 – 20 % der Inhalt der Worte.

Das Wahrnehmen von Kommunikation erfolgt durch die Brille der eigenen Erfahrungen

In Telefonaten und Video-Konferenzen erreicht deutlich mehr der Botschaft die Empfänger als in Mails. In multikulturellen Teams ist besonders darauf zu achten, dass Worte bei Sender und allen Beteiligten mit den gleichen Bildern belegt sind. Frido Hütter, ein mehrfach ausgezeichneter Journalist, hat gemeint „Kommunikation findet im Kopf vom Empfänger statt.“ Das, was ich höre, bringe ich in Zusammenhang mit meiner Erfahrungswelt.
Missverständnis ist daher die normale Kommunikationsform – weil wir unterschiedliche Menschen mit unterschiedlichen Vorstellungen sind. Sich achtsam um gegenseitiges und gemeinsames Verständnis zu bemühen, indem die Sichtweisen immer wieder aktiv hinterfragt werden, ist daher äußerst empfehlenswert. In der Gesprächsform des Dialogs ist man sich bewusst, dass alles was man sagt und hört, von der eigenen Erfahrungswelt und den persönlichen Werten gefärbt ist.

Wie bei einem Flug sind auch bei der Kommunikation Start und Landung besonders erfolgskritisch. Für unser Hirn ist produktives Denken und Handeln erst dann möglich, wenn ich mich als Mensch akzeptiert und verstanden fühle. Verständnis auf der Beziehungsebene ist Voraussetzung für Zuhören auf der Sachebene. In den ersten Mikrosekunden unterscheidet unser Unbewusstes, Freund oder Feind. Ein wertschätzender Einstieg ist Voraussetzung für gelungene Gespräche. *(siehe auch Toolbox Nr. 22, Seite 187)*

Achtung: Für das Ankommen in einem Gespräch gilt die Beziehungsebene Mensch zu Mensch bzw. Gast zu GastgeberIn, erst danach nehmen die Menschen ihre konkreten Funktionen ein. Für die erste Phase gelten die Höflichkeitsregeln des/der GastgeberIn. Unser Stammhirn reagiert aggressiv auf Revier-Verletzungen. Auch wenn es das Großhirn einzudämmen und zu tarnen versteht, leidet darunter die Leistungsfähigkeit unseres Denkens. Es ist daher klug, nicht gleich mit der Tür ins Haus zu fallen, sondern zunächst höflich anzuklopfen!

9. Standpunkte vertreten im Spannungsfeld unterschiedlicher Interessen:

Matrix-Teams stehen häufig im Spannungsfeld unterschiedlicher Erwartungen und Ziele. Hier gilt es Position zu beziehen und sich durch die Rückendeckung von den AuftraggeberInnen Entscheidungsbefugnisse zu sichern. Macht ist die Fähigkeit, gegen Widerstand etwas zu bewirken.
Enttabuisieren Sie das Thema Macht und sichern Sie sich ausreichend davon, um Ihrer Verantwortung gerecht zu werden. Querschnittsthemen zeigen häufig Systemkonflikte auf und bieten sich auch als Stellvertreter-Konflikte bzw. Sündenböcke an. Es zahlt sich immer wieder aus, erkannte Konfliktpotenziale frühzeitig anzusprechen. „Wem gehört der Konflikt?“ bzw. „Auf welcher Beziehungsebene liegen die Konfliktursachen und damit die Lösungsmöglichkeiten?“ sind wichtige Fragen, um Konflikte nachhaltig zu regeln und nicht nur Konfliktsymptomen nachzulaufen.

Dabei gilt die Anti-Mikado-Strategie: Wer sich zuerst bewegt, hat mehr Einfluss im Spiel. Souveränität zeigt sich darin, auf die Anderen zuzugehen. Das direkte Feed-back an die Beteiligten ist der erste Schritt. Wenn sich auf dieser Ebene Unstimmigkeiten nicht bereinigen lassen, kann im nächsten Schritt das Gespräch mit den Führungskräften der Beteiligten gesucht werden. Und schließlich ist es Verantwortung der AuftraggeberInnen Prioritäten zu klären und die Rahmenbedingungen zu schaffen, die das Führen in der Matrix und die Themenführerschaft ermöglichen *(siehe Toolbox Nr.21, Seite 187)*.

10. (Teil-)Erfolge gemeinsam würdigen und daraus Kraft schöpfen:

In Matrix-Teams ist noch mehr als sonst Eigen-Motivation gefragt. Vera Birkenbihl, DIE Expertin für hirngerechtes Arbeiten meint auch, dass noch wichtiger als Anerkennung von außen die eigenen „Ball-im-Tor-Erlebnisse" sind: Setzen Sie sich markante Ziele und Zwischen-Ziele, um aus deren Erreichung Kraft und Zuversicht zu tanken. Nachhaltig motivierend wirkt das gute Gefühl, etwas Sinnvolles bewirkt und nützliche Ergebnisse erreicht zu haben. Etablieren Sie dazu Team-Rituale, um erzielte (Teil-)Erfolge bewusst wahrzunehmen und gemeinsam zu würdigen.

Team-Rituale einführen zum Wahrnehmen und Würdigen von Erfolgen

Übrigens: sich bei Anderen zu bedanken, dass sie zum Erfolg beigetragen haben, ist eine sympathische Art, eigene Leistungen zu kommunizieren. Und selbst wenn Sie zwischendurch Unterstützung und Rückendeckung Ihrer Vorgesetzten vermisst haben, können Sie sich bei ihnen bedanken, dass man Ihnen das Vertrauen entgegengebracht hat und Ihnen Gestaltungsmöglichkeiten übertragen hat.
Hier hat auch die Mailkommunikation Vorzüge: Bedanken Sie sich beim Team für den tollen Einsatz und die hervorragenden Leistungen und schicken dieses Mail an Ihre Führungskräfte. Vor den ChefInnen Anerkennung erfahren schmeckt doppelt so gut. Oder Sie bitten Ihre Führungskräfte ein Danke-Mail an das Team zu übermitteln und liefern Inputs für dessen Inhalt.

Legen Sie sich für sich persönlich und für das Team ein Erfolgs-Tagebuch zu *(siehe Toolbox Nr. 8, Seite 179)*.

11. Gesunder Umgang mit Dynamik:

Alle Trendforscher sind sich einig, dass unser Umfeld noch schneller und dynamischer wird. Daher sind wir gefordert mit raschen Veränderungen und zunehmender Komplexität professionell umzugehen.
Abraham Lincoln hat an die Kreativität und Innovationskraft appelliert:

„If you always do, what you always did,
you will always get, what you always got."

Boxenstopps zum Auftanken – auch für Menschen

Mehr vom Gleichen kann nicht die Lösung sein und die Lösungen von gestern sind die Probleme von heute. Mit Segelbooten kann man in zielstrebiger Wendigkeit gegen den Wind kreuzen. Je klarer die mittel- und langfristige Strategie ist, desto mehr Flexibilität kann man sich bei den operativen Manövern erlauben. Freude, Spaß und Begeisterung an den eigenen Leistungen sind die besten Vorkehrungen gegen Stress und die Gefahr des Ausbrennens. Wichtig ist dabei, mit den eigenen Bedürfnissen achtsam umzugehen. Hochleistungsmotoren brauchen immer wieder Boxenstopps zum Auftanken. Berücksichtigen Sie das Stewardessen-Prinzip: Zuerst sich selbst gut mit Sauerstoff zu versorgen, um dann Andere gut servicieren zu können.

In „Hochwirksame Interventionen für mehr Erfolg, Leichtigkeit und Lebensfreude" in der Toolbox Nr. 18 *(Seite 185)* finden Sie Tipps und Tricks für mehr Souveränität und Gelassenheit sowie gesunde Alternativen für Stress und Ärger.

Mit den „Übungen für Glück und Leistungsfähigkeit sowie gegen Stress" in der Toolbox können Sie willentlich Einfluss auf Ihren Körper und damit auf die Hormonsuppe Ihres Hirns und damit auf unser Fühlen, Denken und Wahrnehmen nehmen. Die innere Haltung und unsere äußere Körperhaltung sind in unserem Hirn eng verwoben. Auf letztere können wir relativ leicht Einfluss nehmen.

„Tu Deinem Körper etwas Gutes,
damit deine Seele Lust hat, darin zu wohnen."

Teresa von Avila

In Eigenverantwortung können wir unsere Wirklichkeit gestalten: die Gegenwart unseres Empfindens, die Zukunft unseres privaten und beruflichen Lebens und sogar die Erinnerung an unsere Vergangenheit.

Interne Dienst-LeisterInnen

Bei sehr kleinen Unternehmen und in den Köpfen vieler Menschen findet sie sich noch: die Vorstellung, dass sich ein Unternehmen auf die Basisfunktionen „Einkauf" – „Produktion / Verarbeitung" und „Verkauf" reduzieren lässt. Alles andere diene nicht der Erzielung von Gewinn.

Aber ist diese Vorstellung richtig und zeitgemäß? Was bedeutet sie für die MitarbeiterInnen, die in diesen „anderen" Abteilungen arbeiten und – so die Vorstellung – eigentlich keinen positiven Beitrag zum Unternehmenserfolg beitragen. Sogar Kosten verursachen und damit die Wettbewerbsfähigkeit des Unternehmens gefährden?

Stabstellen als interne Dienst-Leister

Erfolgreich auf den internen Marktplätzen des Unternehmens

Interne Servicebereiche müssen ihre Leistungen transparent machen

Gerade in Zeiten zunehmenden Kostendrucks ist es für Stabsfunktionen wie Controlling, PR, Personalentwicklung, IT, Zentraler Einkauf, Facility Management, Qualitäts-, Sicherheits-, Umweltbeauftragte etc. überlebenswichtig, Ihre Leistungen transparent zu machen. Der Wertschätzung als interner Servicebereich steht die Anforderung gegenüber, interne Kunden wie externe Kunden zu servicieren. Das Wort Dienst-Leistung drückt es aus: Mit der Professionalität der eigenen Leistung und den Kunden zum Nutzen dienen.

„Effizienz steigern" ist in vielen Organisationen die Devise. Alles konzentriert sich auf die Wertschöpfungskette. Wer nicht unmittelbar zur Leistungserbringung, Produktentstehung oder zum Kundennutzen beiträgt, wird häufig als „Overhead", „unproduktiver Bereich" oder „Cost Center" abgestempelt. Allen diesen Begriffen ist gemein, dass sie wenig wertschätzend sind. Kein Wunder, dass Profit-Center beliebter sind als Cost-Center. Dementsprechend gehen sie gestärkt in Budget-Verhandlungen und sind besser mit Ressourcen ausgestattet. Oftmals spiegeln auch Entlohnungssysteme diese Wertschätzung wieder. Kein Wunder, dass oftmals MitarbeiterInnen Stabstellen als Stufe der Karriereleiter betrachten, um sich in Richtung der Business Units weiterzuentwickeln. Die damit verbundene erhöhte MitarbeiterInnen-Fluktuation erleichtert nicht das Führen dieser oft exponierten Bereiche. Andererseits stellt diese MitarbeiterInnen-Entwicklung eine Leistung von Know-how-Aufbau für das Unternehmen dar. Leider wird dies selten wertgeschätzt.

„Grabe den Brunnen bevor du Durst hast."

Chinesische Weisheit

Im von uns entwickelten Prozessmanagement-Modell gibt es neben den wertschöpfenden auch wertdefinierende, wertschaffende und werterhaltende Prozesse: Das Management muss die strategische Positionierung definieren sowie die Richtung der Weiterentwicklung vorgeben und mit Zielen objektivieren (**WERT-definierende Prozesse**).
WERT-schaffende Prozesse wie z.B. Innovation/Forschung/Entwicklung, Marketing, Strategisches Controlling, Personal- und Organisationsentwicklung, Technologiemanagement schaffen die Voraussetzungen, um mit den Strategien von heute zukünftige Gewinne zu erwirtschaften.
WERT-sichernde Prozesse wie z.B. Facility Management, Instandhaltung, interne IT, Qualitäts-, Sicherheits-, Umwelt-, Risikomanagement aber auch operative Finanzprozesse, sorgen für geeignete Rahmenbedingungen für die professionelle Geschäftsabwicklung.

Schärfen Sie die strategische Positionierung Ihrer Position und Abteilung innerhalb des Unternehmens:

- Was macht Ihre Leistungen für das Unternehmen wertvoll?
- Wie tragen Sie direkt oder indirekt zu KundInnen-Nutzen und Unternehmenserfolg bei?
- Wie sollte die Kooperation mit anderen Bereichen gestaltet werden, um gemeinsam mit den individuellen Stärken und Potenzialen ein unternehmerisches Gesamtoptimum zu bewirken?

WERT-volle Prozesse tragen direkt oder indirekt zum Erfolg bei

Insgesamt gibt es nur **WERT-volle Prozesse**, die direkt oder indirekt zu KundInnennutzen und Geschäftserfolg beitragen. Das energievernichtende Machtspiel „Wer ist wichtiger?" wird durch den systemischen Ansatz ersetzt: Wie müssen die verschiedenen Prozesse ineinandergreifen, damit die erfolgsorientierte, bereichsübergreifende Zusammenarbeit optimal funktioniert?

Schnittstellenregelungen und Leistungsvereinbarungen zwischen den einzelnen Bereichen minimieren „Reibungsverluste" und „Übergangswiderstände" und stellen so die Effektivität in der Zusammenarbeit sicher.

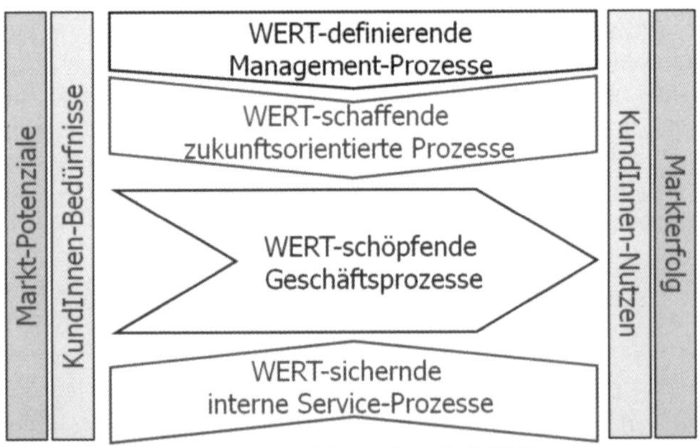

Abb.: Prozessmanagementmodell von Impuls & Wirkung

Sicherheitsbeauftragte

Sicherheit konsequent vor- und miterleben

Sicherheitskonzepte sind so gut, wie die MitarbeiterInnen diese im Geschäftsalltag leben. Damit wird Sicherheitsmanagement zu einer zentralen allgemeinen Führungsaufgabe: alle Führungskräfte müssen Sicherheitsbewusstsein und entsprechende Schutzmaßnahmen vorleben und von ihren MitarbeiterInnen konsequent einfordern. Zusätzlich kommt erschwerend hinzu, dass unser Menschenhirn nicht wirklich in Wahrscheinlichkeiten und Risiken denken kann.
Internes Marketing und eine konsequente Kommunikationspolitik für das Thema Sicherheit sind daher gefragt!

Security als Feigenblatt?

Bei Kindern unterscheiden wir Spiel- und Habzeug. Spielzeug wird genutzt, Habzeug braucht man, um dazuzugehören. Ist Sicherheitsmanagement in den Unternehmen wirklich ein konsequent genutztes Werkzeug? Wie oft fristet diese Thematik ein Alibi-Schattendasein als Feigenblatt? Wunderbar eignet es sich als Sündenbock, den man notfalls in die Wüste schickt! Vielfach müssen sich Sicherheitsbewusste den Vorwurf gefallen lassen, Bremser, notorische Pessimisten oder detailverliebte Erbsenzähler zu sein! Als Überbringer schlechter Nachrichten sind sie nach wie vor dem Risiko ausgesetzt, im übertragenen Sinn des Wortes „geköpft" zu werden.

Von angstgesteuert zu risikobewusst

Wir Menschen neigen dazu, Risiken zu verdrängen. Der philosophische Physiker Prof. Pietschmann meint dazu:

„Die radikalste Veränderung ist der Tod.
Wie können wir da Veränderungen im Leben lieben?"

Risiken und Chancen werden vom menschlichen Gehirn falsch bewertet

Unser Hirn ist auch nicht in der Lage, Wahrscheinlichkeiten in ihren Dimensionen zu erfassen. So ist es 100.000-mal wahrscheinlicher, trotz Pille schwanger zu werden, als im Lotto zu gewinnen. Trotzdem halten die meisten die Pille für sicher und pflegen viele die Hoffnung, durch Lotto reich zu werden.

Weltweit sterben nur ca. 15 Menschen jährlich an Haibissen. Viel mehr Menschen sterben alleine in der Karibik an heruntergefallenen Kokosnüssen – ganz abgesehen von den jährlichen Toten durch Verkehrsunfälle unter Alkoholeinfluss. Trotzdem haftet an den Haien das angsteinflössende Monsterimage. Der Thriller müsste eigentlich „Die grüne Kokosnuss" und nicht „Der weiße Hai" sein. Keine Frage: es bräuchte gewaltiger Marketing-Anstrengungen, um viele ins Kino zu bringen und sich mit dem Kokosnuss-Risiko auseinander zu setzen. Ob es möglich ist, der Palmenstrandidylle und dem Wunsch nach Schatten zum Trotz ein Sicherheitsbewusstsein bzgl. der über dem Kopf schwebenden Kokosnuss-Killer zu entwickeln? Übrigens der mit Abstand häufigste Grund, dass Touristen auf den Taucherinseln der Malediven ins Spital müssen, sind Verletzungen beim dilettantischen Versuch, Kokosnüsse mit Messern zu öffnen.

Offensichtlich reagiert unser subjektives Empfinden auf Angst und nicht auf Risiko oder Wahrscheinlichkeit.

„Wie man mit Mut verwirklicht, was man erhofft,
so verwirklicht die Angst, was man befürchtet."

N.N.

Angst ist eines der intensivsten Gefühle in unserem Hirn. Schließlich hätten unsere Vorfahren auch nur ein einziges Mal eine große Gefahr übersehen, so hätten wir nicht überlebt. Darum reagiert auch unser Hirn so gereizt auf kleine Abweichungen in unserem angestammten „Revier":
All das könnten Hinweise auf Gefahren oder Feinde auf der Lauer sein. Wenn wir das fixieren, wovor wir uns fürchten, realisiert sich allerdings das, wovor wir Angst empfinden. Die Bewegung folgt unseren Augen. Darum ist es auch überlebenswichtig, z.B. in Schleudersituationen die Zwischenräume zwischen den Bäumen und nicht die Bäume zu fixieren.

Die Bewegung folgt den Augen - Misserfolg negativen Gedanken

Der wesentliche Schritt im Umgang mit Angst ist es, nicht in Kampf- oder Fluchtstress zu verfallen, welcher einen Tunnelblick erzeugt und die Denk- und Handlungsfähigkeit stark einschränkt. Im Gegenteil sollte die klare Wahrnehmung für die Gefahrensituation geschärft werden. Auf der Basis lassen sich Strategien entwickeln, um die Hürden zu meistern.

Flugpiloten unterziehen sich regelmäßig Trainings, in denen sie immer wieder Gefahrensituationen am Flugsimulator bewältigen. So wird das Hirn gedrillt, in gefährlichen Situationen auf bewährte Handlungsmuster zurückgreifen zu können. Die daneben sitzende FluglehrerInnen tun alles, dass das Flugzeug immer mit geringst möglichem Schaden davon kommt. Das Hirn des Flugpiloten soll mannigfaltige Handlungsmuster für Überleben haben und möglichst keine vom Absturz. In einer Gefahrensituation einmal gedacht: „Jetzt darf ich auf keinen Fall ..." könnte zur Tragödie führen.

In diesem Sinn ist auch kontraproduktiv, wenn man MitarbeiterInnen immer wieder Bilder von Unfällen zeigt oder ihnen immer wieder erzählt, wo sie keinesfalls hingreifen dürfen. Viel zielführender ist es, ihnen immer wieder zu vermitteln, was sicheres Arbeiten braucht.

„Wer will, findet Wege. Wer nicht will, findet Gründe"

N.N..

Es bedarf aufklärender Kommunikation und konsequenter Bewusstseinsbildung, um der Ratio eine Chance zu geben, sich gegenüber den einfach gestrickten Stammhirnfunktionalitäten durchzusetzen!
(Siehe auch Toolbox Nr. 19, Seite 186).

Sicherheitskonzepte konsequent umsetzen & einfordern

Eines ist klar: Papier ist geduldig und wenig wirkungsvoll. Werkzeuge, die man besitzt, aber immer wieder umgeht, haben keine Chance Nutzen zu bringen. Sicherheit ist daher in erster Linie eine Frage der Konsequenz und der Disziplin. Der Weg von der Erkenntnis zum konsequenten Handeln ist leider hürdenreich.

Führungskräfte müssen bzgl. Security Vorbild sein und unmissverständlich klarstellen, dass Sicherheitsvergehen keine Kavaliersdelikte sind. Es gilt der Grundsatz möglichst weniger klarer Regeln und die dann auch konsequent einzufordern *(Siehe Toolbox Nr. 28, Seite 190).* Denn nichts prägt die Motivation und Produktivität von MitarbeiterInnen mehr als das Verhalten der direkten Führungskraft in kritischen Situationen!

Stoppt die Blaulichtkultur! Zeit für Boxenstopp!

Wir sind im Einsatz! Unter Stress mit Tunnelblick!

Gerade unter Stress herrscht der Tunnelblick vor und ist das Risiko hoch, in irrationale Verhaltensweisen zu kippen. In vielen Organisationen herrscht das „Blaulicht-Syndrom": „Wir sind im Einsatz! Es ist ein Notfall!" verleiht MitarbeiterInnen immer wieder die Macht, sich über vereinbarte Regeln hinwegzusetzen. So ziemlich alles scheint dann erlaubt. Man vergisst häufig, das „Blaulicht" wieder auszuschalten und zur normalen „Straßenverkehrsverordnung" zurückzukehren. Oder man schaltet aus Bequemlichkeitsgründen auch für weniger Dringendes das „Blaulicht" ein – abgesehen davon, dass man das meiste durch genügend langes Zuwarten zur Dringlichkeit erheben kann. PEPsL – **P**roblem-**E**rzeugende-**P**seudo-**L**ösungen sind ein typisches Stressphänomen der Pseudo-Produktivität, der im schlimmsten Fall in der Blindleistung des „rasenden Stillstands" mündet! *(siehe Toolbox Nr. 5, Seite 177).*

„Weil wir immer wieder die Hühner einfangen müssen, kommen wir nicht zum Flicken der Zäune."

N.N.

Verbindlichkeit von vereinbarten Regeln und Stressvermeidung zählen zu den wichtigsten Security-Maßnahmen. Gefragt ist ein gesundes Arbeitstempo, wo in einem wirkungsvollen „Drehzahlbereich" mit „schnurrendem Motor" rasches Vorankommen bei gutem „Fahrkomfort" gewährleistet ist!
Gerade weil in der Formel 1 Geschwindigkeit der zentrale Wert ist, muss Zeit für den Boxenstopp eingeplant werden. Pausen und Zeit für sichernde Aktivitäten ist allemal gut investiert!

Internes Security-Marketing

„Was ist wichtiger: Motor oder Fahrgestell? Gaspedal oder Bremse?"

Ab-Teilungs-Denken erschwert die Zusammenarbeit im Unternehmen

Natürlich sind das sinnlose Fragestellungen. Natürlich braucht man beides, vor allem aber richtig abgestimmt, um optimale Leistung, Fahrvergnügen, Steuerbarkeit und Sicherheit zu gewährleisten. In Unternehmen erschwert häufig das Ab-Teilungs-Denken eine wirkungsvolle Zusammenarbeit. Machtgeplänkel prägen den Geschäftsalltag und spitzen sich in der Ressourcenzuteilung zu. Eines ist klar: der „Motor" ist augenscheinlicher, über die „PS" wird mehr gesprochen als über die Auslegung des Fahrgestells. Andererseits sieht man am Beispiel Volvo, dass Sicherheit auch zum zentralen Marketingargument erhoben werden kann.

„Die Sicherheit des Bremsens ermöglicht Geschwindigkeit."

Monika Herbstrith

Die Leistungen des Sicherheitsmanagements verkaufen sich nicht von selbst. Vielmehr besteht ein Gutteil der Arbeit darin, dass alles gut läuft und man von den Sicherheitsaktivitäten möglichst wenig merkt. „Tu was Gutes und sprich darüber" muss daher die Devise sein. Dabei gilt der Grundsatz der Kundenorientierung „Der Köder muss dem Fisch schmecken und nicht dem Angler". Rationaler Fach-Jargon ist wenig geeignet die Menschen im Unternehmen bzgl. Security zu sensibilisieren. Vielmehr gilt es in der Kommunikation die Gratwanderung zwischen kontraproduktiver Ängstigung und zu förderndem Risiko- bzw. Sicherheitsbewusstsein zu meistern. Veränderungsvorhaben – wie z.B. eine Professionalisierung und Weiterentwicklung des Sicherheits- und Risikomanagements – können gelingen, wenn

L*V*KS > BV

gilt. Es braucht einen **L**eidensdruck und ein Problembewusstsein, die Einsicht zur Handlungsnotwendigkeit. Auf dem hohen Ross der Selbstzufriedenheit versanden Vorhaben! Genauso wichtig ist aber auch eine **V**ision, eine Vorstellung davon, was der verbesserte Zustand bewirkt und ermöglicht. Und schließlich müssen **k**onkrete **S**chritte vereinbart werden. Nur wenn das Produkt dieser 3 Faktoren größer ist als das **B**eharrungs**v**ermögen einer Organisation, kann sich etwas verändern! Zu beachten ist, dass die einzelnen Größen durch Multiplikation verbunden sind, das Ergebnis daher 0 ist, wenn nur ein einzelner Faktor auf 0 steht!
Zusätzlicher Druck ohne Aussicht auf Erfolg fordert die Leidensfähigkeit, fördert aber nicht die Veränderungsbereitschaft! Nicht zu unterschätzen ist dabei auch die Macht der selbsterfüllenden Prophezeiungen.

Sir Winston Churchill hat dazu gemeint:

„Ein Optimist sieht in jeder Schwierigkeit die Chance. Ein Pessimist in jeder Chance die Schwierigkeit"

Statt sich vor Gefahren zu fürchten, sollte der Verstand das Risiko einschätzen. „Was stimmt mich zuversichtlich, die Hürde heil zu meistern?" ist die zentrale Frage, um das eigene Unbewusste auf sicheren Erfolgskurs zu führen. Mit Schreckensbildern des Versagens und von Unfällen stärkt man die menschliche Stärke des Verdrängens. Vielmehr gilt es viele Abläufe des sicheren Handelns durch Rituale und häufige Wiederholung in unserem Hirn tief zu verankern – so fest, dass es auch noch unter Stress richtig reagiert.

Es braucht Beharrlichkeit, um sich mit neuen Ideen Gehör zu verschaffen. Mit einmal gesagt, ist es tatsächlich nicht getan. Leider ist unsere Merkfähigkeit begrenzt. Durch Wiederholung nach einem, drei, zehn und dreißig Tagen wird die Vergessenskurve deutlich flacher bis wir schließlich das Wissen so sehr verinnerlicht haben, dass wir es „selbst im Schlaf" noch zu 100 % parat haben.

Mit der Zahl der Wiederholungen wird die Vergessenskurve flacher

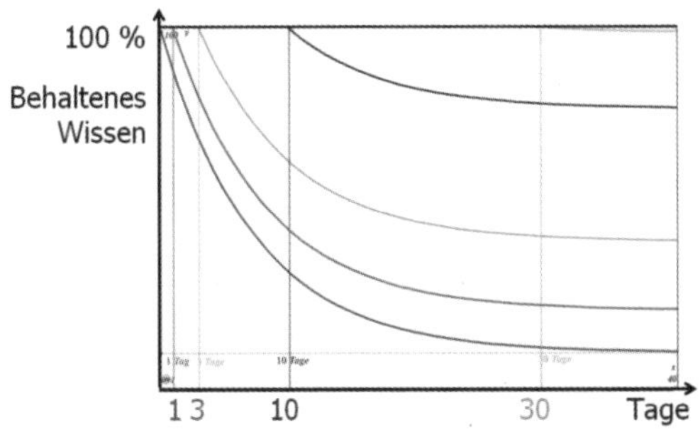

Die wichtigste Voraussetzung für den Erfolg des Security-Marketings ist die eigene Identifikation mit dem Thema. Für ManagerInnen eines Security-Bereichs sollten daher zentrale Fragen zur Erörterung mit den Security-MitarbeiterInnen sein:

- Was macht unsere Leistungen für das Unternehmen wertvoll?
- Was ermöglichen wir damit?
- Was gewährleisten wir damit?
- Was stellen wir sicher?
- Was ginge verloren, wenn wir unsere Leistungen oder nicht so gut erbringen würden?

Mit dem Selbst-Bewusstsein, das man aus den Antworten schöpft, gepaart mit einer wertschätzenden Kommunikation mit den KollegInnen des Unternehmens ist der Weg gepflastert, der vom eigenen Wunsch-Selbstbild zum wahrgenommenen, anerkennenden Fremdbild der anderen führt.

Markt und KundInnen

Am KundInnenmarkt werden die Anstrengungen des Unternehmens in Umsatz und Gewinn getauscht. Nur dann, wenn es gelingt, ausreichend KundInnen für die eigenen Produkte zu gewinnen, kann das Überleben des Unternehmens gesichert werden.

Lassen sich Ansprüche an Service und Betreuung durch niedrige Preise ersetzen?

Die Methoden zur Ziel- und damit KundInnen-Erreichung sind unterschiedlichst: Zukauf von Marktanteilen, hohe Investitionen in Werbung, niedrige Produktpreise als Anreiz zum Kauf, etc. Gemeinsam ist diesen Methoden, dass es in unterschiedlichster Weise immer wieder um das liebe Geld geht. Aber sind niedrige Produktpreise oder vollmundige Werbung das, was unsere KundInnen wirklich von uns erwarten?

Spätestens Anforderungen im Bereich von Service und persönlicher Betreuung lassen sich nicht durch Werbung oder geringere Produktpreise ausgleichen. Hier sind dann Konzepte gefragt, wie das Unternehmen die KundInnen überzeugend bei deren Bedürfnissen abholen und die Bedürfniserfüllung in den angestrebten Verkaufserfolg ummünzen kann.

Smart ▸ wendig ▸ nachhaltig erfolgreich

„KLEIN" contra GROSS? - „DYNAMISCH" contra „TRÄGE"!

Wir sind auf dem Weg ins Zeitalter der vernetzten IndividualistInnen. Noch schneller, dynamischer und fordernder soll die Zukunft werden. Es gilt einerseits den großen globalen Trends amerikanischer Prägung gerecht zu werden und andererseits eine europäische Antwort zu finden. Service- und KundInnenorientierung könnten die Zugpferde für zukünftige Erfolge sein – MitarbeiterInnen- und Qualitätsorientierung vorausgesetzt!

Bedrohliche globale Entwicklungen:

Die Legende vom gesättigten Markt hält sich hartnäckig. Im Ringen um Marktanteile und Zielgruppen werden mit immer mehr Einsatz immer weniger und immer kurzfristigere Effekte erzielt. Großen Unternehmen erschließen sich dabei Möglichkeiten, die kleineren oftmals verwehrt bleiben. UnternehmerInnen beobachten mehr oder weniger tatenlos die Aktivitäten von großen, international agierenden Unternehmen. Immer deutlicher spürt man, wie Märkte heiß umkämpft werden und die Preis- und Kostenpolitik beinhart um- und durchgesetzt wird.

Christine Bauer-Jelinek hat mit Ihrem Buch Businesskrieger einen Bestseller gelandet. Ihre Kernaussagen: Es herrscht nicht mehr sportlicher Wettkampf, sondern Krieg zwischen den Unternehmen. Feindliche Übernahmen stehen an der Tagesordnung. Gewaltiges Volksvermögen wird auf diese Art vernichtet. In erster Linie geht es um Marktanteile. Finanzstärke, externe Kommunikation und Technologie sind die wichtigsten Waffen.

Die Globalisierung ist eigentlich eine Kolonialisierung durch Amerika. Europa hat sich im kalten Krieg gemeinsam mit Amerika gegen osteuropäische Prinzipien der Planwirtschaft abgegrenzt – und dabei übersehen, dass es einen wesentlichen Werteunterschied zwischen europäischer und amerikanischer Marktwirtschaft gibt: während in Europa Unternehmertum immer auch soziale Verantwortung geheißen hat, gilt in Amerika, wenn jeder dafür sorgt, dass es ihm/ihr gut geht, geht es allen gut. Transnationale Wirtschaftsunternehmen entziehen sich immer mehr der nationalen Gesetzgebung und Steuersystematik. Ethikgrenzen sind dramatisch gesunken. Der mit sozialer Verantwortung einhergehende Real-Kapitalismus europäischer Prägung droht dem Turbo-Kapitalismus unterworfen zu werden. In ihm verkommen Unternehmen zu Spekulationsobjekten. So dienen mittlerweile mehr als 90 % der finanziellen Flüsse nicht mehr dem Austausch von Leistungen, sondern dem Geldmachen mit dem Geld. Klassische volks- und betriebswirtschaftliche Mechanismen sind untergraben: so stimmt es nicht mehr, dass Unternehmenserfolg automatisch mehr Arbeitsplätze bedeutet. Neue Konzepte sind gefragt!

In Richtung der MitarbeiterInnen sind die Botschaften sehr doppeldeutig: noch nie hat man so oft gehört. „Der Mensch als Mittelpunkt.“ Wird nicht doch „Der Mensch als Mittel! Punkt!“ gemeint? Headcounts, Fulltime-Equivalents und auch Humanressourcen sind zynische Begriffe. Wie können Ressourcen wertschätzend mit KundInnen umgehen? Einerseits wünschen sich Unternehmen von KundInnen und MitarbeiterInnen Loyalität. Andererseits können/wollen immer weniger ihren MitarbeiterInnen Loyalität bieten. Christine Bauer-Jelinek spricht in ihrem Buch von Kriegspropaganda, durch welche die Massen bei der Stange gehalten werden.

Nichtschwimmer retten das Floß, Schwimmer zuerst sich selbst

Ist es Zufall, dass gerade in den letzten Jahren über unternehmerisches Denken und Handeln gesprochen wird? Unternehmerisches Agieren heißt vor allem auch Verantwortung für Entscheidungen zu tragen – was voraussetzt, dass man einen angemessenen Gestaltungsrahmen für Entscheidungen hat. In früheren Zeiten wurden nur Flößer angeheuert, die Nichtschwimmer waren. Während sich Schwimmer in Notsituationen zu retten versucht hätten, haben Nichtschwimmer alles getan, um das Floß und damit sich selbst zu retten. Für Unternehmen in persönlichem Besitz gilt das nach wie vor. ManagerInnen in börsenotierten Unternehmen mit abstrakten Eigentümerstrukturen sind häufig mit vielfältigen Sicherheitssystemen ausgestattet und beherrschen oftmals die Fähigkeit, zum richtigen Zeitpunkt abzuspringen.

Lokale Entscheidungsspielräume werden immer enger. Gefragt ist das Umsetzen internationaler Konzepte. „Execute - Ausführen“ ist die Devise!

Die MitarbeiterInnen müssen immer mehr selbst Verantwortung für ihr eigenes Überleben und ihre eigene Entwicklung übernehmen. Die schützende Geborgenheit des Unternehmens gibt es kaum mehr.

Wo bleibt die europäische Antwort?

Gibt es eine Renaissance des Unternehmertums europäischer Prägung mit sozialer Verantwortung?

Vereintes Europa?

Europa steht vor neuen Herausforderungen. Die letzten Jahre sind geprägt von der (noch immer nicht abgeschlossenen) Erweiterung der EU, auch in Richtung Osten. In den Diskussionen im Vorfeld steht dabei immer wieder im Mittelpunkt, wie es die neuen Mitgliedsstaaten schaffen können, sich auf EU-Niveau zu entwickeln. Doch ist die Überheblichkeit Mittel- und Westeuropas angebracht? Die Steigerungsraten im Osten übertreffen jene in Mittel- und Westeuropa bei weitem. Während in Österreich und Deutschland die junge Generation in Wohlstand aufgewachsen ist, vielleicht unter der hohen Arbeitslast der Eltern gelitten hat und daher auf work-life-balance setzt, gibt es in Osteuropa eine breite Masse gleich gut gebildeter junger Menschen mit ehrgeizigem Biss. Wir müssen – endlich – aufwachen und vom hohen Ross der Selbstzufriedenheit absteigen! Gefragt sind kreative, intelligente Lösungsangebote.

*„Klage über die Schärfe des Wettbewerbes
ist in Wirklichkeit meist
nur eine Klage über den Mangel an Einfällen.“*

Walther Rathenau

Erfolg durch unternehmensweite KundInnen- und Service-Orientierung

Zukunft erfolgreich zu gestalten, heißt in erster Linie einen Perspektivenwechsel in Betracht zu ziehen und vorzunehmen.

*„Die wahre Entdeckungsreise liegt nicht darin,
neue Länder zu erkunden
sondern darin,
die Welt mit neuen Augen zu sehen!“*

Marcel Proust

Bestehende Service-Wüsten als Marktpotential begreifen

Internationale KundInnenzufriedenheitsbarometer weisen Deutschland und Österreich als Service-Wüsten aus. Tendenz sinkend. Die großen Unternehmen ziehen sich auf ihre Kernkompetenzen und hoch profitablen Bereiche zurück. Costcutting-Programme hinterlassen in Unternehmen blutige Spuren.

MitarbeiterInnen-intensive Servicebereiche fallen diesen Radikalkuren oft zum Opfer. Die Erwartungen/Bedürfnisse der KundInnen hinsichtlich Serviceleistungen und die wahrgenommene Dienstleistungs-Qualität der Unternehmen klaffen erschreckend weit auseinander.

Aus diesen bedrohlichen Szenarien entstehen für dynamische, wendige Unternehmen erfolgsträchtige Chancen. Konsequente KundInnen-, Service- und Qualitätsorientierung bieten sich als Zugpferde für nachhaltigen Unternehmenserfolg an! Erfolg versprechend ist es, sich beherzt zu positionieren, die eigene Einzigartigkeit zu fördern, sich der eigenen Stärken bewusst zu werden und diese wirkungsvoll umzusetzen.

Einerseits ist der Kostendruck deutlich gestiegen. Umso wichtiger ist es, den Nutzen und Mehrwert für den Kunden in den Fokus zu stellen – nämlich aus der Sicht des Kunden.

Warum sind wir für unseren (zukünftigen) KundInnen die beste Wahl?

- „Warum und für welche KundInnen sind wir der beste Partner?"
- „Warum würde ich mich an Stelle des Kunden für meine Leistungen entscheiden?"
- „Wie steigert die Zusammenarbeit mit meinem Unternehmen für den Kunden seinen Erfolg bei seinen KundInnen und auf seinen internen und externen Märkten?"
- „Worin unterscheiden sich meine Leistungen von denen der Mitbewerber und welcher Mehrwert ergibt sich daraus für den Kunden?"
- „Wenn der Kunde von seinem internen Revisor gefragt wird, warum er sich für meine Leistungen und nicht für die billigeren des Mitbewerbers entschieden hat, wie kann er stichhaltig argumentieren?"
- „Was stimmt mich zuversichtlich, dass der Kunde die Zusammenarbeit mit mir wählt bzw. fortsetzt und vertieft?"

Bevor ich auf diese Fragen zur mentalen Vorbereitung keine stichhaltigen, schlüssigen, glaubwürdigen Antworten gefunden und verinnerlicht habe, sollte ich nicht ins Verkaufsgespräch gehen. Je besser ich den Kunden kenne, desto besser kann ich mich in seine Situation hineinversetzen.

Es ist ein allgemeiner Marketing-Trend, dass es immer schwieriger wird, sich durch die Funktionalitäten der Produkte und Kernleistungen zu differenzieren. Vielmehr wird das Service-Paket rund herum – bzw. die Kooperations- und Kommunikationsfähigkeit des gesamten Unternehmens – immer mehr zum kaufentscheidenden Faktor für KundInnen. Das deutsche Wort Dienst-Leistung bringt die erfolgsträchtige Ambivalenz auf den Punkt: mit der selbstbewusster Professionalität und profunder Expertise der eigenen Leistungen den KundInnen wertschätzend, verständnisvoll dienen.

Andererseits ist Sicherheit für viele Unternehmen in den letzten Jahren zu einem zentralen Wert geworden. Stabile, verlässliche Beziehungen zu partnerschaftlichen Lieferanten gewinnen zunehmend an Bedeutung und steigern für die Kunden die Effektivität der Abläufe. Offene Kommunikation, Transparenz und Nachvollziehbarkeit in den Informationen und enge Kooperation an den Schnittstellen sind tragfähige Säulen für Win-Win-Strategien.

Vertrauensvolle KundInnen-Beziehungen:

Smalltalk zum Einstieg bewährt sich – vorausgesetzt das rechte Augenmaß ist gewahrt. Alles was ich zum Einstieg sage, muss stimmig für mich sein. Sonst wirkt es künstlich und wirkt leicht abstoßend. Themen mit denen ich möglichst konkret empfundene Wertschätzung für den Kunden ausdrücke, sind ein guter Nährboden für gelungene Gespräche. Allgemeinplätze wie „Das Bild ist toll." wirken leicht als nicht ernst zu nehmende Heucheleien. „Die kraftvollen Farben des Bildes sind für mich ein sehr stimmiger Kontrapunkt zu der wunderschönen Stuckdecke." ist wesentlich individueller. Das kann ich nicht bei jedem Kundenbesuch als einstudierten Satz aufsagen. Da muss ich mich wirklich im Büro des Kunden umsehen – und dieses Wahrnehmen ist gelebte Wertschätzung.

Vertrauen entsteht nicht unter Druck sondern erfordert Vorleistungen

Vertrauen lässt sich weder verordnen noch einfordern. Unter Druck kann es nicht entstehen. Mit Vertrauen kann ich nur in Vorleistung gehen. Mit mir selbst gut im Einklang zu sein ist das Fundament. Das was ich vermitteln möchte, zuerst selbst-bewusst zu verinnerlichen, um es dann authentisch zu verkörpern, sind die wesentlichen Voraussetzungen, um wertschätzend, glaubwürdig und empathisch beim Vis-a-vis anzukommen. Je individueller und spezifischer ich KundInnen anspreche, desto größer ist die Chance, ihr Gehör zu finden.

„Gleich und Gleich gesellt sich gern"

Diese Volkswahrheit bestätigt auch die neueste Hirnforschung. Bevor man zu KundInnen fährt, sollten daher auch in der Vorbereitung auf einen KundInnen-Besuch folgende Fragen überlegt werden:

- „Was ist mein höchst persönlicher Zugang zu genau diesem Kunden?"
- „Welche verbindenden Gemeinsamkeiten kann ich ihm anbieten?"
- „Warum biete ich gerade diesem Kunden gerne meine Leistungen an?"
- „Welche verbindenden Gemeinsamkeiten mit seinen KundInnen kann ich anbieten?"

Wenn ich z.B. in einem technischen Produktionsunternehmen vorstellig bin, erzähle ich von meinen Erfahrungen als Physikerin und meiner langjährigen Tätigkeit in der Ingenieursausbildung.
Werbe ich hingegen um die Zusammenarbeit mit einer Sozialeinrichtung, so stelle ich mich als Tochter eines Sonderschuldirektors vor, die von Kinderbei-

nen an, den Wert von sozialer Unterstützung von benachteiligten Menschen kennengelernt hat. Ich bin intensiv verbunden mit empfundener Wertschätzung für die KundInnen, wenn ich die Türklinke drücke. Das sind gute Startvoraussetzungen für ein gelungenes Gespräch.

Natürlich sind Fakten wie Qualifikationen, Leistungsbeschreibungen und Referenzen ganz entscheidend. Diese passe ich jedoch in der Schwerpunktsetzung, Reihenfolge und Wortwahl immer wieder an die unterschiedlichen Kunden an.

Besonders gute Erfahrungen habe ich mit der So-tun-als-ob-Strategie gemacht: den KundInnen möglichst sinnlich einen Vorgeschmack vermitteln, wie die Zusammenarbeit mit mir für ihn konkrete Formen annehmen könnte. Ihn anhand von Kostproben erleben lassen, welchen Nutzen er aus meinen Leistungen erfährt. Relativ allgemein gehaltene Basislösungen, mit denen sich der Kunde in seinen Zielsetzungen verstanden fühlt, vermitteln Vertrauen und Sicherheit. Skizzierte Andeutungen, wie sein konkretes maßgeschneidertes Customizing aussehen könnte, sind häufig die Basis für ein wertschätzendes Miteinander. Wenn sich die (potenziellen) KundInnen mit den Worten verabschieden „selbst aus dem Erstgespräch habe ich bereits konkreten Nutzen erfahren." besteht eine hohe Wahrscheinlichkeit, den Zuschlag zu erhalten.

Dienst-Leistungs-Qualität braucht Beziehungsqualität – extern und intern:

Damit die Menschen KundInnen- Qualität erleben, müssen ALLE MitarbeiterInnen Qualität leben. Externe KundInnenorientierung nach außen aufrechtzuerhalten ohne sie nach innen zu leben entspricht einer Fassade, die gewaltige Statik braucht, um den Schein aufrechtzuerhalten.
Die gesamte Organisation muss konsequent leisten, was Marketing und Vertrieb nach außen versprechen! Es gibt keine nachhaltige KundInnen-Zufriedenheit ohne MitarbeiterInnen-Orientierung. Internationale Studien belegen eindeutig, je persönlicher die Dienst-Leistung, desto enger korreliert KundInnen- und MitarbeiterInnen-Zufriedenheit. Wie sollen die KundInnen vom Unternehmen überzeugt sein, wenn die MitarbeiterInnen, mit denen sie sprechen, sich nicht mit der Organisation und den Leistungen identifizieren!

Je persönlicher die Dienst-Leistung, desto mehr korrelieren KundInnen- und MitarbeiterInnen-Zufriedenheit

In den letzten Jahren war der Fokus zu sehr auf die Gewinnung von NeuKundInnen ausgerichtet. Die Bedeutung der Betreuung bestehender KundInnen wurde unterschätzt. Dabei liegt gerade in der Pflege, Vertiefung und Verlängerung der Beziehung zu bestehenden KundInnen das wirkungsvollste Erfolgspotenzial! Oder anders gesagt: wenn sich die Unternehmen einer Branche immer wieder mit Sonderaktionen auf Neukundenfang begeben (z.B. Bank: hohe Habenzinsen für 6 Monate; z.B. Telefonie: mehr Freieinheiten bei kurzzeitigem Wechsel) machen sie aus intelligenten KundInnen „Wechsel-KundInnen". Und erhöhen damit sowohl die (finanziellen) Anforderungen beim NeuKundInnen-Fang als auch beim AltKundInnen-Halten.

Laut Professor Günther von der Donauuniversität Krems leben wir im Zeitalter der vernetzten Individualisten. In unserer Gesellschaft geht man nur ungern feste Bindungen ein. Vielmehr bewegt man sich in mehreren mehr oder weniger losen Netzwerken, die untereinander wieder vernetzt sind. Alles muss MEINES sein. Undenkbar wäre es, sich auf ein Familienhandy oder einen Familienfernseher beschränken zu müssen. Mein Handy, mein Fernseher, meine Lösung, meine Ansprechperson! Wir wollen alles SOFORT. Unser Leben wird noch schneller und dynamischer, wir müssen uns auf immer kürzer werdende Anforderungszeiten einstellen! Und alles soll INDIVIDUALISIERT sein. Die Ära der uniformen Massen ist in Umbruch zu individuellen Persönlichkeiten einer Wissens- und Informationsgesellschaft. Was früher die Ausnahme und die „Extrawurst" war, wird zukünftig die Regel: KundInnen wollen persönlich angesprochen und verstanden werden. Ihre Lösungen, Leistungen, Produkte sollen eine individuelle Prägung tragen!

Einerseits Kostendruck und gestiegene qualitative und zeitliche Anforderungen. Andererseits immer flexiblere und individuellere Leistungspakete. Diese Schere kann ein Unternehmen nur mit fundierten Prozessen leisten. Veränderung und Dynamik braucht Stabilität, sonst wird sie völlig unsteuerbar.

Zentrale strategische Fragen sind daher:

- Wie müssen wir uns organisieren, dass wir mit unseren Stärken optimalen Markterfolg bewirken?
- Wohin fokussieren wir alle unsere Aktivitäten, unsere Ressourcen und unsere Aufmerksamkeit?

Klar ist, heute geht noch viel Wirkungsgrad an den Schnittstellen zwischen den Funktionseinheiten verloren. Das können wir uns zukünftig nicht mehr leisten. Machtspiele wie „Wer ist wichtiger?" sind kontraproduktiv. Genauso wie die Frage sinnlos ist, ob Motor oder Fahrgestell wichtiger ist! Natürlich braucht es beides – vor allem aber richtig abgestimmt, um Zielerreichung zu forcieren. Viel wichtiger als das Ab-Teilungs-Denken und energievernichtende Rangkämpfe ist die wirkungsvolle Zusammenarbeit, um gemeinsam die „PS" optimal auf die Straße zu bringen und gemeinsam Markterfolge einzufahren. Warum ist es dann derzeit Management-Trend, sich nur auf die „Motoren" des Kerngeschäfts zu konzentrieren und das „Fahrgestell" der internen Leistungsbereiche als Ballast abzuwerten und zu –werfen?

Ein Getriebe mit lauter gleichen Zahnrädern ist wirkungslos

So wie es völlig sinnlos ist, die einzelnen Zahnräder jedes für sich zu verbessern, und es nur Erfolg versprechend ist, die einzelnen Teile in ihrer Funktion und Relation zum Ganzen zu betrachten, gilt dies auch für Unternehmens-Teilbereiche! Und noch etwas verdeutlicht das Bild des Getriebes: Ein Getriebe mit lauter gleichen Zahnrädern wäre völlig wirkungslos. Erst das Zusammenwirken der kleinen Schnellen mit den großen Kraftvollen ermöglicht die Funktionalität!

„Wie müssen wir uns organisieren, damit wir unsere Kräfte auf KundInnen-Nutzen fokussieren und dabei mit unseren unterschiedlichen Stärken und Potenzialen einen optimalen Wirkungsgrad erzielen?" und „Wohin fokussieren wir unsere Ressourcen, Aktivitäten und Aufmerksamkeit?" sind dabei die Leitfragen.

Prozessorientiertes Qualitätsmanagement bietet wirkungsvolle Werkzeuge, um die Unternehmensstrategie in der operativen Zusammenarbeit wirkungsvoll zu realisieren und mit aussagekräftigen Kennzahlen den Kurs Richtung unternehmerisches Gesamtoptimum zu steuern. Mathematisch völlig klar: Die Summe von Teiloptima kann davon weit weg liegen!

Allerdings: Die beste Systematik ist nur so viel Wert, wie sie konsequent gelebt und eingefordert wird. Das Management der internen und externen Beziehungsprozesse, der Kommunikation und der Kooperation lässt sich am besten parallel auf der Sach- und Beziehungsebene gestalten - Vorbildwirkung der Entscheidungsträger und Schlüsselspieler vorausgesetzt.

„Was macht Ihre Arbeitsleistung für das Unternehmen wertvoll?" oder noch provokanter formuliert „Warum sind Ihre Leistungen Ihre Personalkosten (inkl. Nebenkosten) Wert?" sind Fragen, die im Mittelpunkt von MitarbeiterInnengesprächen stehen sollten. Denn viel zu häufig beschäftigen wir uns damit, was wir tun, und viel zu selten damit, was wir mit unseren Leistungen bewirken (sollen). Denn noch wichtiger, als die Dinge richtig zu tun, ist es, die richtigen Dinge zu tun!

Warum sind Ihre Leistungen Ihr Gehalt wert?

„Die KundInnen sind kundig", ist das zentrale Coaching-Prinzip. Auch wenn Ihr Unternehmen über die Expertise auf Ihren Fachgebieten verfügt: Die KundInnen sind die ExpertInnen für ihre Bedürfnisse, für ihre Werte und für den von ihnen wahrgenommenen Nutzen! Dienlich ist die Empfehlung der Indianer:

„Du musst mit den Mokassins der Anderen gehen,
um sie besser verstehen zu können."

Indianerweisheit

An den Schnittstellen zwischen Front- und Back-Office-Bereichen ist in ganz besonderer Weise der Prüfstein für unternehmensweite, wirkungsvolle KundInnenorientierung. Die Betreuungsqualität nach außen kann nur so gut sein, wie die Beziehungs-, Kooperations- und Informationsqualität intern funktioniert.

Wertschätzung für die Sichtweise der KundInnen UND für die Sichtweise der eigenen Leistungen ist die Grundlage für nachhaltigen Erfolg.

Selbstbewusstsein und Wertschätzung sind siamesische Zwillinge. Wer Toleranz, gegenseitiges Verständnis und Kooperationsfähigkeiten fördern möchte, investiert gut in alles, was das Selbst-Verständnis und –Bewusstsein der MitarbeiterInnen stärkt.
Hermann Hesse hat diese Beziehung von selbstbewussten individuellen Menschen mit ausgeprägter Persönlichkeit in einer Wertegemeinschaft so ausgedrückt:

„Treue zu sich selbst und Güte zu Anderen."

Marktorientiertes Denken – KundInnenorientiertes Handeln

„Der Köder muss dem Fisch schmecken
und nicht dem Angler!"

N.N.

Diese Binsenweisheit auf den Wirtschaftsalltag zu übertragen, ist oft eine Herausforderung. Technik- und Detailverliebtheit machen es oft schwer, den Blick von Funktionalitäten des Produkts und der Leistungen auf die Bedürfnisse des Marktes und den Nutzen des Kunden zu lenken.

„Was ist Ihr persönlicher Beitrag zum KundInnennutzen und zum Erfolg des Unternehmens am Markt?" ist die zentrale Frage, die im Rahmen von Informationsworkshops an alle MitarbeiterInnen gerichtet werden sollte. Hierbei ist es wichtig, dass die Gruppen völlig inhomogen über die Hierarchien und Bereiche zusammengesetzt sind. Die eindeutige Botschaft aller MitarbeiterInnen muss dann sein: ‚KundInnenorientierung geht alle an.' In homogenen Gruppen wäre nur zu hören: ‚Uns erzählen Sie das? Das müssten Sie denen sagen.' KundInnenorientiertes Handeln ist jedoch nicht nur auf einzelne Abteilungen beschränkt, sondern muss Aufgabe des gesamten Unternehmens sein.

KundInnenorientierung ist nicht auf einzelne Abteilungen beschränkt

Nicht immer fällt die Antwort auf die Frage nach der persönlichen Kundenorientierung prompt aus:

- Wer sind überhaupt die eigentlichen Kunden'?
- Welche anderen Kunden gibt es noch?
- Welche Interessenskonflikte entstehen daraus?
- Wie gehen wir damit um?
- Was heißt Kundenzufriedenheit im Zusammenhang mit einem negativen Bescheid oder einer zurückgewiesenen Reklamation?
- Wissen die Kunden unsere Leistungen wirklich zu schätzen?
- Und können Sie die Qualität überhaupt beurteilen?

Manchmal hilft auch die Frage weiter, woran der Kunde es merken würde, wenn man seine Arbeit schlecht machte. Für spannende Diskussionen ist jedenfalls gesorgt und Erkenntnis entsteht bekanntlich in der Auseinandersetzung – nicht in der friedlichen Harmonie!

Sehr beachtenswert ist aber auch, dass neben den externen auch die internen Kunden angemessen "serviciert" werden: andere Abteilungen und Bereiche, die in der Prozesskette folgen oder die interne Leistungen in Anspruch nehmen. Begriffe wie ‚Overheads', ‚unproduktive Bereiche', ‚Cost Centers' im Gegensatz zu ‚Profit Centers' verraten oft die geringe Wertschätzung, die man internen Servicebereichen entgegenbringt. Dementsprechend stehen sie immer wieder unter Rechtfertigungszwang, wenn die nächste Sparwelle rollt. Sinnvoll ist hier die Unterscheidung in externe und interne ‚Dienst-Leister', die direkt oder indirekt zu Markterfolg und externer Kundenbindung beitragen. Von beiden erwartet man die selbstbewusste Professionalität der Leistungen und das respektvolle Dienen für den Kunden. Das deutsche Wort ‚Dienst-Leistung' bringt diese herausfordernde Ambivalenz auf den Punkt. Definierte Leistungspakete, saubere Auftragsklärung, um Kundenwünsche in ein Anforderungsprofil und Umsetzungskonzept zu ‚dolmetschen' und wertschätzender Umgang mit Kunden-Feed-back ist insbesondere auch für interne Leistungen wichtig. Internes Marketing ist die Voraussetzung für externes Marketing: Wie sollen sich potenzielle Kunden mit dem Unternehmen und seinen Produkten identifizieren, wenn es die MitarbeiterInnen nicht tun?

Stimmiges Teamverhalten schützt davor, in gewohnte Denkfallen zu tappen

Um den weiten Weg von Einstellungen und Erkenntnissen zu Handlungsweisen im hektischen Alltag zu sichern, helfen gegenüberstellende Auflistungen differenzierter Wahrnehmungen: Wie handeln Sie und welche Worte wählen Sie, wenn Sie gerade die Rolle „BankbeamteR" leben und wie agieren Sie als „KundInnenorientierter FinanzdienstleisterIn". Wertschätzender Humor und Karikatur sind dabei sehr förderlich. Eine positive Gruppendynamik, in der man scherzhaft gegenseitig wacht, ob wieder jemand in gewohnte Denkfallen tappt, hilft wesentlich, die Überzeugung der Markt- und Kundenorientierung in Verhaltensmuster zu integrieren.

Führungskräften kommt dabei eine zentrale Rolle zu – einerseits das Vorleben der Kundenorientierung und andererseits das Einfordern der vereinbarten Regeln. Woran können die MitarbeiterInnen erkennen, dass KundInnenorientierung den Führungskräften wirklich wichtig ist, dass sie selbst Kundenorientierung leben? Am besten in der eigenen Erfahrung, wie das Management mit den MitarbeiterInnen kommuniziert und agiert.

„Schau Dir an, wie Du Deine Führungskräfte behandelst, dann weißt Du, wie sie Deine MitarbeiterInnen führen und dann weißt Du, wie diese mit Deinen KundInnen sprechen."

Monika Herbstrith

KundInnen-Dienst

KundInnen-Orientierung braucht MitarbeiterInnen-Orientierung:

Dienst-Leistungs-Qualität braucht Beziehungsqualität und diese wird von Menschen gestaltet und erlebt. KundInnen nehmen das Unternehmen durch einzelne Kontakte mit unterschiedlichen MitarbeiterInnen wahr.

Der Erstkontakt zum Kunden als Visitenkarte des Unternehmens

Organisationen werden durch einzelne MitarbeiterInnen für die KundInnen erfahrbar: Wenn ich mich zum Beispiel zum ersten Mal mit einem technischen Problem an einen HelpDesk wende, mache ich mir ein Bild, wie kundInnenfreundlich und technisch kompetent die Organisation arbeitet. KundInnen schließen von ihrem konkreten Erleben auf das, was sie eigentlich nicht beurteilen können: die Leistungsfähigkeit eines Unternehmens. EinE einzigeR unfreundlicheR MitarbeiterIn wird zum Bild vom ganzen Unternehmen.

Wenn sich potenzielle KundInnen für Produkte/Leistungen der Organisation interessieren sind für sie die ersten Gespräche – begonnen mit dem ersten Telefonat, das vielleicht im Empfang landet – entscheidend, bei welchem Anbieter sie konkretisierende Angebote einholen. Es gibt nur eine Chance für einen ersten Eindruck! In den Studien zeigt sich, dass der mit Abstand häufigste Grund dafür, dass KundInnen nicht wiederkommen, darin besteht, dass sie sich nicht wahrgenommen, wertgeschätzt, willkommen und verstanden fühlen. Gerade an den Schnittstellen zu den KundInnen gibt es noch mehrere Funktionen, die in den heutigen oft noch sehr techniklastigen Organisationen völlig unterbewertet sind.

Externes Marketing beginnt bei internem Marketing: Wie will man Externe von den Leistungen des Unternehmens überzeugen, wenn sich die MitarbeiterInnen nicht damit identifizieren? MitarbeiterInnen-Bindung und –Zufriedenheit ist in vielen Organisationen mittlerweile genauso wichtig, ja die Voraussetzung für KundInnen-Loyalität.

Zum Verhängnis wird dabei allerdings, dass die Messbarkeit die wahrgenommene Wirklichkeit stark beeinflusst: Im Controlling liegen die genauen Zahlen über Personalkosten auf. Nur sehr schwer zu beantworten und damit bzgl. der Amortisation der Investition in Mitarbeiter zu bewerten sind jedoch:

- Was kostet Personalfluktuation?
- Was kosten VertriebsmitarbeiterInnen, die innerlich schon gekündigt haben?
- Was kostet mangelnde Identifikation mit dem Unternehmen und seinen Produkten?
- Welche Produktivitätseinbußen erleidet man durch mangelnde Kommunikation und Information der MitarbeiterInnen?

Organisationen müssen es sich wieder leisten, nicht nur die Human-Ressourcen und das Know-how der MitarbeiterInnen zu sehen. Man muss auch die Menschen in ihren individuellen Lebenssituationen wahrnehmen: Laut einer Studie der Universität St. Gallen wird in 10 Jahren die Vereinbarkeit von Familie & Beruf das zweitattraktivste Zufriedenheitskriterium mit dem Arbeitsplatz der MitarbeiterInnen und das drittwichtigste für Führungskräfte sein. Und MitarbeiterInnen-Zufriedenheit ist wichtige Voraussetzung für KundInnen-Zufriedenheit!

Unverschämt erfolgreich: Leistungen vermarkten

Gefälligkeit, Hilfsbereitschaft und Bescheidenheit sind Tugenden, zu denen viele von uns erzogen wurden. Wenn man aus einem Hobby, aus persönlichen Talenten und kreativen Ideen Business entwickeln möchte, muss die eigene Werteskala hinterfragt und zugunsten anderer Prinzipien der Professionalität zurechtgerückt werden: Vielen kostet es Überwindung, die eigenen Leistungen selbstbewusst ins rechte Licht zu rücken. Viele müssen schon über den eigenen Schatten springen, um Leistungspakete abzugrenzen und ein angemessenes Honorar einzufordern. Weit offen ist die eigene Denkfalle als geldgierig oder egoistisch zu gelten, wenn man nicht nur die Qualität der Leistungen sondern auch den eigenen unternehmerischen Erfolg zielstrebig verfolgt.

Neben Aufrichtigkeit und Glaubwürdigkeit braucht es auch strategische Fähigkeiten. Verstand alleine ist zu wenig, eine gute Portion Pfiffigkeit trägt zum Erfolgsrezept bei. Neben Kundinnenorientierung und Freundlichkeit braucht es auch Mut, Risiko und Einsatzbereitschaft, um im oft fordernden Business erfolgreich zu bestehen. Monika Herbstrith hat sich z.B. als 23-jährige Frau wertschätzend-herzlichen Hofnärrinnen-Humor zugelegt, um als Trainerin in männerdominierten Technikbereichen ihre Ziele zu erreichen.

Verstand alleine ist zu wenig für beruflichen Erfolg

„Die meisten großen Taten,
die meisten großen Gedanken
haben einen belächelnswerten Anfang."

Albert Camus

Wir wollen innovative Gründerinnen, Unternehmerinnen und Business-Menschen dazu ermutigen, Denkgrenzen zu erweitern, Business kreativ und lustvoll zu gestalten und sich an den erzielten Erfolgen zu erfreuen. Frei nach dem Motto „Mitleid bekommt man umsonst, Neid muss man sich verdienen – Neid ist eine verkrüppelte Form von Anerkennung" gilt es auch dann zu den eigenen Leistungen zu stehen und an den Erfolg zu glauben, wenn man damit den Rahmen der Klischees und der oft engen Denkgrenzen sprengt.

Kommunikation mit KundInnen – selbst-bewusst telefonieren

Was muss ein serviceorientiertes Unternehmen bezüglich persönlicher und telefonischer KundInnen-Kommunikation beachten?

„Methoden kapieren – nicht bloß kopieren"

Monika Herbstrith

Aus unserer Sicht die größte Falle: Kommunikation kann nur gelingen, wenn eine Haltung dahinter steht. Diese Haltung sollte sein: Ich erbringe gerne Leistungen für KundInnen. Es gibt nämlich nichts Unangenehmeres für AnruferInnen, als zu merken, dass am anderen Ende der Leitung nur eine Floskel auswendig gelernt heruntergebetet wird, die mit dem/der AnruferIn gar nichts zu tun hat. Am Telefon unstimmig oder unglaubwürdig zu sein ist ein Verhalten, mit dem man KundInnen von Anfang an sehr verschreckt.
Was es in den Unternehmen braucht, ist die von Führungskräften vorgelebte Haltung, dass jeder einzelne Anrufer willkommen ist – auch die mit schlechter Stimmung. Denn: JedeR einzelne dieser AnruferInnen ist mein Daseinszweck. Einer der Hauptgründe, warum KundInnen unzufrieden sind, ist, dass sie sich nicht wahrgenommen, nicht ernst genommen, fühlen.

Durch das Telefon lächeln

Der mit Abstand größte Teil der Kommunikation ist ja nonverbal, auch am Telefon. Das wird von den meisten Menschen stark unterschätzt. Auch am Telefon kann man hören, ob jemand lächelt. Unser Hirn verarbeitet Sprache so, dass es zuerst die Sprachmelodie wahrnimmt, ein paar Mikrosekunden später die Grammatik und erst danach die einzelnen Worte.

Egal welcher Satz zur Begrüßung gesagt wird, wenn die Haltung nicht stimmt, wird er nicht ankommen. Wesentlich ist, dass die MitarbeiterInnen die Haltung verkörpern: Wir sind ein Dienstleistungsunternehmen, ein Serviceunternehmen, AnruferInnen sind willkommen, die Probleme der AnruferInnen sind unser Daseinszweck, ich kümmere mich gerne um die Anliegen und Probleme der KundInnen. Denn auch, wenn der Satz in Ordnung ist, der/die AnruferIn aber instinktiv spürt, dass das Gesagte nicht empfunden ist, dann klingt es zynisch. Der Ton macht hier so sehr die Musik. Und ich treffe diesen Ton nur, wenn dahinter diese Haltung vom Servicegedanken steckt. Kommunikation ist insofern erst der zweite Schritt. Er ist dann Ausdruck dieser Serviceorientierung in der Unternehmenskultur.

„Sie können einen Hund zur Freundlichkeit nicht prügeln."

Monika Herbstrith

Mit Druck allerdings können Sie Freundlichkeit nicht erzwingen. Es braucht Führungsarbeit als Dienstleistung für die MitarbeiterInnen. In der Führungs-

arbeit und in der Kommunikation zwischen Führungskräften und den Mitarbeitern muss diese Serviceorientierung, das Selbstbewusstsein für sich selber und die Wertschätzung für den anderen ebenfalls vorhanden sein, damit eine Begegnung auf einer Augenhöhe stattfinden kann. Die Kommunikation zwischen den Führungskräften und den MitarbeiterInnen ist wie ein siamesischer Zwilling zur Kommunikation der MitarbeiterInnen mit den KundInnen. MitarbeiterInnen, die mit KundInnen in einem Callcenter oder in einem Service Desk sprechen, sollten sicherlich Freude am Umgang mit Menschen haben. Wenn das nicht der Fall ist, dann sind sie eine Fehlbesetzung. Denn das ist die Voraussetzung, um dort erfolgreich zu sein. Unser Hirn ist sehr lernfähig, und insofern kann jedeR sehr viel lernen. Das beginnt damit, dass man das Selbstbewusstsein und das Selbstwertgefühl der MitarbeiterInnen stärkt, in dem Sinne:
Das was wir tun: ist wertvoll für den nachhaltigen Unternehmenserfolg. Wenn MitarbeiterInnen ihren Job mit Freude machen und die Rahmenbedingungen, die das fördern und ermöglichen, gewährleistet sind, dann kann man KundInnenorientierung leben. Das ist eine zentrale Führungsaufgabe. Dienstleistung hat auf der einen Seite das Selbstbewusstsein der Leistung in sich, auf der anderen Seite die Demut des Dienens. Selbstbewusstsein für sich ist die Voraussetzung für die Wertschätzung für andere. Deshalb muss man die Eigenmotivation stärken, um auf dieser Basis anderen wertschätzend begegnen zu können.

„Die ureigenste Visitenkarte des Menschen ist die Körpersprache."

Annemarie Riedl

Hochgradig wirkungsvoll ist die Körpersprache beim Telefonieren. Wenn jemand aufrecht sitzt, ist das Selbst frei. So hat man eine ganz andere äußere und damit auch eine ganz andere innere Haltung, die es ermöglicht auf andere zuzugehen. Körpersprache bewirkt nicht nur etwas beim Gegenüber sondern auch in meinem eigenen Hirn. Wenn Menschen in eine selbstbewusste Körperhaltung gehen entsteht fast immer und ganz automatisch ein Lächeln im Gesicht. So ist von vorherein eine ganz andere Gesprächsbasis gegeben. *(siehe auch Toolbox Nr. 23, Seite 187)*

Die eigene Körpersprache wirkt – auch auf eigenes Befinden und Einstellungen

Für KundInnen sind Anrufe in einem Service Desk, in einem First Level Support oder in einem Callcenter die Momente der Wahrheit. Da stellt sich dann heraus, wie es mit den schönen Sprüchen von Service- und KundInnenorientierung, die in jedem Leitbild stehen, wirklich aussieht. Denn Worte sind geduldig. Doch was ist, wenn ich da wirklich anrufe: Werde ich dort wahrgenommen? Werde ich ernst genommen? Es geht darum, empfundenes Verständnis zu zeigen, dass eine KundIn verärgert ist oder dass für den/die KundIn etwas ein Problem darstellt. Das kann ich auch dann machen, wenn ich es nicht verstehe und auch ohne Zustimmung.

„Viel schlimmer als kritisiert werden ist ignoriert werden."

Monika Herbstrith

denn:

„Das Gegenteil von Liebe ist nicht Hass sondern Ignoranz."

N.N.

Reklamationen von KundInnen sind ein mehrfacher Vertrauensbeweis

Laut einer Marketing-Studie kommen im Schnitt auf eineN BeschwerdeführerIn im Schnitt über 20 andere, die auch unzufrieden sind. Häufig wechseln sie schweigend zum Mitbewerb. Behebt man jedoch professionell und zur Zufriedenheit der KundInnen den Mangel, so steigert dies sogar die KundInnenbindung. Daher ist es so wichtig, dass MitarbeiterInnen Reklamationen als mehrfachen Vertrauensbeweis verstehen:

- Reklamierende KundInnen liegt etwas an der Beziehung
- Sie haben das Vertrauen, verstanden und ernst genommen zu werden
- Sie haben das Zutrauen, dass man verbesserungswillig und –fähig ist.

Werkzeuge sind auch wichtig, auch wenn weiterhin die Menschen letztlich erfolgsentscheidend sind, insbesondere für die Servicequalität in einem Dienstleitungsunternehmen. In Bezug auf die Telefonanlage ist es sehr förderlich, wenn die MitarbeiterInnen sehen, wer anruft. Vor allem auch im Umgang mit schwierigen KundInnen. Wenn ich meine KundInnen kenne und sehen kann, wer anruft, dann kann ich mich auf mein Vis-a-vis besser einstellen – z.B. bei schwierigen KundInnen auch bewusst in emotionale Distanz gehen und so meine Souveränität stärken.

Ein anderes wichtiges Thema zur Steigerung der KundInnen-Zufriedenheit ist die Bekanntgabe der Wartezeit. Wenn ich weiß, wie lange ich warten werde, empfinde ich diese Zeit nämlich als viel kürzer, als wenn ich die gleiche Wartezeit habe, ohne sie zu kennen. Es ist deswegen wichtig, wenn KundInnen erfahren, wo er/sie in der Wartschlange steht und wann er/sie bedient werden kann.

Kommunikation

Kommunikation ist mehr als der simple Austausch von Informationen, Daten und Fakten. Richtig und zielgerichtet eingesetzt kann sie genutzt werden, um partnerschaftlich mit dem Gegenüber die eigenen und fremden Ziele gleichermaßen zu erreichen. Sie kann aber auch verwendet werden, um andere Meinungen zu unterdrücken, die eigene Meinung nicht kraft von Argumenten, sondern quasi kraft Kommunikations-Störung durchzusetzen. Hiergegen aber gibt es Gegenmittel, die beim Thema Kommunikation auch nicht zu kurz kommen sollen. Sprechen wir sie an.

Wirkungsvoll kommunizieren

Ob wir es wollen oder nicht: Kommunikation findet immer statt. Paul Watzlawik hat schon gewusst:

„Wir können nicht nicht kommunizieren."

Tatsächlich kommunizieren wir schon durch unsere bloße Anwesenheit. In den 60er-Jahre erforschte der amerikanische Psychologe Albert Mehrabian die überragende Wirkung der non-verbalen Kommunikation, die bei weitem die Wirkung der Inhalte der Worte übertrifft.

Kommunikation findet immer statt – wir können beeinflussen wie

Evolutionspsychologen meinen, die Kommunikation mit Lauten wurde im Tierreich als „Fernkraulen" entwickelt. Die Primaten kraulen einander, um so das Wiedererkennen in Rudeln zu erleichtern und damit die Identifikation und Zusammengehörigkeit zu stärken. Als die Rudel zu weitläufig wurden hat der Austausch von Lauten diese Funktion übernommen. Erst wesentlich später in der Evolutionsgeschichte wurden auf diese Art und Weise auch Informationen übertragen.

„Durch das Reden kommen die Leute zusammen."

Diese Volksweisheit trifft es auf den Punkt. Wird Kommunikation auf bloßen Informationsaustausch reduziert, so schwächt das den Zusammenhalt und die Loyalität.

Ja, Gespräche führen ist mitunter aufwändig. Und dennoch gilt:

**„Am meisten Zeit kosten die Gespräche,
die man verabsäumt hat, zu führen."**

Mangelnde Kommunikation führt zu Missverständnissen und eskalierenden Konflikten. Diese zu bereinigen benötigt tatsächlich wesentlich mehr Einsatz und Energie als wenn man sich frühzeitig zu einem Gespräch zusammengesetzt hätte. Tatsächlich ist Kommunikationsverweigerung eine Form von passiver Gewalt. Auf Wienerisch gibt es die Aussage „nicht einmal ignorieren", was tatsächlich für unser „Rudeltierhirn" als Ausschluss aus dem Rudel und damit bedrohlich wirkt. Dass nicht mehr mit mir sondern nur hinter meinem Rücken über mich gesprochen wird, ist ein typisches Symptom von Mobbing. Entscheidend ist immer wieder, was beim Anderen ankommt und was die Kommunikation bei meinem Vis-a-vis bewirkt.

Frido Hütter, ein mehrfach ausgezeichneter Journalist, hat es auf den Punkt gebracht:

„Kommunikation findet im Kopf vom Empfänger statt."

Alles was ich höre, höre ich vor dem Hintergrund meiner Werte, Einstellungen, Erfahrungen und Denkmuster. Das heißt es ist hochgradig subjektiv gefärbt. *(siehe auch Die Wahrnehmung folgt der Vorstellung Seite 168)*. Es ist daher hilfreich, mich auf mein Vis-a-vis einzustellen und zu versuchen seine/ihre Sichtweise anzunehmen und zu verstehen.

Das Wort „überzeugen" kommt übrigens aus der mittelalterlichen Rechtsprechung: Wer die mächtigeren Zeugen hatte, hat überzeugt. D.h. dabei ging es nicht so sehr um Sachverhalte sondern um Macht. Teilweise entscheidet auch in unseren Meetings mehr die Wortgewalt als die fachliche Angemessenheit. Jemanden überzeugen zu wollen, ist ein kontraproduktiver Ansatz. Wenn Sie jemanden für Ihre Ziele und Vorhaben gewinnen wollen, ist es klug dabei zu berücksichtigen:

„Die Tür zum Überzeugtsein geht nach Außen auf."

Monika Herbstrith

Druck erzeugt Ablehnung! Das Wecken von Interesse kann Türen öffnen.

Je hartnäckiger Sie jemanden von Ihrem Standpunkt überzeugen wollen, desto mehr Widerstand werden Sie ernten. Wirkungsvoller ist es, Interesse und Neugierde zu wecken und das geht am besten indem man dem Gegenüber Interesse und Wertschätzung entgegen bringt. Als Faustregel mag gelten:

„Interessiert sein statt interessant wirken wollen."

Mit Fragen Gespräche zu steuern und die Aufmerksamkeit zu lenken ist ein erfolgversprechender Tipp – vorausgesetzt Sie hören auch mit Interesse den Antworten zu.

Der österreichische Verhaltensforscher Konrad Lorenz hat vor den Fallen der Kommunikation gewarnt:

„gedacht ist nicht gesagt,
gesagt ist nicht gehört,
gehört ist nicht verstanden,
verstanden ist nicht einverstanden,
einverstanden ist nicht gewollt,
gewollt ist nicht gekonnt,
gekonnt und gewollt ist nicht getan,
getan ist nicht beibehalten“

Tatsächlich tappen wir häufig gleich in die erste eh-klar-Falle: Für uns ist es so sonnenklar, dass wir es für selbstverständlich halten, dass es der/die Andere auch weiß. So werden Wünsche – in der Annahme, der/die Andere müsse dies doch wissen - häufig nicht ausgesprochen. Das führt allerdings sehr leicht zu Missverständnissen, wie sie Paul Watzlawick in seiner Anleitung zum Unglücklichsein (siehe Literaturverzeichnis) beschreibt.
Der Pantomime und Körpersprache-Pionier Samy Molcho beschreibt das so:

„Ent-Täuschungen sind häufig nicht erfüllte
Vereinbarungen, die ich in seinem/ihrem Namen
mit ihm/ihr getroffen habe.“

Im Alltag kann das z.B. heißen, dass jemand im Mail ein Konzept versendet und dann bitterböse reagiert, weil er keine Rückmeldung erhält. Allerdings hat er „bitte um Rückmeldung innerhalb von 24 Stunden, ob Sie noch Änderungswünsche haben" nicht dazu geschrieben. Es war eine einseitige, unausgesprochene Annahme in seinem Kopf.

Selektive Wahrnehmung ist normal und erschwert das Verständnis

Tatsächlich ist unser Hören wie alle anderen Sinne auch höchst selektiv. Daher können wir tatsächlich nicht alles bewusst hören – abgesehen davon, dass wir manches geflissentlich absichtlich überhören. Da wir alle unterschiedliche Vorerfahrungen haben, ist tatsächlich das Missverständnis das Normale, um Verständnis hingegen müssen wir uns bewusst bemühen. Wenn ich genau verstehe, was der/die Andere von mir will, heißt das noch nicht, dass ich dem auch zustimme. Ausweichende Antworten wie „Schauen wir einmal ...", „Das könnten wir machen ...", „Wenn Du meinst ..." oder „das machen wir später..." sind häufig einem Nein gleichzusetzen.

Es gilt die Aussage von Christopher Darlington Morley:

„Man hat einen Menschen noch lange nicht gewonnen, wenn man ihn zum Schweigen gebracht hat."

Für manches reicht ein „Einverstanden", bei vielem braucht es das stärkere Commitment des Wollens. Tatsächlich sind Willen, Wollen und Entschlossenheit tragende Säulen der High Performance – lauwarme Halbherzigkeit ist keine tragfähige Basis für nachhaltige Hochleistung.

Manchmal ist tatsächlich der Weg von der Erkenntnis und Entscheidung bis zur Tat auch ein hürdenreicher. Prokrastination (lateinisch procrastinatio „Vertagung", aus pro „für" und cras „morgen"), ist der wissenschaftliche Name für die Neigung zum Aufschieben.

„Morgen werde ich beginnen. Gestern wollte ich heute schon."

Christa Busta

Für konkrete Schritte ist Eile geboten, sonst siegt das Beharrungsvermögen

Im Mentaltraining gilt die Faustregel, dass ein erster konkreter Schritt innerhalb der ersten 72 Stunden erfolgen soll – ansonsten wird es schwierig und unwahrscheinlich, dass man sich noch aufrafft.

Und schließlich können wir unsere alten Denk- und Handlungsmuster nicht willentlich löschen. Sie bleiben noch längere Zeit in unserem Kopf bestehen. Wir können jedoch die Denktrampelpfade unserer Gewohnheiten durch neue Muster relativieren. Diese wollen konsequent gepflegt werden, damit sie eine Chance haben sich gegen die Komfortzone des Bisherigen durchzusetzen *(siehe auch Toolbox Nr. 36, Seite 196).*

Insbesondere für neue Ideen braucht es Beharrlichkeit und mehrfache Wiederholung, wenn man sich nachhaltig Gehör verschaffen möchte.
Im Taoismus heißt es:

„Wasser überwindet Hindernisse indem es sich sammelt"

Dieser Gedanke könnte hilfreich sein, um die erforderliche Geduld aufzubringen.
Noch viel weiter offen steht die Falle der schriftlichen Kommunikation:

*„Geschrieben heißt noch viel weniger als gelesen,
gelesen heißt noch viel weniger
als das Gleiche verstanden."*

Monika Herbstrith

Im Qualitätsmanagement ist das duale Prinzip von Bring- und Holschuld von großer Bedeutung. Wenn es um schriftliche Informationen geht, wird häufig zu sehr auf die Holschuld gesetzt. Wie oft heißt es: „Das steht doch im Intranet." Oder „Da gibt es einen schriftlichen Standard." Schwer ist es, den Überblick bei all den Schriftstücken zu wahren und die Zeit zu finden, alle relevanten e-Mails tatsächlich zu Ende zu lesen.

„We are overnewsed but underinformed"

Im persönlichen Gespräch kann ich Missverständnisse, aufkeimende Widerstände und beginnende Konflikteskalationen z.B. im Tonfall, an der Mimik oder der Körpersprache erkennen und frühzeitig gegensteuern. Bei schriftlicher Kommunikation entfällt diese wertvolle Rückmeldung. Die Neurowissenschaften bestätigen die große Bedeutung von Sprachmelodie, Mimik, Gestik und der gesamten Körpersprache in der Face-to-Face-Kommunikation. Beim Entschlüsseln gehörter Sprache sind deutlich mehr Hirnareale beteiligt als man dies bis vor wenigen Jahren angenommen hat. Zunächst wird der Satzbau analysiert und erst danach die Bedeutung der einzelnen Worte. Darum können wir auch den Sinn von fremdsprachigen Sätzen verstehen, selbst wenn uns einige Worte fehlen. Männer- und Frauenhirne unterscheiden sich dabei: Männer verarbeiten im Anschluss den Wortinhalt und erst dann die Sprachmelodie. Für Frauen hingegen sind die emotionalen Informationen der Sprachmelodie noch bedeutsamer und werden parallel zur Semantik entschlüsselt.

Die neueste Gehirnforschung bietet überraschende Erkenntnisse zum Verstehen von Sprache

Von daher kann es eine höchst effektiv investierte Zeit darstellen, wenn Sie statt ein e-Mail zu schreiben im persönlichen Gespräch oder in einem Telefonat Informationen übermitteln oder Aspekte klären. Im e-Mailwechsel können Konflikte sehr rasch eskalieren – z.B. mit der Unsitte der langen CC-Listen. Es ist äußerst schwierig, schriftlich bei Problemen zu deeskalieren. Klüger kann es hier sein, zunächst mündlich Ungereimtheiten auszuräumen und dann die Ergebnisse schriftlich zusammenzufassen.

„Wer schreibt, der bleibt, wer net, der geht."*

Österreichische Bauernregel

*net = umgangssprachlich für nicht

Andere sind wirklich anders

Der Seminar-Kabarettist Bernhard Ludwig hat überzeichnend gemeint:

„Beziehungen sind wie Wasserbetten, bei denen die Heizkreise vertauscht sind."

Das Drama nimmt dann folgendermaßen seinen Lauf: Wenn ihr etwas zu kalt ist, dreht sie in gewohntem Ursache-Wirkungsdenken die Heizung etwas höher. Ohne es zu wollen, wärmt sie damit sein Bett. Da ihm jetzt zu warm ist, regelt er wiederum zu niedrigerer Temperatur, womit ihr noch kälter wird und sie die Heizung weiter hoch dreht – allerdings für sein Bett. So eskalieren Konflikte.

Paul Watzlawick füllt ein ganzes Buch mit ähnlichen „Anleitungen zum Unglücklichsein". Wir neigen dazu, den Anderen das zu geben, was wir selbst schätzen – und ernten damit immer wieder Undank. Das Gegenteil von GUT ist demnach nicht SCHLECHT, sondern GUT GEMEINT. Eines der größten Potenziale zum Verbessern von privaten und beruflichen Beziehungen sowie zur Effektivitätssteigerung in der Zusammenarbeit ist es, statt zu glauben zu wissen, was der Andere will und braucht – und daher den Anderen zu fragen, was ihm tatsächlich weiterhilft. Bildlich ausgedrückt gilt die alte Indianer-Weisheit:

Weit offen steht die „GUT GEMEINT Falle"

„Du musst mit den Mokassins des Anderen gehen, um ihn wirklich zu verstehen."

„Wer braucht welche Ergebnisse in welcher Qualität von meiner Leistung?" „Wem dienen meine Auswertungen als Grundlage für welche Entscheidungen?" „In welcher Form treffen wir diese Vereinbarung?" und „Wie erhalte ich Rückmeldung davon, ob und wie ich die gewünschte Wirkung erzielt habe?" sind die Fragen zur Reduktion von energiefressender Blindleistung.

Das Anderssein der Anderen wirkt sich besonders in der Kommunikation aus. Nach Paul Watzlawick kann ich auf wundersame Weise zwar sehr bewusst gestalten, was ich sage, habe aber nur begrenzten Einfluss darauf, was der Andere hört. Das hängt nämlich ganz maßgeblich von seiner Werte- und Erfahrungswelt ab. So wie ich natürlich auch mein Erleben in hohem Maße subjektiv gefärbt ist. Missverständnisse sind daher „normal". Um Verständnis müssen wir uns bemühen - indem wir uns z.B. auf der Meta-Ebene auszutauschen, was das Gesagte bei uns bewirkt. Das mechanistische Sender-Empfänger-Modell der Kommunikation, das allenfalls Störungen berücksichtigt, greift zu kurz. Kommunikation ist ein Austausch von Erfahrungswelten über die symbolhaften Wörter der Sprache – voll von konfliktträchtigen Wechselwirkungen.

Karl Kraus hat es pointiert so ausgedrückt:

„Was uns trennt
ist die gemeinsame Sprache."

Das gilt nicht nur für das gegenseitige zwischen ÖsterreicherInnen und Deutsche auf die sich Karl Kraus in seiner Aussage bezog.
Miteinander reden, bevor Missverständnisse eskalieren, ist auf alle Fälle wesentlich zeitökonomischer als nachträgliche Konfliktbereinigung oder der Wirkungsverlust durch ein „Gegeneinander" statt einem „Miteinander" in der Zusammenarbeit.

Verhandlungstechnik

Klug (ver-)handeln:

Das Ergebnis im Auge – und die Zeit danach!

Vertrauen gegen Vertrauen?
„Österreich ist ein einziges Netzwerk von Netzwerken." spielt Prof. Malik, Managementzentrum St. Gallen, auf die Überschaubarkeit der Österreichischen Strukturen an, wo sich Wege immer wieder kreuzen. Das heißt auch: Man kann sich keine wirklichen Feindschaften leisten. Wer weiß, in welcher Form man sich wieder begegnet und welche Abhängigkeiten daraus entstehen.

Kämpferisches Verhandeln hat oft den Beigeschmack eines Pyrrhussieges

Hartes, kämpferisches oder manipulatives Verhandeln hat den Preis, dass der/die andere sich danach unterlegen fühlt und nur auf die Gelegenheit der Retourkutsche wartet – oder aber in die innere Resignation geht. Schlecht, wenn man derart geschwächte und/oder verärgerte Personen zur Umsetzung der Verhandlungsergebnisse braucht – z.B. bei Verhandlungen mit MitarbeiterInnen und KooperationspartnerInnen oder beim Verkaufen/Einkaufen von Dienstleistungen, die dann gemeinsam erbracht werden.

In unserer Kultur herrscht der Glaubenssatz des 0-Summen-Spiels vor: „Des einen Freud – des anderen Leid." Dementsprechend gleicht Verhandeln oft einem Feilschen, in das man mit der Haltung geht: Der/die andere will mich sicher über den Tisch ziehen. Das möchte ich verhindern. Daher versuche ich den/die andere über den Tisch zu ziehen.

Da ist es wieder das klassische Gefangenen-Dilemma in abgewandelter Form: Zwei Beschuldigte werden gleichzeitig gefasst und getrennt vernommen. Wenn beide schweigen, kann ihnen nur eine Kleinigkeit nachgewiesen werden und erhalten beide eine geringe Geldstrafe.

Wenn einer dem Druck nicht Stand hält und den anderen beschuldigt, der andere aber schweigt, geht der Sprechende als Kronzeuge frei, der andere bekommt dafür als Alleinschuldiger eine langjährige Gefängnisstrafe. Wenn beide sprechen, müssen beide für kurze Zeit ins Gefängnis. Also was tun? Kann ich dem anderen vertrauen?

Wie Du mir, so ich Dir! Vertrauen lässt sich aufbauen

Computer wurden mit unterschiedlichen Strategien für das Gefangenen-Dilemma programmiert und traten gegeneinander an. Mit Abstand die erfolgreichste Strategie war „Tit for Tat": Man geht vertrauensvoll auf den/die andere zu und spiegelt dann das Verhalten des Vis-a-vis. Solange der andere sich kooperativ verhält, tut man das auch. Wenn der andere das Vertrauen bricht, antwortet man auch kämpferisch. Danach muss der/die andere den 1. Schritt setzen, um das Vertrauen wieder herzustellen, worauf man wieder vertrauensvoll antwortet. In einer weiterentwickelten Variante dieser Strategie muss nach einem Vertrauensbruch der/die andere zwei wieder einlenkende Schritte setzen, bevor man wieder kooperativ antwortet.

„Vertrauen ist für alle Unternehmungen
das große Betriebskapital,
ohne welches kein nützliches Werk auskommen kann.
Es schafft auf allen Gebieten die Bedingungen
gedeihlichen Geschehens."

Albert Schweitzer

Weich in der Form und hart in der Sache

Frauen bekommt es noch weniger, kämpferisch zu verhandeln. Während man bei Männern heldenhaft anerkennend von taktischer Klugheit oder ergebnisorientierter Durchsetzungsstärke sprechen würde, hieße es bei Frauen eher abwertend Falschheit oder ellbogenreiche Rücksichtslosigkeit.

Die „Nettigkeitsfalle" steht weit offen: Aus der Befürchtung, nicht mehr als liebenswürdig und sozial kompetent zu gelten, verliert man leicht die eigenen Interessen aus dem Auge. Man will den anderen nicht verletzen und lässt es dann zu, selbst verletzt zu werden.
Das Motto des Jesuiten Claudio Aquaviva, aus dem 16. Jahrhundert

„Weich in der Beziehung UND hart in der Sache"

löst dieses Dilemma auf. Einerseits klar, konsequent und ergebnisorientiert auf der Sachebene und andererseits verständnisvoll und wertschätzend auf der Beziehungsebene. Denn ein Grundbedürfnis hat das Vis-a-vis immer: das Gesicht wahren. Denken Sie bei Verhandlungen immer auch daran, dass der/die Andere das Verhandlungsergebnis gegenüber sich und Anderen vertreten können muss.

Konsens versus Kompromiss
Auf der Suche nach Win-Win-Lösungen entstehen leicht Loose-loose-Kompromisse. Weder Fisch noch Fleisch fühlt sich der faule Kompromiss an, mit dem beide unzufrieden sind. Da ist sie wieder, die „Anleitung zum Unglücklichsein" von Paul Watzlawick. Oft entsteht auf diese Art und Weise eine „heiße Kartoffel", die von niemandem getragen wird. Ein ungeliebtes Provisorium, das in österreichischer Tradition häufig von langem Bestand ist.

Doch sind die vielzitierten „Win-Win-Ergebnisse" auch wirklich möglich? Was sind die Voraussetzungen und Erfolgsfaktoren dafür? Kontraproduktiv sind das Machtspiel „Wer hat Recht?" und das vielpraktizierte „Entweder-oder-Denken". Ein verbindendes, verbindliches „Sowohl-als-auch" ist wesentlich öfter möglich, als man glaubt *(siehe Managing Diversity Seite 42).*

Um Win-Win-Situationen zu erschließen, muss man zusätzliche Verhandlungsdimensionen eröffnen. Das setzt Kreativität voraus. Und diese ist unter Stress in unserem Hirn biologisch ausgeschaltet. Entspannt im Vorfeld lassen sich in einer fundierten Vorbereitung Konsensmöglichkeiten finden.

Kreativität als Schlüssel für Win-Win-Situationen

Wenn zwischen Führungskraft und MitarbeiterIn nur die Höhe des Gehalts verhandelt wird, ist es ein Tauziehen: je mehr der/die eine haben will, desto mehr muss der/die Andere nachgeben. Kommen aber zusätzliche Dimensionen dazu, wie z.B. Aufgabenfeld, Übernahme von Verantwortung, Weiterbildungsmöglichkeiten, Karriereperspektiven, Flexibilisierung der Anwesenheitszeit, Ausstattung der Infrastruktur etc., desto wahrscheinlicher ist es, dass beide mit einem guten Gefühl aus der Verhandlung gehen.

Professionelle Vorbereitung
Henry Ford hat gemeint:

*„Egal ob Sie glauben, dass Sie erfolgreich sein werden,
oder ob Sie glauben, dass Sie scheitern werden,
Sie werden Recht behalten!"*

Denn der Erfolg folgt der Vorstellung vom Erfolg. „Was möchte ich idealerweise in der Verhandlung erzielen?" Je kreativer und lustvoller Sie sich das Wunschergebnis der Gesprächsrunden ausmalen, desto wahrscheinlicher ist es, dass auch vieles davon eintritt. Im Leistungssport macht Mentaltraining gegenüber dem Realtraining mittlerweile weit mehr als 50 % aus.

Das Hirn kann kaum unterscheiden zwischen Filmen und Bildern, die imaginiert sind und solchen, die realen Wahrnehmungen entstammen. Erfahrungslernen ist in beiden Fällen gewährleistet. Und da die Wahrnehmung, die immer höchst selektiv ist, den Vorstellungen folgt, können Sie sich in dieser Weise auf Verhandlungserfolg programmieren.

Machen Sie sich aber auch schon vorab klar, was für Sie die k.o.-Kriterien sind, die absoluten „must-have's", die Sie unbedingt erreichen müssen – andernfalls würden Sie den Verhandlungstisch verlassen. Denn kein Verhandlungsergebnis oder Vertagung der Verhandlungen – z.B. um zusätzliche Informationen und Aspekte zu sammeln – können auch ein gutes Ergebnis sein.

Erarbeiten Sie aber auch Vorab Ihre persönliche Wunschliste für „Nebengeleise" gemäß dem Motto: Wenn ich schon beim angestrebten Ergebnis Abstriche machen muss, dann hätte ich dafür gerne etwas von meiner Wunschliste als versöhnlichen Ausgleich. Ich bin z.B. bereit, meinem Auftraggeber bei den Zahlungszielen entgegen zu kommen,

- wenn es dafür gemeinsame Marketing-Aktivitäten gibt,
- oder der Auftragsumfang erhöht wird,
- oder der Kunde mich aktiv weiterempfiehlt,
- oder dies einem Folgeauftrag gutgeschrieben wird,
- oder ...

Der Verhandlungserfolg findet im Kopf des Gegenübers statt

Absolut förderlich für Ihr eigenes Ergebnis ist es auch, sich in die Lage des/der VerhandlungspartnerIn zu versetzen. Eine gründliche Recherche ist die Voraussetzung, um zu verstehen, was die Verhandlungsziele des Gegenübers sein könnten. Stellen Sie sich auch eine Liste der Zugeständnisse an den/die PartnerIn zusammen: Womit könnte ich es ihm/ihr schmackhaft machen, sich mit meinen Vorschlägen anzufreunden? Wie sieht die persönliche Wunschliste für „Nebengeleise" des Gegenübers aus? Dabei gilt der Grundsatz

„Die Schönheit entsteht im Auge des Betrachters"

Das heißt, entscheidend ist nicht der Aufwand der Zugeständnisse für Sie, sondern der Nutzen und Wert Ihrer Angebote für den/die AndereN. Es gilt daher, Ihre Verhandlungsziele, zusätzlichen Wünsche und Zugeständnisse so zu verpacken, dass sie für ihreN VerhandlungspartnerIn attraktiv oder zumindest aufrechten Kopfes akzeptabel sind. Das setzt voraus, dass ich mich in die Sichtweise des Gegenübers möglichst gut einfühle bzw. eindenke.

Erfolgreicher Abschluss

KommunikationswissenschaftlerInnen haben herausgefunden, dass innerhalb von Bruchteilen von Sekunden entschieden wird, in welcher Tonart ein Gespräch verläuft. Dabei gilt, dass man zuerst zum Menschen und erst dann zur Sache kommen kann: solange nicht eine tragfähige (Arbeits-)Beziehung geschaffen ist, dient die scheinbar sachliche Diskussion nur der Klärung der Positionen. Weit verbreitet ist der Glaube, wenn ich den/die andere klein mache, stärkt das meine Größe.

Gängig ist die Unsitte, auf die „Macht durch schlechtes Gewissen" zu setzen und den/die andere zum Einstieg mit mehr oder weniger sachlicher Kritik zu irritieren und zu schwächen.

Scheinbar paradox, aber in der Praxis noch immer bewährt: Wenn man in das Gespräch mit Anerkennung für den/die anderen einsteigt, stärkt das die eigene Souveränität. Wenn ich den/die andereN stärke, ermögliche ich ihm/ihr damit, sich in Würde auf meine Vorschläge einzulassen. „Was schätze ich an meinem Vis-a-vis?" „Wo gibt es gemeinsame Interessen und Ziele?" sind wichtige Einstimmungsfragen, um in eine Win-Win-Verhandlung zu gehen.

Klärung der beiden Standpunkte und Sichtweisen ist ein wesentlicher Schritt. So wie der Zylinder in Grund- und Aufriss sich völlig unterschiedlich darstellt, haben auch unterschiedliche Menschen unterschiedliche Zugänge und Perspektiven. „Aus Ihrer Sicht..." und „aus meiner Sicht ..." sind konsensförderliche Haltungen und Formulierungen. Halten Sie immer wieder Zwischenergebnisse fest, worin Sie sich **SCHON** einig sind und wo Sie **DERZEIT NOCH** unterschiedliche Sichtweisen haben, was Sie **NOCH** klären müssen.

„Anti-Mikado-Strategie:
Wer sich zuerst bewegt, sitzt am längeren Ast!"

Monika Herbstrith

Im Allgemeinen gilt, wer den ersten Vorschlag macht, hat die besseren Karten. „Wenn Sie mir in diesem Punkt entgegen kommen, kann ich Ihnen dafür bieten." ist dabei das Grundmuster. Je besser Sie die Informationen im Vorfeld studiert und die Signale des Gegenübers wahrgenommen haben, desto besser können Sie abschätzen, was für den/die AndereN ein gut akzeptables Ergebnis sein könnte. Vergessen Sie dabei nicht, dass das Gegenteil von „Gut" nicht „Schlecht" sondern „Gut gemeint" ist. Statt den/die AndereN mit Druck überzeugen zu wollen, was Gegendruck auslöst, lieber fragen, was ihm/ihr wichtig ist.

Erkenntnisse der Psychologie für bessere Verhandlungsergebnisse

Psychologisch gilt: Mehrere kleine Zugeständnisse wirken auf Menschen viel mehr als ein großes. Portionieren Sie daher Ihre Argumente. Das leidige Thema Geld und Aufwand kommt erst relativ spät ins Spiel – wenn der Nutzen der Angebote und Zugeständnisse im Kopf des Anderen schon prächtig gediehen ist. Und dann sollten Sie noch zugkräftige Abschlusswünsche und Zugeständnisse parat haben: Mit einem „Wenn Sie mir noch in diesem Punkt entgegenkommen, bin ich bereit, Ihren Vorschlag zu akzeptieren." oder „Ich biete Ihnen als allerletztes noch das ... und Sie stimmen dann meinem Vorschlag zu." zurren Sie den Verhandlungssack zu.

Verbindliche Umsetzung

„Es gibt nichts Gutes – außer man tut es.“

Diesem Zitat von Erich Kästner kann man nur vollinhaltlich zustimmen.

Die Zusammenfassung der Verhandlungsergebnisse – am besten in schriftlicher Form - vermeidet Missverständnisse und steigert die Verbindlichkeit. Waren die Ausgangslage der Verhandlungen unterschiedliche, mehr oder weniger kontraversielle Standpunkte, so ist jetzt das konsensuale Verhandlungsergebnis die Basis für die gemeinsame Planung der Umsetzung – zumindest die nächsten, konkreten Schritte müssen noch auf den Verhandlungstisch.

Entschärfen von Killerphrasen

Pracht-exemplare destruktiver Kreativität

Killerphrasen sind „Prachtexemplare destruktiver Kreativität“, wird doch sehr viel Energie und Arbeitszeit nur auf ein einziges Ziel gelenkt: die Meinung des Anderen unterbinden, eine Diskussion mit dem Austausch von Argumenten zu verhindern und die eigene Anschauung bedingungslos durchzusetzen. Bereits hier ist klar: die Verwendung von Killerphrasen ist kein Mittel bei der Suche nach der besten Lösung – weder privat noch im Unternehmen. Und doch sind sie im beruflichen und privaten Alltag verbreitet, rauben Zeit und Kraft der Beteiligten.

Wie aber kann man sich effektiv gegen Killerphrasen wehren? Hier lohnt ein Blick auf die Wirkungsweise der sprachlichen Angriffe.
Nicht jede verbale Attacke mittels Killerphrasen ist in der Ursache und Wirkung gleich. Einige sind eher unter dem Begriff ‚generell destruktiv‘ einzusortieren, andere verwenden die Wünsche, Erwartungen und Ängste des Gegenübers für den verbalen Rundumschlag.
Aussagen, wie die von Chuck Reid machen zunächst sprachlos.

*„Theoretisch gibt es keinen Unterschied
zwischen Theorie und Praxis.
Praktisch schon.“*

Oft ist nicht leicht zu unterscheiden zwischen haltlosen Vorwänden und Einwänden, die einen wahren Kern enthalten. Zunächst gilt es souveräne Würde zu wahren *(siehe Toolbox Nr. 18, Seite 185)*.

Denn die beiden uns höchst vertrauten Muster von „Vorwurf und Rechtfertigung" sowie „Angriff und Gegenangriff" sind beide kontraproduktiv und führen immer weiter von der Sachebene weg. Hilfreich ist hingegen die Technik des konstruktiven Missverständnisses *(Toolbox Nr. 39, Seite 197).*

Mit „Worin konkret sehen Sie die Schwierigkeit?" kann man auch beim Hören von der destruktiven zur konstruktiven, lösungsorientierten Kritik finden *(Toolbox Nr. 30, Seite 192).*

Lassen Sie uns einige der verwendeten Methoden mit möglichen Gegenmaßnahmen ansehen. Daneben aber auch einige allgemeine Verfahrensweisen, mit denen Sie sich vor Verletzungen durch die unterschwelligen Angriffe schützen und ausreichend persönlichen Abstand halten oder gewinnen können.

Methode: „Macht durch schlechtes Gewissen"

Perfektioniert ist in der abendländischen Kultur das Grundmuster „Macht durch schlechtes Gewissen." In Meetings eignet sich das hervorragend um Argumentationen zu stoppen, auch wenn sachlich nichts einzuwenden ist. Kleine Mängel werden verallgemeinert und münden in einem „Das ist ja völlig falsch", „Du machst ja immer..." oder „so lässt sich das nicht umsetzen".

Killerphrasen entschärfen durch konkretisierendes Hinterfragen

Womit auch schon das sicherste Kennzeichen destruktiver Kommunikation identifiziert ist: Sie verallgemeinert und pauschaliert. Bewährt hat sich die Gegenstrategie des konkretisierenden Hinterfragens. Darin unterscheidet sich, ob es sich um einen (berechtigten) Einwand handelt, wo es gilt den konkreten Lösungsansatz zu finden, oder aber nur um einen vorgeschützten Vorwand. Kennen Sie die KollegInnen, die Ihnen 10 Minuten lang erklären, warum Sie keine 5 Minuten Zeit haben? „Können Sie mir ein konkretes Beispiel zeigen?" „Was glauben Sie, ist nicht richtig?" „Was wäre Ihr Alternativvorschlag?" sind Möglichkeiten, um auf des Pudels Kern zu kommen oder auch die destruktive Wortblase zum Platzen zu bringen.

Kinder spüren intuitiv, wo die Achillesferse und das schlechte Gewissen der Eltern sitzen. Treffsicher richten sie darauf ihren verbalen Vergrößerungsspiegel und erzielen so oft das Gewünschte. So passiert es, dass Kinder genau dann reklamieren „Du hast zu wenig Zeit für mich!", wenn man selbst mit seinem Beschäftigungsausmaß unzufrieden ist. Das quadriert die Wirkung. Zum Glück ist die Sensibilität der Erwachsenen nicht mehr ganz so gut ausgeprägt.

Trotzdem ist es ein Kennzeichen untergriffiger Kommunikation, dass just jene Aspekte zu Angriffen genutzt werden, wo man selbst mit sich unzufrieden ist. Da konfrontiert man die Frau, die sich mit der Tücke der Details plagt, mit dem Vorwurf, sie sei oberflächlich, die Kollegin, die lieber gelassener wäre, sie sei Perfektionistin und übergenau.

Der Schwenk von Wertungen zu Funktionalitäten macht aus Mängeln Potenziale

Da hilft nur eines: Sich mit sich selbst und den so genannten „Schwächen" auszusöhnen. Schafft man den Schwenk von Wertungen zu Funktionalitäten, so können durchaus aus Mängeln Potenziale werden: Wenn eineR den Überblick wahrt und der/die andere Verlässlichkeit bis ins Detail einbringt, steht gemeinsamen Erfolgen nichts mehr im Weg! Voraussetzung dafür, dass beide mit ihren jeweiligen Stärken zu gemeinsamen Zielen beitragen können, ist allerdings gegenseitiges Verständnis und Respekt.

Methode: „Stärken des Gegenüber negieren"

Paradoxerweise funktioniert auch das Gegenteil: Nicht nur die persönlichen Schwächen, auch die persönlichen Vorlieben und Ideale sind Angriffsfläche für destruktive Kommunikation. Steht Toleranz hoch im Kurs, so wirkt die Killerphrase „Sie sind so engstirnig und lassen nur Ihre Meinung gelten." doppelt. Groß ist da die Versuchung in die Rechtfertigungsfalle zu tappen. Erst einmal darin gefangen, hat man auch selbst die sachlichen Ziele aus dem Auge verloren. Und wieder einmal ist die Rechnung des Gegners aufgegangen. Die alternative intuitive Reaktion des Gegenangriffs „Sie müssen was sagen, Sie sind ja selbst..." führt unweigerlich zu Kampf, in dem auf jeden Fall eines verliert: Der Blick für gemeinsame Lösungen. Da gilt es, gewohnte Verhaltensmuster zu verlassen. Gelingt es, derartige Angriffe – einmal durchschaut – zu ignorieren oder in Schranken zu weisen z.B. „Das tut hier nichts zur Sache" oder auch „Ich verbitte mir den Ton." hat die Rückkehr auf die Sachebene eine Chance.

Methode: „persönlicher Angriff"

Wenn man selbst um konstruktive, lösungsorientierte Kommunikation bemüht ist, treffen tiefliegende Killerphrasen doppelt. Das energievernichtende Wechselspiel zwischen „Im Prinzip ist das nichts Neues, das machen wir schon immer so." und „Bei uns funktioniert das nie. Da ist alles ganz anders." wird gewürzt mit persönlichen Angriffen wie etwa „Wie kann ich das so erklären, dass Sie das auch verstehen."

Lösungsansatz: Humor

Hofnarren haben die entwaffnende Wirkung wertschätzenden Humors kultiviert. Gerade in schwierigen Gesprächssituationen erweitert dies das Handlungsrepertoire und bringt Lachen die wohltuende Distanz. Neben der humorvollen Überhöhung ins Absurde kann das Anlegen einer Killerphrasensammlung verblüffende Wirkung zeigen. Aus einer Frechheit wird so ein bereicherndes Prachtexemplar kreativer Destruktivität. „Haben Sie etwas dagegen, wenn ich das in meine Killerphrasensammlung aufnehme." Ist eine Antwort, mit der Ihr Vis-à-Vis sicher nicht gerechnet hat. Andererseits gibt ein gelangweiltes „Das habe ich schon so oft gehört, das schreibe ich nicht mehr auf." den erforderlichen Abstand, um kühlen Kopf zu wahren.

"Humor ist der Knopf, den wir öffnen können,
bevor uns der Kragen platzt."

Joachim Ringelnatz

Lösungsansatz: Abstand durch Beobachtung

Emotionalen Abstand halten durch die sichere BeobachterInnen-Position

Und müssen Sie berufsbedingt auch zu Präpotenten freundlich sein, können Sie mit KollegInnen und Gleichgesinnten die Wahl zum „Ungustl" des Monats vereinbaren. Je schlimmer der verbale Übergriff, desto höher Ihre Chance, mit Ihrem Unikum zu gewinnen. Die BeobachterInnen-Position ist ein guter Schutz davor, Angriffe persönlich zu nehmen.

Lösungsansatz: Abstand durch Ursachen-Erkennung

Und in kommunikativen Notfällen ist der Gedanke hilfreich:

„Die Vielfalt des menschlichen Panoptikums
ist immer wieder erstaunlich."

Wer spricht da mit mir? In welcher Befindlichkeit ist er/sie? Welche Absichten verfolgt er/sie? sind Fragen, die Sie sich oder Ihrem/Ihrer GesprächspartnerIn stellen können. Die verblüffende Wirkung von Verbal-Attacken ist entkräftet, wenn Sie hinter dem Monster die tatsächlichen Bedürfnisse entdecken *(siehe auch Toolbox Nr. 39, Seite 197).*

Erfolgreiche Kommunikation findet immer im Kopf des Gegenübers statt

12 goldene Kommunikations-Tipps

1. Bereiten Sie sich gerade bei fordernden Gesprächen mit klaren Zielen auf der Sach- und Beziehungsebene gründlich vor.

2. Versetzen Sie sich in die Lage Ihres Gesprächspartners.

3. Suchen Sie von sich aus proaktiv das Gespräch. Erweitern Sie so Ihre Gestaltungsmöglichkeiten und beugen unangenehmen Situationen vor, in denen Sie sich rechtfertigen müssten.

4. Drücken Sie erst dann die Türklinke zum Besprechungsraum oder die Taste für das Telefonfreizeichen, wenn Sie etwas im Sinn haben, das Sie am Gegenüber schätzen oder Sie interessiert

5. Finden Sie einen wertschätzenden Einstieg, der die Gemeinsamkeiten stärkt

6. Erreichen Sie zuerst den Menschen und kommen Sie erst dann zur Sache: Gemeinsamkeiten bewusst wahrnehmen und als Basis für das Gespräch im Auge halten

7. Erst wenn sich der Andere verstanden fühlt, kann er Ihre Sachargumente hören.
   Achtung: Empfundenes Verständnis zu zeigen geht mit oder ohne Verstehen und mit oder ohne Zustimmung

8. Rechnen Sie immer mit Missverständnissen, weil der Andere tatsächlich anders ist und vergewissern Sie sich daher, mit welcher Bedeutung Ihre Worte beim Vis-a-vis ankommen.

9. „Aus Ihrer Sicht und aus meiner Sicht" halten Sie ein gemeinsames Ziel im Auge und entkommen so dem kontraproduktivem „Wer hat Recht?"

10. Kommunizieren Sie eigene Erwartungen klar an Andere.

11. Sprechen Sie Kritik konkret beschreibend, zeitnah, lösungsorientiert und direkt an.

12. Ich-Botschaften fördern Ihre Authentizität, Glaubwürdigkeit und so die Akzeptanz und Wirkung beim Vis-a-vis.

Integrierte Managementsysteme

Ein auf die spezifische Marktsituation ausgerichtetes Managementsystem bietet die geeignete Infrastruktur, damit bei allen externen Anforderungen und Einflüssen nicht der eigene Unternehmenserfolg auf der Strecke bleibt.

Anforderungen steigen

Noch nie war der Paragraphen-Dschungel so dicht. Normative Anforderungen sprießen allerorts aus dem Boden. Kundenansprüche steigen. Wie soll sich das mit dem zugleich zunehmenden Kostendruck vereinbaren lassen?

Neben gewerblichen Auflagen, Sicherheitsansprüchen, Umweltanforderungen und Produktspezifikationen wird vor allem die Latte hinsichtlich der Organisationsqualität immer höher gelegt. Gefragt ist zunehmend der Nachweis von Strukturen, Organisationssystemen und standardisierten Methoden, welche professionelles Arbeiten und die größtmögliche Vermeidung von Risiken sicherstellen. Puffer werden aus finanziellen Gründen immer mehr reduziert.

Der Zeitdruck steigt. Daher ist es entscheidend, dass die Qualität auf Anhieb stimmt. Fehler kann man sich immer weniger leisten. Der Trend geht zu mehr Eigenverantwortung. Egal ob Flugzeugwartung, Automobilzulieferindustrie, Industriekomponenten, Medizinprodukte oder Lebensmittelsicherheit: externe Produkt- und Wareneingangprüfungen werden reduziert und (teilweise) durch Nachweise der Qualitätsfähigkeit des Unternehmens ersetzt. Hinsichtlich der Produkte, der Herstellprozesse und der Organisation bis hin zur Unternehmensführung. Von externer Stelle wird überwacht, ob die Systematik der internen Planung, Risikobewertung, Präventivmaßnahmen, Eigenkontrollen und Verbesserungsprozessen wirksam ist.

Flexibilität in einem geregelten Rahmen

Schlanke und wendige Unternehmen mit Organisationsqualität

Die traditionellen Stärken von Klein- und Mittelbetrieben: „Schnelligkeit" und „Flexibilität" durch „Arbeiten auf Zuruf" in einem eingespielten Team steht hier in Zielkonflikt zu den geforderten klaren, nachvollziehbaren Strukturen. Wie kann man die schlanke, wendige Organisation bewahren und gleichzeitig an den gleichen Maßstäben hinsichtlich Organisationsqualität wie die Großen gemessen werden?

Flexibilität und Standards müssen kein Widerspruch sein. Wie gut sich individuelles Eingehen auf die Mitspieler, Umsetzung der eigenen Strategien und Stärken sowie situatives Handeln mit klar definierten Abläufen vereinbaren lässt, beweist das Schachspiel, wo jedes Spiel anders, die Spieler teilweise sehr qualifiziert und erfahren sind, Kreativität gefordert ist und trotzdem niemand die Notwendigkeit und Sinnhaftigkeit von Regeln in Frage stellt, die so eindeutig festgelegt sind, dass man sie sogar programmieren kann.

Zum Glück geben Qualitäts-, Umwelt- und Sicherheitsnormen zwar teilweise sehr detailliert vor, WAS gefordert ist, lassen aber bei näherer Betrachtung durchaus Gestaltungsmöglichkeiten, WIE die Organisation diese Anforderungen erfüllt. Das verunsichert zunächst. Schließlich ist man von technischen Normen gewohnt, dass alles klar definiert ist.

Bei der Erfüllung der Qualitäts-, Umwelt- und Sicherheitsnormen gilt es hingegen, individuelle, angemessene, zielführende Lösungen zu finden, die den normativen Ansprüchen gerecht werden. So wie zwar alle Fahrzeuge die österreichische Straßenverkehrsverordnung und die damit verbunden Sicherheitsauflagen erfüllen müssen. Dennoch reicht die Bandbreite der Zulassungen vom City-Flitzer über den Familienkombi bis zur Prestige-Luxuskarosse.

Aufzugeben gilt es vor allem die in unserer Kultur so gut eintrainierte Opferrolle. Uns fällt sehr rasch ein, warum alles so schwierig ist, wir selbst benachteiligt sind und warum sich die anderen ändern sollten. Wie das gelähmte Kaninchen vor der Schlange schauen wir mit schauriger Faszination zu, wie die nächste Lawine auf uns zurollt.

„Heute schon tun,
woran andere erst morgen denken.
Denn beständig ist nur der Wandel."

Unternehmen können Rücken- und Gegenwinde zum Vorankommen nutzen

ist ein Zitat des Griechen Heraklit. Mit Pioniergeist sucht der, der will, Wege. Wer nicht will, findet Gründe. Man kann zwar nicht beeinflussen aus welcher Richtung der Wind kommt, man kann sich allerdings bewusst entscheiden, welchen Kurs man wählt und wie man die Segel setzt. Voraussetzung dafür ist allerdings, dass man die eigenen Ziele und Positionierungen kennt. Sonst ist man dem Spiel der externen Kräfte ausgeliefert und verliert auch ohne Nebel leicht die Orientierung. Wie können Organisationen – Segelbooten gleich – in wendiger Zielstrebigkeit Rücken- und Gegenwinde zum Vorankommen nutzen?

„Wer nicht weiß,
wo er hin will,
darf sich nicht wundern,
wenn er wo anders ankommt."

Mark Twain

Das Prozessmanagement-Modell Qualitätsmanagement-Norm ISO 9001:2008 bietet eine solide Grundlage zur ergebnisorientierten Unternehmensführung.

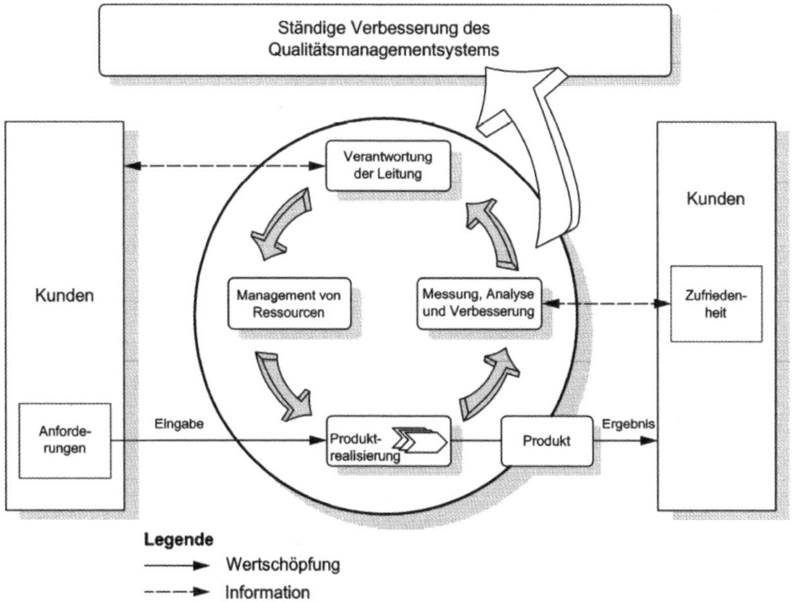

Modell eines prozessorientierten Qualitätsmanagementsystems

Allerdings bedarf es auch hier eines Standpunktwechsels:

Wie bei allen anderen Werkzeugen gilt auch für Qualitätsmanagement, dass der zweckmäßige, ergebnisorientierte Einsatz über Sinn und Unsinn entscheidet. Heute ist es oft ein Problem, wie man Qualitätsmanagement umsetzt. Stattdessen sollte es ein Instrument sein, um Probleme zu lösen, Herausforderungen zu meistern und eine Infrastruktur zu schaffen, die eine nachweisbare Umsetzung der gesetzlichen und normativen Anforderungen im Geschäftsalltag verankert.

Qualitätsmanagement nicht als Bürde empfinden sondern als Instrument zur Problemlösung

„A fool with a tool is still a fool."

Ed Jourdon

In unserem Consulting-Unternehmen Impuls & Wirkung lautet daher auch der Grundsatz:

„Problem sucht Lösung"
(statt „Methode sucht Anwendung")
Monika Herbstrith

Im Mittelpunkt steht der Nutzen für die unterschiedlichen InteressenspartnerInnen des Unternehmens.

Kernprozesse verdeutlichen die wesentlichsten Aufgaben des Unternehmens

Die Kernprozesse fokussieren auf die beiden Aspekte:

- Wie wird aus herausfordernden Zielen realer Geschäftserfolg?
- Wie wird aus Kundenerwartungen ein von den Kunden wahrgenommener Nutzen?

Denn Geschäftserfolg entsteht durch zahlende Kunden.

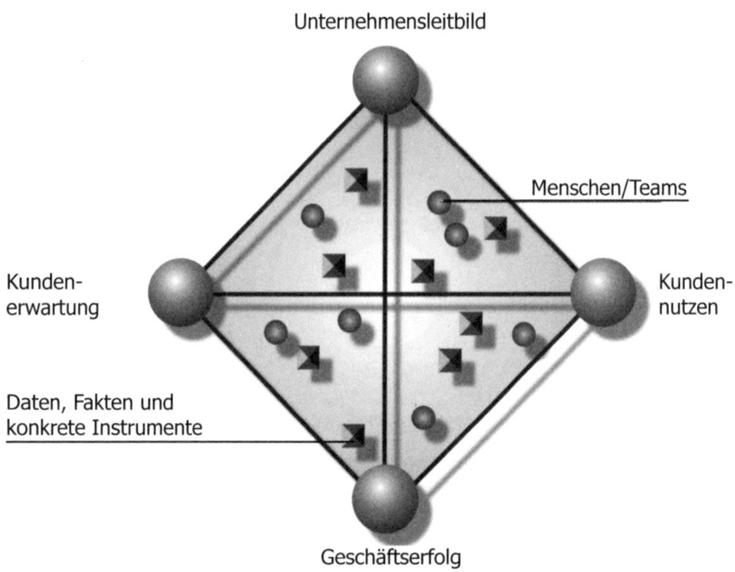

Quelle: Impuls & Wirkung

Das fördert auch das unternehmerische Denken aller MitarbeiterInnen: „Wie kann ich zur KundInnenzufriedenheit und zum Erfolg unseres Unternehmens beitragen?" Es ist nicht so sehr entscheidend, ob man ein großes oder kleines Zahnrad im Getriebe ist, wichtig ist, an der richtigen Stelle zu sitzen und sich mit den benachbarten Zahnrädern optimal abzustimmen.

Auf der Basis des allgemeinen Modells der ISO 9001 gilt es, die spezifischen Hauptprozesse des Unternehmens festzulegen und deren Zusammenwirken, insbesondere an den Schnittstellen, zu definieren *(siehe auch unser Prozessmodell auf Seite 64).*

So wird Sand durch Öl im Getriebe ersetzt. Das steigert nicht nur die Sicherheit, sondern auch die Effizienz und den Wirkungsgrad.

Die externen Anforderungen werden in die eigene Organisation integriert

Erst wenn die eigenen Abläufe des Unternehmens definiert sind, werden die Anforderungslatten der unterschiedlichen Qualitäts-, Sicherheits-, Umwelt- und sonstiger Normen angelegt. Die geschaffene eigene Infrastruktur ermöglicht die Integration der externen Anforderungen an die eigene Organisation. Ähnlich wie man sich immer wieder ärgert, dass einmal die Straße aufgerissen wird, weil Elektrokabel verlegt werden und dann weil die Gasversorgung repariert werden muss und beim dritten Mal eine Telefonleitung ausgetauscht wird, wäre es kontraproduktiv Qualitäts-, Umwelt- und Sicherheitssysteme getrennt voneinander zu betreiben. Die Frage „Wie wollen wir zusammenarbeiten, um gemeinsam erfolgreich zu sein und die Kundenwünsche zu erfüllen?" steht im Mittelpunkt. „Welchen normativen und gesetzlichen Anforderungen müssen wir dabei gerecht werden?" bildet dafür den herausfordernden Rahmen.

Motto sollte sein:

**„Wenn wir es schon tun müssen,
dann so, dass wir selbst möglichst viel davon haben."**

Erfolgsfaktoren zum Gelingen von Integrierten Managementsystemen

1) Klare Zielsetzungen und Beauftragung durch die Unternehmensleitung:

Ob etwas ein Fortschritt, ein Rückschritt oder Leerlauf ist, hängt davon ab, welche Ziele man verfolgt. Die wichtigen Investitionen in die Zukunft brauchen eine hohe Priorität durch die Leitung, um nicht von der Dringlichkeit des Geschäftsalltags überrollt zu werden.

2) Frühzeitige Information aller und Einbindung möglichst vieler MitarbeiterInnen:

Nicht-Information ist die gewollte Weckung von Widerständen

Motivation ohne Information ist Illusion, Informationsmangel am Gedeihen von Gerüchten erkennbar.
Vermeiden Sie „13. Feen" (frei nach Dornröschen): Wer zuerst nicht eingeladen ist, die Regeln der Zusammenarbeit mitzugestalten, ist dann versucht, „das Kind zu verfluchen" oder zumindest in Tiefschlaf zu versetzen. Intensive Kommunikation fördert die Auseinandersetzung und Identifikation mit dem Thema und küsst so auch schlummernde Systeme wach.

3) Führungskräfte als Antriebsmotoren für Entwicklungsprozesse:

Gefragt ist ein aktives Vorleben der KundInnen- und Qualitätsorientierung. Woran können Ihre MitarbeiterInnen erkennen, dass Sie selbst das integrierte Managementsystem im Alltag umsetzen? Skepsis von Führungskräften spiegelt sich in fassettenreichen Formen bei den MitarbeiterInnen wider.

4) Externe und interne Kundenorientierung:

Das Managementsystem ist für die Organisation da und nicht umgekehrt: Welche dokumentierten Regeln helfen uns, die eigene und gemeinsame Arbeit noch besser, einfacher, zielstrebiger, kundenorientierter zu gestalten?

Die Fragen

- „Wozu?",
- „Wer erwartet sich welchen Nutzen davon?",
- „Was ginge verloren, wenn wir das nicht hätten?"
- „Welches Risiko gehen wir ein, wenn wir das weglassen?"

helfen, einen angemessenen Detaillierungsgrad und leserfreundliche Strukturen zu gestalten. Verbindliche Vereinbarungen, und eine wohlwollend-kritische Einstellung, Verbesserungsbereitschaft und aktives Einfordern der Regeln sind wichtige Zutaten zum Erfolgsrezept.

5) Fokus auf die Stärken, Leistungen und Erfolge:

Die durch Integrierte Managementsysteme erzielte Transparenz macht Leistungen sichtbar. „Wie müssen wir uns organisieren, damit wir mit unseren Stärken einen optimalen Wirkungsgrad erzielen und unsere Schwächen den Erfolg nicht vermasseln?" ist die Herausforderung bei der Gestaltung der Organisation. Kennzahlen dienen nicht nur zum Steuern und Verbessern der Abläufe, sondern machen auch Fortschritte und (Teil-)Erfolge sichtbar.

6) Hürden und Stolpersteine absichern und meistern:

Die Fragen

- „Woran könnte unser Erfolg scheitern?"
- „Welche k.o.-Kriterien müssen wir erfüllen?"

helfen „die Achillesfersen" zu identifizieren. Dokumentierte Prozesse und Abläufe bilden die Grundlage, um juridisches, finanzielles und qualitatives Risiko systematisch zu bewerten und durch geeignete Maßnahmen zu reduzieren. Darin besteht die Herausforderung der Qualitätssicherung: Eine einzelne Panne prägt sich als Negativereignis in unser Bewusstsein ein. Dem Risiko realistisch ins Auge zu schauen und sich dennoch vor einer „Negativ-Lupe" zu hüten, sodass neben den Problemen auch die Bemühungen und Erfolge wahrgenommen werden, erfordert eine tägliche Gratwanderung.

7) Das Ziel ist die ständige Verbesserung:

Hüten Sie sich vor angestrebten perfekten Lösungen. Groß ist auch die Gefahr der überzogenen Erwartungen und der Überfrachtung mit Themen frei nach dem Motto „Wenn wir das schon machen, dann sollten wir doch auch gleich ....". Damit erleidet man Schiffbruch. Mit dem Managementsystem ist eine Infrastruktur geschaffen, auf deren Basis Verbesserungen, Ergänzungen, Weiterentwicklungen vorangetrieben werden können. Regeln, Prozessdokumentationen, Formblätter, Checklisten, Standards sind prinzipiell vorläufig-endgültig freigegeben: Nämlich so lange bis sie durch noch bessere ersetzt werden – ähnlich dem Einsiedlerkrebs, der sich weiterentwickelt und daher immer wieder sein Schneckenhaus wechselt.

Viele Erker und Balkone machen aus einem Funktionsbau ein Rokoko-Schloss

Qualitäts-Management

Qualitäts-Management erlangte in der Vergangenheit dort zunehmend an Bedeutung, wo es um Kostenreduzierung im Bereich von Reklamationen ging. Dies natürlich umso mehr, als die Zeiten der gesetzlichen Gewährleistungsfrist drastisch verlängert wurden. Inzwischen ist Qualitätsmanagement in vielen Branchen ein Erfordernis.

Aber ist Qualität in einer vorher festgelegten Form nur ein Kostenaspekt und eine Pflichtübung? Oder dient sie nicht auch und gerade der effektiven Erfüllung von KundInnenwünschen? Eine Wunscherfüllung, die nicht nur als gesetzliches oder vertragliches „Muss" zu verstehen ist, sondern auch zukünftige Kosten sparen helfen kann? Denn oftmals sind ja die Kosten der Kundengewinnung extrem hoch: von zeitlich befristeten Sonderaktionen bis hin zum Kauf von Marktanteilen durch die Übernahme von Wettbewerbern. Wenn ich nur auf Neu-KundInnengewinnung schaue und meine eigenen Kunden nicht halten kann, schaffe ich Wechsel-KundInnen und hiermit verbunden dauerhaft hohe Kosten oder reduzierte Erträge. Neue Konzepte im Umgang mit den KundInnen sind daher gefragt.

Die Konzentration auf Neu-KundInnen schafft Wechsel-KundInnen

Qualität messbar machen

Für eine gute Orientierung ist neben klaren Zielen eine Kenntnis der Ausgangssituation von entscheidender Bedeutung. Vor allem schafft die Messung und Quantifizierung der Qualität die Voraussetzung, um Weiter-Entwicklung und Fortschritt von Qualitätsinitiativen und Verbesserungsvorhaben erkennen zu können. Dabei ist die Freude über Erreichtes und (Teil-)Erfolge die stärkste und nachhaltigste Motivation für persönliches Engagement.

„Dem, der seine Position nicht kennt,
hilft der beste Kompass nichts."

N.N.

KundInnen und potentielle KundInnen sind die wichtigsten MeinungsbildnerInnen, die das Image des Unternehmens prägen. Ihre Erwartungen an Serviceleistungen und ihre Wahrnehmung der Qualität sind daher ein wichtiger Maßstab. Die Abfrage der KundInnen-Zufriedenheit ist in diesem Zusammenhang ein wichtiges Instrument.

„What you can't measure you can't manage. "

Dabei reicht es sicher nicht, einen Fragebogen zu kopieren und einen Briefkasten aufzuhängen, wo man seine Meinung deponieren kann. Erstens wird man nur wenige Beiträge erhalten - und das von den sehr Zufriedenen und den Vergrämten, die sich freuen, endlich die Meinung sagen zu können.

Die Mehrheit dazwischen wird sich kaum überwinden, die angebotenen Möglichkeiten zu nutzen und ihre Sichtweisen einzubringen. Zweitens ist es sehr schwierig, aus den Auswertungen Erkenntnisse zur Analyse und Verbesserung zu generieren – wenn dies nicht vorher eingeplant war.

„Wissen Sie schon oder glauben Sie noch?“

Monika Herbstrith

„Was wollen wir aus der Auswertung der KundInnen-Befragung lernen?“ „Welche Entscheidungen und Verbesserungsinitiativen möchten wir daraus ableiten?“ sind daher die Fragen, die in der Planungsphase vor der Entwicklung der individuellen Befragungsmethodik stehen. Das eigene Selbstverständnis, das sich im Leitbild ausdrückt, ist dabei eine wichtige Orientierungsmöglichkeit.

Die Zwillingsschwester der KundInnen-Zufriedenheitsmessung ist die Abfrage der Zufriedenheit der MitarbeiterInnen. Wie sollen bei stark serviceorientierten Leistungen und Produkten die KundInnen zufrieden sein, wenn sich die MitarbeiterInnen damit nicht identifizieren können?
Gerade bei so persönlichen Dienstleistungen wie in der Pflege, der Reklamationsbearbeitung, dem Service-Desk ist MitarbeiterInnen-Zufriedenheit die Voraussetzung, um den KundInnen Qualität zu vermitteln. In Zeiten knapper Ressourcen und steigendem Leistungsdruck ist es zentrale Führungsaufgabe, die Motivation aufrechtzuerhalten und Rahmenbedingungen zu schaffen, welche kundInnen-orientiertes, qualitätsgesichertes Agieren ermöglichen. Führungs- und Management-Qualitäten sind daher die wichtigste Grundlage für Qualitätsmanagement.

Befragungen verpflichten zur Kommunikation von Resultaten

Nachhaltigen Frust erzeugt, wer zuerst Feed-back einholt und dann keine (priorisierten!) Maßnahmen setzt, um auf dieser Basis Verbesserung zu erzielen. „Tu was Gutes und sprich darüber!“ muss dabei der Grundsatz lauten. Denn was hilft es, wenn die Aktivitäten von den Betroffenen nicht wahrgenommen werden. „Zuerst fragen Sie uns und dann ignorieren Sie unsere Verbesserungswünsche!“ drückt die tiefe Enttäuschung aus, welche auf geweckten (unrealistischen?) Erwartungen folgt. Kommunikation des Vorhabens und der Ergebnisse (einschließlich dem geplantem Maßnahmenkatalog) muss daher einer Befragung vorausgehen und folgen. Als Grundsatz gilt:

„Tu‘ was Gutes und sprich darüber!“

Neben den subjektiven Qualitätsfaktoren ist natürlich die Messung der hardfact-Qualität erfolgsentscheidend. Neben Kennzahlen sind Standards der Dienstleistungs-Qualität dafür eine geeignete Basis. Coaching-Audits sind ein wirkungsvolles Instrument, um einerseits Stärken und Leistungen aufzuzeigen und andererseits Verbesserungspotenziale und Handlungsbedarf zu identifizieren. Mit einer speziellen Fragetechnik wird in Gesprächen mit den MitarbeiterInnen der dokumentierte angestrebte Soll-Zustand mit dem gelebten IST verglichen. Das versetzt viele – geprägt von der Schule – in eine kontraproduktive Prüfungssituation. Um dies zu vermeiden, müssen die Betroffenen schon in die Vorbereitung des Audits eingebunden sein. Wenn ich mir im Feizeitsport eineN TrainerIn leiste, freue ich mich, wenn mir dieseR Tipps und Anregungen gibt, wie ich mich weiterentwickeln und noch weiter verbessern kann. Mein Nutzen entsteht, wenn ich diese Erkenntnisse in einem Trainingsprogramm umsetze.

Coaching-Techniken im Sport belegen: Erfolge als Basis für Erfolg verstehen

Coaching-Techniken, die im Sport entwickelt wurden, um Menschen zu erfolgreichen Leistungen zu führen, zeigen auch im Qualitätsmanagement Wirkung. Es stimmt, dass man aus Fehlern und aufgetretenen Problemen lernen soll. Mindestens genauso wichtig ist es allerdings, Erfolge zu erkennen, aus diesen Kraft zu schöpfen und zu lernen. Gefragt ist eine selbst-bewusste, wohlwollend-kritische Haltung zu Ihren Dienstleistungen: „Wir sind schon sehr gut und was müssen wir tun, um durch zielgerichtete Maßnahmen noch besser zu werden?"

Prozessorientiertes Qualitätsmanagement – Smart und pfiffig

Nahezu irreal, zumindest provokant erscheint der Titel auf den ersten Blick. Haben wir doch viel Erfahrung mit schwerfälligen und bürokratisch überladenen QM-Systemen.

Berechtigt erscheint jedoch die Frage: „Warum geben so viele Unternehmen so viel Geld für etwas aus und binden in der Entstehungsphase so viele Personenstunden für etwas, dass dann in Schränken als Meterware oder Dateien im Intranet verschwindet, ohne dem Unternehmenserfolg nützlich zu sein?"

Unseres Erachtens ist das ist weder gottgewollt noch systemimmanent, sondern hat seine Ursache in einer falschen Herangehensweise: Vielfach wird versucht, die unternehmensinternen Abläufe als Prozesse zu definieren; die Innensicht überwiegt; Hauptorientierungspunkt ist dabei das Regelwerk (z.B. ISO 9001:2008); Hauptsache die externen AuditorInnen sind zufrieden und stellen das gewünschte Zertifikat aus.
Typischer Fall von „Habzeug" statt wirkungsvoll genutztem Werkzeug. Und wo bitte bleiben die Lust, die Freude an der Arbeit und der wahrnehmbare Nutzen für das Unternehmen?

„Vom lästigen Habzeug
zum nützlichen Werkzeug!"

Jene, die ein Managementsystem einführen um ihren Wirkungsgrad zu verbessern, sollten vorweg auch mit „smarten" Zielsetzungen herangehen:

1. Fokussieren Sie die Marktsicht: Was will der Markt, wo wollen Sie hin und wie kann das Managementsystem Sie dabei unterstützen?
2. Forcieren Sie das Management-System als kundInnenorientierte Dienst-Leistung (sowohl für interne als auch für externe KundInnen!) und als aktiven Bestandteil zum Unternehmenserfolg.
3. Reduzieren Sie den formalistischen Ballast: Konzentration der Systemaktivitäten auf die unternehmensindividuellen und marktgerechten Erfordernisse und nehmen Sie die gegebenen Gestaltungsspielräume wahr – Mut zur wohlüberlegten Lücke!
4. Dolmetschen Sie die sperrigen Normbegriffe in eine im Unternehmen verstandene Sprache
5. Etablieren Sie das Managementsystem im Unternehmen durch internes Marketing für das Managementsystem.
6. Schaffen Sie Bewusstsein, dass das Management die Spielregeln nicht nur aufzustellen, sondern auch einzufordern hat – erst dann entsteht ein Führungsinstrument, mit dem Ziele effektiv erreicht werden können.
7. Erleichtern Sie die Umsetzung und Anwendung durch eine praxis- und anwenderorientierte Form der Spielregeln – hier bietet die EDV eine Reihe von interessanten und nutzbringenden Möglichkeiten – weg mit dem Papier der Dokumentation hin zu einem operativ verwendbaren Arbeitssystem!

Ein Managementsystem ist kein Selbstzweck sondern Mittel zur Zielerreichung

Das Motto sollte sein:

„Wir gestalten es so, dass es möglichst einfach ist und dem Unternehmen den optimalen Nutzen bringt!"

Damit schaffen Sie Überblick, Verständnis und Motivation bei den MitarbeiterInnen, die sich mit dem System identifizieren, dieses bei der täglichen Arbeit nutzen und aus eigenem Antrieb verbessern wollen.
Dabei sollte gelten:

„Bewährtes beibehalten und Neues (weiter-)entwickeln"

sowie

„Problem sucht Lösung" (statt „Methode sucht Anwendung")

Wer hindert uns daran in ein individuelles Unternehmenssystem zu investieren, in dem alle für das Unternehmen wichtigen Regelungen zur erfolgreichen (Zusammen-)Arbeit verfügbar sind, welches die MitarbeiterInnen bei ihren Tätigkeiten unterstützt und welches zugleich marktorientiert ausgerichtet ist?

Impulse zur ständigen Verbesserung

Mit kreativen Mit-DenkerInnen auf Erfolgskurs

„Ich wüsste schon, wie´s besser ginge, aber mich fragt ja wieder mal keiner!" Haben Sie Sätze wie diesen auch schon oft gehört? Oder möglicherweise auch schon selbst das eine oder andere Mal gesagt? Wenn dem so ist, dann sollte KVP eigentlich Musik in Ihren Ohren sein, so sperrig und wenig lustvoll dieser Ausdruck auch klingen mag: KVP, also der „Kontinuierliche Verbesserungsprozess", steht für das Anzapfen und Nutzen des kreativen Potenzials aller MitarbeiterInnen eines Unternehmens. Und zwar mit einem klaren Ziel: Es geht um die kontinuierliche Weiterentwicklung und Verbesserung des Bestehenden.

KVP steht für einen positiven, kreativen Prozess, der auf viele kleine Schritte setzt und der durchaus Freude machen kann, wenn er einmal ins Laufen gekommen ist und sichtbare Erfolge bringt.

Die Grundidee des KVP stammt aus Japan und wurde als „Kaizen" bekannt (Kaizen ist das japanische Wort für „immer besser"). Kaizen wurde in den achtziger Jahren vom japanischen Autohersteller Toyota entwickelt. Kaizen versucht unter Einbindung möglichst aller Mitarbeiter Abläufe in Unternehmen systematisch zu analysieren und zu optimieren. Dabei wird Wert darauf gelegt, dass jedeR MitarbeiterIn im Unternehmen mitwissen, mitdenken, mitverantworten und mitentscheiden soll, um so gemeinsam mit allen anderen zur Erreichung der Unternehmensziele beizutragen.

„ProduQtivität durch Teamwork"

Mit möglichst geringem Aufwand einen möglichst großen Nutzen ziehen

Es geht darum, das Nachdenken über Verbesserungsmöglichkeiten als integralen Bestandteil der täglichen Arbeit zu etablieren. Statt über Missstände zu klagen, überlegt man, wie sie sinnvollerweise behoben werden könnten. Abläufe werden routinemäßig auf ihre Zweckmäßigkeit abgeklopft, Fehler werden sofort korrigiert – statt erst am Ende eines Prozesses –, und Ausreden sind verpönt. KVP versucht mit möglichst geringem Aufwand möglichst großen Nutzen zu erzielen. Das heißt, dass nicht nur perfekte und langfristig konzipierte, sondern vor allem schnell realisierbare, kleine Verbesserungen gefragt sind, die sofort umgesetzt werden können – also lieber viele kleine bewältigbare Schritte als ein großer und möglicherweise zu weiter Sprung.

„Irren ist menschlich,
aber auf Irrtümern zu bestehen ist teuflisch."
Cicero und Seneca der Ältere

KVP und Kaizen sagen dem „muda" dem Kampf an: „muda" ist das japanische Wort für Verschwendung. Muda steht für

- Aktivitäten, die Ressourcen verbrauchen, ohne substanzielle Werte zu schaffen;
- Fehler, in deren Behebung jemand Energie investieren muss;
- Lagerbestände, die sich türmen, wenn das Angebot die Nachfrage übersteigt;
- unnötige Arbeitsschritte und Menschen, die herumsitzen und auf irgendetwas warten, damit sie weiterarbeiten können.

Verschwendung umfasst all die Dinge, die passieren, aber nicht passieren sollten: alles, was unnötigerweise Zeit, Energie und Geld und Potenzial kostet.

Als Systematik für den Verbesserungsprozess werden neben Aktionslisten vor allem das Ideenmanagement und KVP-Teams eingesetzt. Gegenüber dem klassischen betrieblichen Vorschlagswesen bindet Ideenmanagement die Führungskräfte aktiv ein. Ziel ist es, durch kurze Reaktionszeiten, hohe Eigenverantwortlichkeit, eine damit erzielte hohe Umsetzungsquote sowie entsprechende interne PR-Maßnahmen MitarbeiterInnen aktiv ins Boot zu holen. KVP-Teams unterscheiden sich von den Qualitätszirkeln früherer Jahre vor allem dadurch, dass sie wesentlich erfolgsorientierter und damit effizienter arbeiten.

Kurze Reaktionszeit, hohe Eigenverantwortung, hohe Umsetzungsquote: bewirkt hohe Motivation

Der kontinuierliche Verbesserungsprozess ist auch ein zentrales Element im Prozessmanagementmodell der neuen Version der ISO 9001:2008, ebenso in den Management-Modellen der EFQM (European Foundation for Quality Management for Business Excellence) und AFQM (Austrian Foundation for Quality Management for Business Excellence), die als der Standard für Total Quality Management gelten und u.a. als Grundlage zur Verleihung des European Quality Awards und des Austrian Quality Awards dienen.

Als Inputs für den Verbesserungsprozess dienen internes und externes Feedback, sowie Kennzahlen, mit denen die Kundenzufriedenheit, die Qualität der Produkte, die Performance der Prozesse, die Organisationsqualität und die Geschäftsergebnisse beurteilt werden. Interne Audits und Self-Assessments werden als systematische Instrumente eingesetzt, um Stärken, Verbesserungspotenziale und Handlungsbedarf bei der Ablauf- und Aufbauorganisation aufzuzeigen. In den Regelkreisen der ständigen Verbesserungen werden so Fortschritte und Erfolge sichtbar.

In einem dynamischen Wirtschaftsumfeld ist die Lösungs- und Zukunftsorientierung von überlebenswichtiger Bedeutung: „Wer nicht zur Lösung beiträgt, wird Teil des Problems."

Kontinuierlicher Verbesserungsprozess

„NOCH BESSER" ist die Steigerung von „SCHON GUT"!

Kinder in der Volksschule haben es bereits verinnerlicht: „Verbesserung" ist das, was man schreiben muss, wenn man bei der Ansage Fehler gemacht hat. Da es öd ist, dreimal untereinander das Wort des Anstoßes zu schreiben, trachtet man, die Verbesserung möglichst schnell hinter sich zu bringen.

Kein Wunder, dass MitarbeiterInnen nicht spontan in Freude ausbrechen, wenn sie vom Kontinuierlichen Verbesserungsprozess hören. Feed-back, was man noch besser machen könnte, wird automatisch mit Kritik gleichgesetzt und löst oft die Reaktion der Rechtfertigung („Warum, das ist ja ohnedies gut ...") aus. Wir haben verdrängt, dass „Besser" eindeutig von „Gut" und nicht von „Schlecht" kommt *(siehe Toolbox Nr. 33, Seite 193).*

Ständige Verbesserung in kleinen überschaubaren Schritten

Unsere Kultur ist geprägt vom Streben nach Perfektion, 100 % sind das Ziel. Dass wir uns noch verbessern können, ist in diesem Weltbild ein Eingeständnis der Unzulänglichkeit. Außerdem ist es klar, dass die Annäherung nur ein asymptotischer Prozess sein kann, der umso mühsamer wird, je näher wir uns der magischen 0-Fehler-Marke nähern. Die Vorstellung klingt nach Sisyphus!

Diesem Denkmuster liegt der wesentliche Irrtum zu Grunde, dass die Anforderungen vorgegeben sind und damit eindeutig sei, was als richtig und falsch zu werten ist. Tatsächlich ist z.B. jede Kreiswelle eine perfekte, runde Sache und kann sich dennoch zu Größerem weiterentwickeln. Wir leben in einem dynamischen Umfeld. Es gilt Trends und zukünftige Anforderungen rascher als der Mitbewerb zu erkennen, die eigenen Stärken so zu fokussieren, dass die innere Weiterentwicklung den äußeren Veränderungen gerecht wird, vielleicht sogar Vorteile aus den immer auch vorhandenen Chancen zu ziehen. Wir sollten Abschied nehmen vom Traum des statischen Gleichgewichts, wo man es endlich geschafft hat und zur Ruhe kommen kann. Anzustreben ist die dynamische Balance, in der sich die kontinuierliche Verbesserung zur Selbstverständlichkeit eingespielt hat.

*„Die meisten Unternehmen scheitern nicht daran,
weil sie die falschen Dinge tun
sondern weil sie die richtigen Dinge
zu lange tun."*

Yves Doz

Welche Voraussetzungen gilt es zu schaffen, damit Fehler als Chance, Probleme als Herausforderungen und (Ziel-)Konflikte als kreativer Prozess wahrgenommen werden können? Die zentrale Rolle spielen auch in diesem Veränderungsprozess die Führungskräfte. Die Skepsis der Führungskräfte spiegelt sich immer wieder in den Widerständen der MitarbeiterInnen wider. MitarbeiterInnen spüren intuitiv ganz genau, worauf „wirklich" Wert gelegt wird. Lippenbekenntnisse, Halbherzigkeiten und doppelbödige Botschaften werden messerscharf enttarnt.

Mit „Wirkungsvollen Coachingtechniken" lenkt man die eigene Energie und die der MitarbeiterInnen

- vom Problem zur Lösung,
- vom Defizit zu den Möglichkeiten,
- von der Wertung zu den Funktionalitäten.

Wenn sich Führungskräfte vor allem über ihre herausragende Fachkompetenz definieren, wird es für sie ein zweischneidiges Schwert, das kreative Potenzial und die Lösungskompetenz der MitarbeiterInnen zu fördern. Wissen und Information wird so häufig zum Machtfaktor. Der ständige Verbesserungsprozess kann dann sogar als bedrohlich erlebt werden. ManagerInnen als Coaches und MentorInnen definieren hingegen ihre Leistung über den gemeinsamen Erfolg des von Ihnen geführten Teams. Diese Veränderung des Blickwinkels schafft gemeinsames Interesse am Verbesserungsprozess. Das Visualisieren erzielter Verbesserungen und die Freude über erreichte Ziele aktivieren die Energie, die man benötigt, um neue Herausforderungen zu bewältigen.

Ständige Verbesserung wird möglich durch Team-Leistung, die Förderung dieser ist Führungsaufgabe

Sprache schafft Wirklichkeiten: Konstruktiver Umgang mit Kritik beim Aufzeigen von Fehlern, Problemen und Verbesserungspotenzialen wird zur Schlüsselqualifikation im Verbesserungsprozess. Systematisiertes Feed-back, das klar in der Sache und freundlich in der Form vermittelt wird, ist der Nährboden zum Steuern und Weiterentwickeln der eigenen Leistung. Es gilt, das vertraute Muster von „Angriff und Verteidigung" zu Gunsten des respektvollen Austausches unterschiedlicher Sichtweisen zu verlassen. In der Auseinandersetzung mit anderen entsteht Erkenntnis.

„Mit einem Menschen, der nur Trümpfe hat,
kann man nicht gut Karten spielen."

Christian Friedrich Hebbel

Mitdenken ist wieder erlaubt und willkommen!

Die Ideen aller MitarbeiterInnen und von Verbesserungsteams bilden das Herzstück des kontinuierlichen Verbesserungsprozesses. Im Taylorismus sind Arbeiten sinnentfremdend zerstückelt worden. Jetzt gilt es wieder sichtbar zu machen, welche Beiträge die einzelnen MitarbeiterInnen zum Gesamtergebnis liefern. Mitdenken ist wieder erlaubt, ja sogar erwünscht und gefordert. Doch:

„Mangelnde Kommunikation ist mangelnde Wertschätzung."

Qualität der Information und Kommunikation sind die Voraussetzung. Das Vertrauen in die eigenen Kritik- und Lösungsfähigkeiten *(siehe dazu Toolbox Nr. 30 – 34, Seite 192)* muss wieder geschaffen werden. Gestaltungsmöglichkeiten und Wertschätzung sind Anreize, die ermutigen, Lösungsideen zu entwickeln. Das vielgehörte Stammtischraunzen: „Wir wüssten eh, aber uns fragt ja keiner!" sollte dann der Vergangenheit angehören.

P.S.: Zum Glück gehört auch der Ausspruch „Aber Oma, zum Lernen ist man nie zu alt." zum Repertoire von Kindern. Das Ziel, dass SchülerInnen in der Schule Lernen lernen und Freude am Wissenszuwachs erfahren, findet in unseren Schulen nach und nach Einzug.

PPS: Der kontinuierliche Verbesserungsprozess in der Literatur mit den Worten von Rainer Maria Rilke:

„Ich lebe mein Leben in wachsenden Ringen,
die über die Dinge zieh'n.
Den letzten werd' ich vielleicht nicht vollbringen,
aber versuchen will ich ihn."

Change Management

Gemeinsam zukünftige Erfolge gestalten

„Nein Danke, das brauchen wir nicht!"

... ist häufig die erste Antwort auf unsere Empfehlung, den sachlich-technischen Veränderungsprozess durch einen Change Management Prozess auf der sozialen Ebene abzurunden´. Des Öfteren hört man auch „Ja, das ist gut, aber das passiert bei uns sowieso." Andere Aufgeschlossene nehmen den Bedarf zwar wahr, doch leider fällt das Change Management Konzept als erstes den Budgetverhandlungen zum Opfer. Immer mehr ManagerInnen jedoch erkennen das Erfolgspotenzial eines unterstützenden Change Management und freuen sich über die eindrücklichen Ergebnisse in ihren Veränderungsprozessen.

Veränderungsprojekte wie Geschäftsprozessoptimierung, Einführung von Qualitäts-, Prozess- und Projektmanagement oder von IT-Tools können inhaltlich noch so gut gestaltet sein - der nachhaltige Erfolg stellt sich erst durch die umfassende Einbindung der MitarbeiterInnen und das konsequente Leben im Geschäftsalltag ein.

*„Stühle kann man auf der Sachebene bewegen
Menschen nur auf der Beziehungsebene"*

Prof. Samy Molcho

Was steckt hinter dem Begriff „Change Management"?

Der zentrale Punkt besteht in der Einbindung der MitarbeiterInnen in das laufende Projekt. Im Unterschied zu Feuerwehraktionen, wo MitarbeiterInnen erst aufgrund auftretender Widerstände bzw. erst im Verlaufe des Projektes involviert werden, legen wir besonderen Wert darauf, dass ein proaktives Change Management-Konzept erstellt wird und MitarbeiterInnen von Anfang an eingebunden werden. Dazu bedient man sich verschiedener bewährter Methoden und Tools der Organisations-, Team- und Persönlichkeitsentwicklung.

Die frühzeitige Einbeziehung der MitarbeiterInnen verhindert Widerstände und erhöht den Erfolg

Change Management befasst sich mit den natürlichen, menschlichen Widerständen, die im Zuge jeder Veränderung auftreten. Die Kunst ist es, die Ursachen wie Angst, drohender Imageverlust oder andere Problemfelder antizipativ zu erkennen und diese durch positive Werte wie Neugierde, kreative Prozesse, zukünftige Erfolgschancen etc. zu ersetzen.

Menschliches Beharrungsvermögen wird dabei als integrativer Part jedes Veränderungsprozesses verstanden. Durch entsprechende Maßnahmen werden Ängste reduziert und vor allem auch die Freude auf das Neue gefördert.

„Veränderung braucht das Licht am Ende des Tunnels."

Monika Herbstrith

Führungskräfte sind gefordert, aufkeimenden Gerüchten durch sachliche Informationen über zukünftige Szenarien und geplante Entwicklungen zuvorzukommen. Wenn sie klar kommunizieren, was schon bekannt und was derzeit noch offen ist, stärkt dies das Vertrauen in die Führung. Schließlich ist mangelnde Kommunikation eine mindestens dreifache emotionale Ohrfeige:

- sie grenzt aus: gibt es doch die Wissenden und die Unwissenden, die Eingeweihten und die Ahnungslosen
- sie zeigt mangelndes Zutrauen: „Ihr fangt mit dem Wissen gar nichts an", „Ihr könnt damit nicht umgehen"
- sie vermittelt mangelnde Wertschätzung: „Kommunikation würde Zeit kosten, das seid Ihr es nicht Wert"

„Die Wahrheit ist dem Menschen zumutbar."

Rosa Luxemburg

Gelebte Wertschätzung der MitarbeiterInnen

MitarbeiterInnen erleben ihre frühe Einbindung in das Projekt als Wertschätzung. Dieses Miteinbezogenwerden entspricht den 3 zentralen menschlichen Handlungsanreizen:

Sinn, Macht und Liebe als drei zentrale menschliche Handlungsanreize

- Sinn: Orientierung zu haben und die Hintergründe zu verstehen,
- Macht: mitgestalten und etwas bewirken zu können und
- Liebe: sich als anerkanntes Mitglied der Gemeinschaft zu erleben.

Das Management gibt durch diese Art der Umsetzung seinen MitarbeiterInnen zu verstehen, dass Veränderungsprozesse durch das Handeln, das Denken und die Einstellungen von Menschen getragen werden.

Das Management erzielt durch die Einbindung der MitarbeiterInnen die Vorteile, dass einerseits ein ungeheurer Wissensschatz und ein riesiges kreatives Gestaltungspotenzial genutzt werden und andererseits die Integration der Veränderungskonzepte in den Alltag wesentlich effizienter und wirkungsvoller erfolgt. Die Betroffenen wissen selbst am besten, wo es Verbesserungspotenziale gibt. Be-greifen hat viel mit Handeln zu tun!

*„Tell me and I'll forget –
show me and I may remember –
involve me and I'll understand"*

Benjamin Franklin

Interessanterweise weist Widerstand eine konstante Kurvenentwicklung auf. Zu Beginn eines Projektes sind die MitarbeiterInnen entweder ziemlich skeptisch, was auf sie zukommen könnte, oder freuen sich bereits, dass „sich endlich etwas ändert". Recht schnell zeigt sich freudiges Engagement bei den meisten MitarbeiterInnen, nachdem sie ausführlich über den Verlauf und das Ziel des Projektes informiert wurden. Der erste Wendepunkt stellt sich ein, wenn manche realisieren, dass auch sie selbst von Veränderungen betroffen sein werden. Je nachdem, wie die Entwicklung dieser Kurve abgefedert werden kann, verschärft sich die Unzufriedenheit mit der aktuellen Situation, oder kann sich aufgrund nützlicher Maßnahmen wieder in eine entspannte Richtung bewegen. Ziel ist es, das der Großteil der MitarbeiterInnen am Projekt mitwirken und sich so die meisten sowohl mit den Ergebnissen als auch dem Projekt-Verlauf identifizieren können.

Es gilt: die meiste Zeit kosten Gespräche, die man nicht geführt hat. Und Veränderungsprojekte, die fehlschlagen, kosten nicht nur Geld – Ausgaben für den Aufwand auf sachlich-technischer Ebene - sie wirken sich auch fatal auf die Motivation aus, führen im schlimmsten Fall zu Frustration, Resignation und innerer Kündigung. Der Vertrauensbruch wirkt sich noch langfristig auf Folgeprojekte aus.

Es gibt kein Patentrezept

Change-Management-Konzepte berücksichtigen die Organisation des Unternehmens: Individualität statt Konserve

Jedes Unternehmen ist in seinen Beziehungsgefügen, Zielen, in seiner Vorgeschichte und in seinen Stärken individuell. Die oft vorhandene Erwartung nach fertigen Change Management-Konzepten aus der Schublade stellt einen Widerspruch in sich dar: Fertig entwickelte Prozesse und Erfahrungen über die Organisation zu stülpen und damit erst recht die MitarbeiterInnen von einer partizipativen Entwicklung auszuschließen, wäre eine Alibihandlung a la Sündenbock. Lösungen von außen bleiben fremd und werden dementsprechend abgestoßen.

Externe BeraterInnen bringen ihre zusätzliche Perspektiven, ExpertInnenwissen, Erfahrungen bezüglich bewährter Konzepte und vor allem einen reichen Methoden-Pool ins Unternehmen ein. Dann gilt es zunächst ein „G'spür" für das Unternehmen mit seinen Stärken, Chancen, Problemen und Spannungsfeldern zu entwickeln, um einen wirkungsvollen, individuellen Erfolgs-Mix zusammenzustellen. Im Vordergrund steht dabei die Anlehnung an die bestehende Unternehmenskultur *(siehe Toolbox Nr. 34 bis 36, Seite 194)*.

Es gilt:
Bewährtes beizubehalten und Neues weiterzuentwickeln.

„Wenn der Wind des Wandels weht,
bauen die einen Mauern und die anderen Windmühlen."

Chinesische Weisheit

und:

„Windmühlen brauchen Mauern!"

Monika Herbstrith

To Do's and Not To Do's

Erfolgreiches Change Management fußt auf der offenen Kommunikation mit den Beteiligten

Als oberstes K.O.-Kriterium gilt das Commitment des Managements. Das Management muss hinter dem Change-Projekt stehen, sonst sind die Erfolgschancen gering. Ein „Change Agent" im Management bringt zum Ausdruck, dass Veränderungsprozesse das Vorbild der Führungskräfte brauchen. Es ist immer wieder faszinierend, wie sich die Skepsis des Managements in den Argumenten der MitarbeiterInnen widerspiegelt. Offensichtlich spüren MitarbeiterInnen ganz genau, worauf das Management eigentlich Wert legt.

In jedem Fall ist es förderlich, eine unternehmensinterne Projektorganisation zu definieren.

Eine wesentliche Säule eines Change Konzeptes ist die offene Kommunikation und die Informationsweitergabe an die Beteiligten. MitarbeiterInnen von Anfang an darüber zu informieren, was auf sie zukommt und welche Vorteile die Veränderungen bringen, fördert wesentlich die Bereitschaft, sich für Neues zu engagieren. Als Coach stellen wir immer wieder die 4 zentralen Fragen:

- „Worauf freuen Sie sich in der veränderten Situation?"
- „Was soll wertschätzend in Erinnerung gehalten werden?"
  (viel besser als: „Was tut Ihnen leid, aufgeben zu müssen?")
- „Was sind sie froh, loszuwerden?"
- „Was von den bisherigen Stärken und Erfolgsrezepten können Sie auch zukünftig gut einsetzen?"

So erfahren auch Skepsis, Ängste und Trauer Wertschätzung. Die Brücke vom Bestehenden zum Neuen kann gespannt werden.

Internes Marketing gibt dem Change Management zusätzlichen Schwung.

Es wird leider nicht gelingen, alle MitarbeiterInnen ins Boot zu holen. Wichtig ist es, Schlüsselpersonen als Verbündete zu gewinnen. So kann man die erfolgversprechende Voraussetzung für das Gelingen von Projekten schaffen.

Visualisierte Erfolge

Nicht zuletzt soll ein „Festlegen von Zielerreichungsindikatoren" im Zusammenhang mit Change-Prozessen erwähnt werden. Gerade in einem Bereich, der an sich äußerst schwierig zu messen ist, stellt es eine Herausforderung dar, Indikatoren festzulegen, die ein Erreichen von Zielen und Teilzielen anzeigen. Oftmals handelt es sich dabei simpel um Milestones wie das Abschließen der prozessbegleitenden Workshops. Fragen wie „Woran können Sie erkennen, dass die Änderungen greifen? Was werden Sie dann mehr, weniger oder anders wahrnehmen?" lassen qualitative Zielindikatoren erkennen. Da Change-Prozesse meist länger dauern, ist es für alle Beteiligten zur Aufrechterhaltung der Motivation wichtig, welche Fortschritte bereits erzielt wurden. Rasche Etappensiege erhöhen die Erfolgs-Chancen nachhaltig. Freude über Erreichtes gibt die Energie, um auch zukünftige Herausforderungen und „Durchhänger" erfolgreich zu bewältigen.

Stabilisierungsphase: Nachhaltig erfolgreich – Wachstum unter Kontrolle

Erfolgsverwöhnte Unternehmen in Aufwinden müssen darauf achten, dass Sie intern die Balance halten und steuerbar bleiben, um unliebsames Absacken zu vermeiden.

Im Sport ist es so augenscheinlich: Der Steilanstieg am Berg mit Kletterwand erfordert andere Ausrüstung und beansprucht den Sportler in anderer Weise als die anschließende kräftezehrende Wanderung am Hochplateau. Fordernde Leistung ist beides. Gerade der Übergang stellt extreme Anforderungen: Die Kräfte sind vom Steilanstieg ausgezehrt, der positive Stress fehlt ebenso wie der Nervenkitzel. Den spektakulären, markanten Fortschritten im Aufstieg steht jetzt die fordernde, vergleichsweise monotone Wanderung in dünner Luft gegenüber. Man scheint kaum weiterzukommen oder an Höhe zu gewinnen.

Das Hochplateau des Erfolgs stellt andere Ansprüche als der Gipfelsturm

„Die Mühen der Berge haben wir hinter uns,
vor uns liegen die Mühen der Ebene."

Berthold Brecht

Alle Entwicklungsprozesse – egal ob die des Menschen, der Organisation oder des Teams – verlaufen nicht linear, sondern in Phasen. Sie sind von Krisen und Brüchen durchzogen, in denen man neue Orientierung und neue Balance suchen muss. Darin besteht die große Chance von Krisen: Gelungen gestaltet enthalten sie viel kreatives Potenzial und Innovationskraft.

Durchstarten:

Das Unternehmen beginnt zu reifen. Produkte und Leistungen erfreuen sich wachsender Nachfrage. Jeder Tag bietet Neues: Weiterentwicklungen, Verbesserungen und Erfolge springen ins Auge. Die Pionier-Phase liefert immer wieder Motivationsschübe. Wer sagt, dass längeres Arbeiten an und jenseits der persönlichen Leistungsgrenze nicht möglich ist oder Frust erzeugt? Erfolg ist ansteckend. Ideen gemeinsam zu verwirklichen schweißt zusammen. Ein eingespieltes Team, das auf Zuruf wendig und flexibel agiert, ermöglicht die Erfolgsstory des Wachstums und der Entwicklung des Unternehmens – solange der Grat zum „Chaoshaufen" nicht überschritten ist.

Profilierung:

Team-Wachstum beinhaltet Risiken, die organisatorischer Regelungen bedürfen

Neue Teammitglieder bringen nicht nur zusätzliche Ressourcen, Kompetenzen und frischen Schwung, sie bedeuten auch gestiegene Anforderungen an die interne Organisation. Ein Team verträgt nur eine bestimmte Anzahl von (neuen) Personen. Bevor es willkürlich bricht, gilt es Teambildungsprozesse zu steuern und Organisationsstrukturen zu gestalten. Das Motto „Einer für alle, alle für einen" muss um das Prinzip der klaren Rollendefinition innerhalb des Unternehmens ergänzt werden. Vieles, was in der Pionierphase ‚jedem eh klar' ist, wird von den Neuen hinterfragt und muss möglichst nachvollziehbar beantwortet werden. Ein zukunftsorientiertes Leitbild soll eine gemeinsame Antwort auf die Identität und längerfristigen Ziele des Unternehmens geben und so wie ein Leuchtturm als Orientierung – gerade auch in stürmischen Zeiten - dienen. Im Wachstum das Profil nicht zu verlieren und bei der Auswahl neuer MitarbeiterInnen neben der fachlichen Qualifikation auch darauf zu achten, dass sie die Unternehmensphilosophie, die ja Grundlage der bisherigen Erfolge ist, mittragen.

Steuerbare Geschwindigkeit:

Klassische Controlling-Instrumente und Kennzahlen sind für Organisationen im vielleicht sogar progressiven Wachstum nur bedingt aussagekräftig. Zu groß sind die Unbekannten, welche die zukünftigen Entwicklungen beeinflussen. Kurzfristigere Steuerinstrumente mit aussagekräftigen Frühindikatoren sind hier erforderlich. Die in die Entwicklung und das Wachstum investierten Kräfte schlagen sich klassisch nur auf der Kostenseite nieder. Die geschaffenen Werte der Innovation lassen sich finanziell nur schwer in Zahlen fassen. Die Balanced Score Card gliedert sich in die 4 Perspektiven „KundInnen", „Prozessleistung", „Innovation/MitarbeiterInnen-Entwicklung" und „Finanz". Jeweils 1-3 Kennzahlen geben wie in einem Cockpit den Überblick, welche Aspekte im „grünen Bereich" sind, welche im „gelben Bereich" der Aufmerksamkeit der Führung bedürfen und welche im „roten Bereich" out of control sind. Ursache-Wirkungsketten zwischen den Kennzahlen ermöglichen durch Frühwarnsysteme rechtzeitiges Eingreifen – lange bevor Umsatz und Deckungsbeitrag Anlass für Freude oder Sorge geben.

Balanced Score Card als Frühwarnsystem und Steuerungsinstrument

„Große Ideen brauchen nicht nur Flügel zum Abheben sondern auch ein Fahrgestell zum Landen."

Neil Amstrong

Stabilisierung:

So sind nicht nur VisionärInnen und innovative Vorreiter gefragt, sondern auch bodenständige RealistInnen, welche die ausgekundschafteten Potenziale zielgerichtet umsetzen. Dabei synchron zu bleiben und einen harmonischen, gemeinsamen Rhythmus zu finden, ist die Voraussetzung, damit die Organisation nicht ins Schleudern gerät. Diese Wachstums- und Stabilisierungsphasen ermöglichen die Umsetzung des zentralen betriebswirtschaftlichen Prinzips: Ablauf- vor Aufbauorganisation. Zunächst gilt es zu klären, welche Prozesse, Abläufe und Aktivitäten erforderlich sind, um auf Erfolgskurs zu bleiben und Marktpotenziale besser als die Mitbewerber zu nutzen. Auf dieser Basis können die Aktivitäten sinnvoll zu Rollen und Funktionen gebündelt und in Organigrammen abgebildet werden.

Die Etablierung von Führungsstrukturen verdient dabei besonders viel Aufmerksamkeit. Einerseits werden innerhalb der Teams Differenzierungen wie z.B. Junior- und Senior-TechnikerInnen oder auch Teamführung und Teammitglieder benötigt, andererseits sollen die Stärken des Unternehmens, nämlich der Teamgeist und die Wendigkeit, nicht verloren gehen. Führungskräfte, die sich aus den Teams heraus entwickeln brauchen daher doppelte Unterstützung: Nämlich einerseits eine klare Rollendefinition mit ausreichend Kompetenzen und klaren Verantwortlichkeiten und andererseits ein unterstützendes Training und/oder Coaching. Als grobe Faustformel lässt sich sagen: ein doppelt so großes Team benötigt ungefähr den vierfachen Aufwand an interner Organisation. Vor allem die Ansprüche an die Qualität der Information und der Kommunikation sind tagtäglich eine Herausforderung.

Tempofalle

Auch Unternehmen benötigen einen Boxenstopp, damit Hochleistungstempo nicht am Tunnelblick scheitert

„Sie haben ja Recht, dass das alles gut und wichtig wäre, aber dafür haben wir jetzt keine Zeit." ist eine vielgehörte Reaktion auf obige Anregungen. Statt einer geplanten Vorgehensweise trifft man oft auf die Kultur ‚As Soon as Possible'. Alles wird als dringend erlebt und muss so schnell wie möglich erledigt werden. Das fördert den ‚Tunnelblick', in dem der Überblick verloren geht und der in die Sackgasse des Ausbrennens und Verglühens führt. Das (R)Wichtige soll jedoch die Vorherrschaft über das Dringende erlangen. In solchen Fällen verordnen wir einen ‚Boxenstopp', wie er für professionelle HochleistungssportlerInnen Stand der Technik ist *(siehe Toolbox Nr. 11 - 13, Seite 180 und 40, Seite 198).*

„Wenn Du es eilig hast, gehe langsam."

Lothar J. Seiwert

Generationswechsel

Für die Unternehmensnachfolge sind Wertschätzung gegenüber der Aufbauphase und bewusst gestaltetes Change Management die wichtigsten Zutaten im Erfolgsrezept.

Anlässlich des Generationenwechsels in der Unternehmensführung, welcher das Finden einer neuen Balance erfordert, ist diese Sichtweise manchmal nicht ganz so klar. Als Motto sollte gelten:

„Tradition heißt, das Feuer weiterzureichen und nicht die Asche zu verehren."

Gustav Mahler

„Neue Besen fegen nicht immer besser – jedoch sehr oft etwas anders". Und dieses Anderssein ist weder „gut" noch „schlecht" – wesentlich ist, dass Führung, Führungsstil, Unternehmen, MitarbeiterInnen und Umwelt gut aufeinander abgestimmt sind. Darin besteht die große Chance von Veränderungen: Gelungen gestaltet enthalten sie viel kreatives Potenzial und Innovationskraft.

„Neue Leute dürfen nicht Bäume ausreißen, nur um zu sehen, ob die Wurzeln noch dran sind."

Henry Kissinger

Das Verstehen von Organisations- und Teamentwicklungsprozessen lindert den eigenen Erfolgsdruck, gibt die Distanz, die man braucht, um Lösungsansätze zu erkennen und ermöglicht es, die Aufmerksamkeit von den Defiziten auf die Chancen zu richten. So kann man sich von den Problemen so weit lösen, dass man sie lösen kann.

„Veränderung braucht Stabilitätszonen"

Traugott Lindner

Oftmals wird übersehen, dass das Gelingen von Veränderungen nicht nur ein Spielbein sondern ebenso ein Standbein braucht. „Was bleibt gleich?" UND „Was wird zukünftig anders?" sind hilfreiche Fragen, um in Übergangsphasen Qualität und Verlässlichkeit zu wahren *(siehe Toolbox Nr. 35, Seite 194)*

Bei der Unternehmensübergabe stehen der/die GründerIn und die Organisation gleichzeitig an einem Wendepunkt. Die Überlagerung von persönlichen und organisatorischen Aspekten erhöht die Komplexität der Anforderungen ganz wesentlich – insbesondere, wenn der/die NachfolgerIn dem/der Scheidenden sehr nahe steht. Die emotionalen Verquickungen trüben oft den Blick für die erfolgsentscheidenden Klippen auf der Sachebene.

Unternehmensübergabe als Wendepunkt für GründerIn und Organisation

Diesbezügliche Tipps:

1) Respekt und Verständnis gegenüber dem/der GründerIn
Entschlossenheit, Zupacken-Können, Entscheidungsstärke, Wille zur Macht und zum Erfolg sind Eigenschaften, die man braucht um ein Unternehmen aufzubauen. Diese „Macher-Eigenschaften" erleichtern nicht gerade das Loslassen und die vertrauensvolle Übergabe an den Nachfolger.

2) Unterschiedliche Phasen brauchen unterschiedliche Strategien und Vorgehensweisen
Beim Führungsstil ist vor allem Authentizität gefragt. Es gibt verschiedene Wege, die zum Erfolg führen! Der/die NachfolgerIn sollen ermutigt werden Ihren persönlichen Stil zu finden und zu leben.

3) Eine differenzierte Betrachtungsweise der Ausgangssituation
„Alles gleich" oder „Alles anders" machen zu wollen, begünstigt das Scheitern. Folgende Fragestellungen liefern förderliche Strategien:

- „Was hat sich bewährt und was möchte ich ändern?"
- „Auf welchen Stärken beruhen die bisherigen Erfolge und welche zusätzlichen Erfolgspotenziale möchte ich nutzen?"
- „Wo sehe ich Handlungsbedarf?"
- „Wo möchte ich Prioritäten setzen?"

Erfolgreiche Unternehmensübergabe findet nicht auf der Leitungsebene statt sondern in den Köpfen der Mitarbeiter

4) Klare Rollen im Unternehmen

Wichtig ist es, den MitarbeiterInnen ein profiliertes Bild von dem/der NachfolgerIn zu vermitteln. Welche Aufgaben und Kompetenzen hat der/die Neue? Ist der Vorgänger - und wenn ja in welcher Form – noch in die Unternehmensgeschehnisse involviert? Information und Offenheit sind die Voraussetzung, um das Vertrauen zu gewinnen und die Belegschaft ins Boot zu holen. Im Erfolgs-Coaching des Sports hat es sich bewährt, auf die individuellen Stärken des/der Einzelnen zu schauen. Da ist Platz für Selbst-Bewusstsein – ohne die Vorzüge und Leistungen des Vorgängers zu schmälern.

5) Neue Ziele setzen

Gerade eine Wanderung auf einem „Hochplateau" erfordert es, dass es lohnende Herausforderungen gibt und Fortschritt visualisiert wird. „Wo soll das Unternehmen – aufbauend auf dem bisher Erreichten – in 3 bis 5 Jahren stehen?" „Wie soll die Schlagzeile einer Präsentation über unsere Organisation im Jahre 2018 lauten?" Richten wir den Blick in eine Erfolg versprechende Zukunft. „Woran merken die MitarbeiterInnen, dass wir uns diesen Zielen nähern?" schafft die Voraussetzung um immer wieder aus Erfolgserlebnissen Energie zu schöpfen.

Zusammenfassend:

„Es gilt, eine gute Balance zwischen Kontinuität und Innovation zu finden – ohne dabei sich selbst und die Organisation zu überfordern.

„Öffne der Veränderung deine Arme
und halte deine Werte stets im Auge."

Dalai Lama

Wege aus der Krise

Beherzt Herausforderungen meistern

„Nein, das darf nicht wahr sein. Nicht auch das noch." Kennen Sie diesen Gedankengang?

Wie häufig kommt es vor, dass sich Schlag auf Schlag gleich mehrere „Baustellen" in unterschiedlichen Lebensbereichen auftun. Ausgerechnet in einer Zeit beruflicher Herausforderungen mehren sich Krankheiten und eskalieren Konflikte im familiären Umfeld. Der Versuch, die Herausforderungen Schritt für Schritt zu meistern, wird leicht zur Sisyphus-Aufgabe. Kaum glaubt man in einem Bereich Land in Sicht zu sehen, zeigt sich das nächste Problemfeld.

„Ganz besonders wertvolle Geschenke sind häufig als herausforderdernde Probleme verpackt."

Im Außen zeigen sich häufig die Symptome, deren Ursache in inneren Spannungen liegen. Unsere persönliche Entwicklung verläuft nicht kontinuierlich. So wie zu einem Gletscher Spalten an den Übergängen dazu gehören, ist auch unser Lebensweg von Krisen gezeichnet. In der chinesischen Sprache enthält das Wortzeichen Krise die beiden Wortteile Gefahr und Chance. Von Lao Tse stammt der hoffnungsvolle Gedanke

„Was die Raupe das Ende der Welt nennt, nennt der Rest der Welt Schmetterling."

Haben Sie schon einmal beobachtet, wie qualvoll sich der Schmetterling vom Kokon befreit? Ein Züchter wollte in liebevoller Absicht den Falter dabei unterstützen und hat von außen die Schale geöffnet. Zu seinem Entsetzen stellte er fest, dass der Schmetterling ganz knittrige Flügel hatte und daher nicht fliegen konnte. Durch die Entfaltung aus eigener Kraft werden nämlich die Flügel gestrafft. Weit offen steht die Gut-gemeint-Falle, wenn nahestehende Menschen Krisen zu meistern haben. Doch Lösungen müssen individuell maßgeschneidert sein, sich von innen heraus entwickeln. Was mir gut tut, muss noch lange nicht für Andere förderlich sein. Wohlmeinende Ratschläge bewirken häufig das Gegenteil der Absicht und werden mit unterschiedlichsten Varianten von „ja, aber bei mir geht das nicht." abgelehnt. Deprimierende Ohnmachtsgefühle werden damit gestärkt.

Lösungen müssen maßgefertigt für den Empfänger sein, nicht für den Sender

„'Lass Dir aus dem Wasser helfen oder Du wirst ertrinken', sprach der Affe – und setzte den Fisch sicher auf den Baum."

N.N.

ist mein Spruch, um mir zu verdeutlichen, wie leicht GUT GEMEINT das Gegenteil von GUT sein kann *(siehe auch Toolbox Nr. 37, Seite 196)*. Eine 9-Jährige hat einmal zu ihrer Mutter gesagt: „Mama, gell ich kann mich auf Dich verlassen und Du bist für mich da, wenn ich ein Problem habe." und sich dann gleich selbst korrigiert: „Ich weiß eh, meine Probleme muss ich selbst lösen. Aber Du unterstützt mich dabei." Das zeigt, dass ihr die Eltern das Prinzip Eigenverantwortung offensichtlich vermittelt haben.

Von Viktor Frankl stammt das Tool **WIDEG**:
Wofür **I**st **D**as **E**ine **G**elegenheit? *(siehe Toolbox Nr.10, Seite 180)*.

Mit Goethes Worten:

„Auch aus den Steinen, die man Dir in den Weg legt, kannst Du etwas Wundervolles bauen."

Oder bodenständiger: Shit happens, stinkt und gibt einen kraftvollen Dünger. Allerdings muss Pferdemist auf einem Misthaufen zwischenlagern und Säure abbauen, um dann als Rosendünger das Wachstum und das Blühen zu fördern. Nicht sinnvoll wäre hingegen, Shit rosa anzumalen oder durch die rosa Brille zu betrachten. In der Krise ist das nicht leicht erkennbar – umso schöner ist es, wenn man von Außen unterstützen wird, wieder freudvolle Perspektiven für sich zu entdecken. Die ebenfalls von Viktor Frankl stammende Frage

„Was möchte ich statt dessen?"

Geplantes Reisen beinhaltet neben dem Start- auch einen Zielpunkt

hilft, den Weg von den Problemen zu den Lösungen zu erschließen. Viele Menschen wissen ziemlich genau, was für sie schwierig, belastend und unerträglich ist – und längst nicht so klar, was für sie förderlich und stimmig wäre. Dabei leben wir in Zeiten, in denen Wünschen hilft. Seine Ziele zu kennen, ist ungemein nützlich, um Chancen wahrzunehmen.

„Rechtzeitig darauf schauen, dass man es hat, wenn man es braucht."

Der Grundsatz von Joki Kirschner gilt auch für die zentrale Sinnfrage:

„Warum tu ich mir das an?"

(siehe auch Toolbox Nr. 4, Seite 176)

Wenn wir in entspannten Zeiten eine kraftvolle Antwort finden, kann sie uns über Hürden tragen.
Ganz im Sinn von Viktor Frankl:

„Für wen das WARUM klar ist, ist fast jedes WIE erträglich."

Leider stellen wir uns dieser Frage erst in Krisen, wenn Stress unsere Kreativität blockiert und unsere Wahrnehmung zum Tunnelblick verengt. Es zahlt sich aus, immer wieder am Wegrand des Lebens inne zu halten und zu überprüfen, ob der eingeschlagene Pfad noch stimmig ist oder ob mutige Entscheidungen anstehen. Damit ersparen wir uns die augenöffnende Heftigkeit von Krisen.

Klug ist es auch, Probleme zu relativieren. Denn:

„Das wirkliche Problem ist die Größe des Problems minus meines Zutrauens in meine Lösungskompetenz."

N.N.

Selbst-Vertrauen kann ich am wirkungsvollsten damit stärken, indem ich mir vor Augen führe, was ich schon alles geleistet und gemeistert habe.

Abstiege sind Teil des Aufstiegs

Von BergsteigerInnen kann man lernen, dass Abstiege Teil des Aufstiegs sind. Will man hohe Berge, deren Gipfel in dünne Luft ragen, erklimmen, braucht der Körper die Gewöhnung an die Höhenluft. Das führt dazu, dass sie einerseits zum Kräftesammeln immer wieder ins Basislager zurückkehren. „Ich bin wieder im Basislager." kann zum geflügelten Wort werden, wenn Menschen in ihrem Gipfelsturm einen Rückschlag erfahren. Einerseits ist man wieder am Ausgangspunkt zurück und andererseits hat man Kraft und Erfahrungen gesammelt. Das Basislager bietet auch Zuflucht bei widrigen Umständen und bietet die Gelegenheit optimale Bedingungen abzuwarten. Warum soll das bei beruflich-ehrgeizigen Vorhaben anders sein? Sir Winston Churchill hat gemeint:

„Niederfallen ist keine Schande, liegen bleiben schon."

Tatsächlich geht man aufrecht durch das Leben, wenn man nach dem letzten Hinfallen noch einmal aufsteht. Besonders fein ist es, wenn ein gepflegtes Netz von Freundschaften den Fall mildert. Hilfreiche Hände stärken die Zuversicht.

„Niederfallen, aufstehen, Krone zurechtrücken und weitergehen."

ist eine kluge Strategie. Wenn Sie sich danach auch noch fragen „Und was mache ich ab jetzt anders, um zukünftiges Niederfallen zu vermeiden?" dann haben Sie „Pro-bleme" als Lernchance genutzt und gehen aus Krisen gestärkt hervor. Das Wort „gescheit" hat übrigens die Sprachwurzel im „gescheitert".

Wertschätzendes Miteinander von Frauen und Männern

„Eine Frau als Autorin – da darf das Thema „Frauen im Beruf" nicht fehlen?!" denken Sie vielleicht. Und liegen damit falsch! Uns geht es in diesem Kapitel nicht um „Quoten-Frauen" und schon gar nicht um Geschlechterkrieg. Erster Ansatzpunkt für uns ist vielmehr, ob die Unterschiedlichkeit von Männern und Frauen auch im Denken und Handeln für Unternehmen ein Problem, oder möglicherweise das Gegenteil, nämlich ein großes Potenzial, ist. Was braucht es, um diese Unterschiedlichkeiten zum Wohl des Unternehmens zu nutzen?

„Wir arbeiten in Strukturen von gestern
mit Methoden von heute
an Strategien von morgen
vorwiegend mit Menschen,
die in den Kulturen von vorgestern
die Strukturen von gestern gebaut haben
und das Übermorgen innerhalb des Unternehmen
nicht mehr erleben werden."

Calzaferra

Es lässt sich nicht leugnen, dass wir heute noch in einer stark männerdefinierten Berufswelt leben. Zementiert auch durch Vorurteile gegenüber Männern und Frauen. Aber sind diese noch gültig? Eröffnet nicht ein Wechsel der Sichtweisen zusätzliches Potenzial für das Unternehmen, die Abteilungen, Teams und Individuen? Oft bedarf es hier nur etwas mehr an (Eigen-)Wertschätzung, um wichtige Potentiale für uns alle zu heben.

Die Unterschiedlichkeit von Männer und Frauen als unternehmensweites Gestaltungsprinzip

Vielfalt als Potenzial nutzen:

Gemischte Teams erhöhen den Perspektivenreichtum

Es ist nicht nur ein gesellschaftspolitisches Interesse der Frauen, in der Wirtschaftswelt gestaltend mitzuwirken. In erster Linie profitieren die Unternehmen vom Perspektivenreichtum gemischter Teams von Männern und Frauen, um den gegenwärtigen und zukünftigen Herausforderungen gewachsen zu sein. Die Jahre boomenden Wachstums sind in vielen Branchen vorbei. Jetzt gilt es, sich dem Mitbewerb aktiv zu stellen. Durch die zu forcierende KundInnen-Orientierung gewinnen die Schnittstellen zwischen Technologie und Menschen an Bedeutung. Das sind attraktive Themenfelder – gerade auch für kommunikationsstarke Frauen. Frauen können zum Gelingen auch von Veränderungsprozessen wesentlich beitragen!

Nach wie vor wird das Anderssein der Frauen oft als Problem und nicht als zusätzliche Chance eingestuft. Wo die Optima liegen, hängt bekanntlich hauptsächlich davon ab, was man als Zielgröße definiert und unter welchen Rahmenbedingungen man das Kalkül durchzieht. Gängige Bewertungsmaßstäbe in Organisationen sind hier kritisch zu hinterfragen und an gegenwärtige/zukünftige Erfordernisse anzupassen. Gleichzeitig sind die Frauen aufgerufen, ihre Stärken selbst-bewusst einzubringen und ihre Beiträge zum KundInnen-Nutzen bzw. Unternehmenserfolg ins rechte Licht zu rücken!

Business Excellence Modelle sind ein geeigneter Rahmen, um Zusammenhänge zwischen Unternehmensstrategien, KundInnen-Orientierung, Unternehmensprozessgestaltung und MitarbeiterInnen-Führung zu steuern. Damit bieten sie optimale Voraussetzungen, die Gender-Dimension im Geschäftsalltag zu verankern - beginnend bei der Führung und endend bei der Analyse von Ergebnissen, um mit gezielten Maßnahmenprogrammen die ständige Weiterentwicklung voranzutreiben.

Frauen als Puffer am Arbeitsmarkt

In Zeiten des Fachkräftemangels haben sich Unternehmen vermehrt um weibliche Arbeitskräfte bemüht. Wenn es schwierig ist, qualifizierte (männliche) Mitarbeiter zu bekommen, entdeckt man wieder die Fähigkeiten der Frauen. Dabei wird oft übersehen, dass Frauen nicht nur Lückenfüller, sondern ein echter Mehrwert für das Unternehmen sind. Häufig bleibt es beim resignierenden Schulterzucken: „Wir hätten ja gerne Technikerinnen, aber es bewerben sich zu wenige."

Sinnvolle Tätigkeiten und Gestaltungsmöglichkeiten sind gefragt, Status und Geld nicht ausreichend

Nur wenige haben sich Gedanken gemacht, welche Rahmenbedingungen und Tätigkeitsfelder sie gestalten müssen, damit ihr Unternehmen auch für Frauen attraktiv ist. Denn Mitarbeiterinnen werden vor allem durch sinnvolle Tätigkeiten und Gestaltungsmöglichkeiten motiviert. Image und Geld alleine sind als Anreiz zu wenig! Nur vereinzelte Unternehmen haben es geschafft, eine Unternehmenskultur zu entwickeln, mit der wertschätzendes, bereicherndes Kooperieren von Frauen und Männern gefördert und Synergien aus der Unterschiedlichkeit der Geschlechter genutzt werden.

Frauen als Chance für zukünftige Herausforderungen

Tatsächlich stehen derzeit die Vertriebsstärke und die Auftragslage im Fokus des Interesses. Jetzt reicht es nicht mehr, funktionelle, technische Konzepte zu bieten. Die Frage lautet vielmehr: „Warum sind unsere Lösungen für unsere KundInnen eine sinnvolle Investition?" Wenn der Marktkuchen nicht automatisch und so rasch wächst wie bisher, muss man in einem Verdrängungswettbewerb auch Antworten parat haben auf: „Warum ist unser Unternehmen für die Realisierung dieses Vorhabens der beste Partner?"

Die Schnittstellen zwischen den Menschen und der Technologie werden bedeutsamer

Die Gestaltung der KundInnenbeziehungen wird immer mehr zu einem kritischen Erfolgsfaktor. Immer weniger Unternehmen wollen sich „Detail- und Technikverliebtheit" leisten. Gesucht sind vielmehr nutzbringende, anwenderfreundliche Umsetzungen. Und da der Köder bekanntlich dem Fisch schmecken muss und nicht dem Angler, werden die Schnittstellen zwischen den Menschen und der Technologie zunehmend bedeutsamer.

Verstanden sich früher viele Organisationen oft als Produzenten, die Absatz für ihre Produkte suchten und dafür auch Service bieten mussten, so werden Sie jetzt zunehmend zu Lösungspartnern. Das deutsche Wort Dienst-Leistung drückt die Ambivalenz aus: einerseits das Selbst-Bewusstsein der Expertise, Professionalität und Leistung sowie andererseits die Wertschätzung, das Verständnis und die tatkräftige Unterstützung für die KundInnen.

Funktionalitäten und Innovationen sind kein Selbstzweck. Immer konsequenter sind Lösungen für Menschen gefragt. Und die Technologie braucht Menschen, die sie gestalten und menschengerecht aufbereiten, ganzheitlich agierende Menschen mit hohen sozialen Kompetenzen und nicht nur intellektuelle Denkmaschinen.

Die bei Frauen tendenziell stärker ausgeprägten kommunikativen Fähigkeiten und das vernetzte Denken in ganzheitlichen Systemen können hier wertvolle Lösungsbeiträge liefern. Gleichzeitig sind diese Problemstellungen an der Schnittstelle zwischen Technologie und Menschen Herausforderungen, die das Arbeiten für kommunikationsorientierte Frauen attraktiver machen!

Die Gender-Thematik im Aufwind der KundInnen-Orientierung

Das AMS (ArbeitsMarktService) ist Vorreiter zur Überwindung der Barrieren für Frauen. Im Rahmen der internen MitarbeiterInnen-Orientierung gibt es seit mehreren Jahren einen Gleichstellungs- und Frauenförderplan, der durch Equality-Checks überprüft wird. Dabei werden die unterschiedlichen Bedürfnisse von Männern und Frauen quantitativ und qualitativ erfasst und Maßnahmen zur Verbesserung der Gleichstellungsorientierung abgeleitet und umgesetzt.

Die Gender-Thematik im Sozialbereich ist wenig überraschend. Auch die Erzdiözese Linz setzt auf Equality-Management. Externe PartnerInnen werden zum Beispiel auch danach beurteilt, inwieweit sie gender-gerecht vorgehen. Und wie sieht es in der Wirtschaft aus?

Der Vorstandsvorsitzende der Baumax AG Martin Essl bekennt sich zum Beispiel zur Familien- und Frauenfreundlichkeit seines Unternehmens und nimmt stolz den Preis „Taten statt Worte" entgegen. Überraschend und dann doch wieder nachvollziehbar: Auch in der Männerdomäne des Heimwerkens treffen Frauen, nämlich Kundinnen, die Kaufentscheidung über 60% des Umsatzes.

Auch für die ÖBB sind Frauen eine absolut interessante Zielgruppe: Sie haben zum stärksten Mitbewerber der Bahn - nämlich dem Auto – häufig ein wesentlich rationaleres Verhältnis. Kundinnen haben allerdings spezifische Erwartungen und Wahrnehmungen bzgl. den Mobilitätsdienstleistungen. Beispielsweise in der Gestaltung der Bahnhöfe, der Ausstattung der Züge. Aber auch die Serviceleistungen vor, während und nach der Fahrt müssen dann die speziellen Bedürfnissen von Frauen – seien sie mit Kindern unterwegs, auf Berufsreise oder auf einer Freizeitfahrt – berücksichtigen. Es ist schwer vorstellbar und sicherlich nicht effizient, dass Männer dafür sorgen, dass sich Frauen angesprochen fühlen. Gemischte Teams von Frauen und Männern in gestaltenden Funktionen sind da wesentlich effektiver.

Dr[in]. Traude Kogoj, Projektleiterin des bereichsübergreifenden Equality-Teams der ÖBB: „Um für die sich bereits abzeichnenden, zukünftigen Marktentwicklungen gerüstet zu sein, müssen wir für Männer und Frauen ein attraktiver Arbeitgeber sein, der faire Chancen zur Weiterentwicklung bietet. Wir können und wollen es uns nicht leisten, auf die weibliche Hälfte der qualifizierten, potenziellen MitarbeiterInnen am Personalmarkt zu verzichten!"

Es ist gefährlich, Frauen zu bewerben und dann nicht auf ihre besonderen Bedürfnisse einzugehen. Die technischen Schulen haben z.B. in Zeiten des Schülermangels die Mädchen als Zielgruppe entdeckt. „Mädchen in der Technik" ist als Lockruf schnell in externen Werbekampagnen umgesetzt. In dem Moment, in dem die Mädchen da sind, muss jedoch die Ausstattung und Unterrichtsgestaltung auch auf weibliche Interessen und Ansprüche Rücksicht nehmen, sonst erzeugt man massive Unzufriedenheit. Insbesondere ist es imageschädigend, wenn Mädchen zuerst beworben und dann direkt oder latent von nicht ausreichend gender-sensibilisierten LehrerInnen/MitarbeiterInnen diskriminiert werden.

Frauen sind keine ‚anderen Männer' sondern haben weibliche Interessen und Ansprüche

Dementsprechend startete eine Fachhochschule die Gender-Initiative des Studiengangs Informations- und Kommunikationstechnologie mit Workshops für das Team der Vortragenden. Als oberstes Ziel wurde benannt, dass die Studierenden für den zukünftigen Arbeitsmarkt der Informations- und Kommunikationstechnologie gut gerüstet und daher attraktive BewerberInnen sind, die gute Job- und Entwicklungschancen haben. Die Bedeutung von systemischem, lösungs- und kundInnen-orientiertem Denken steigt zunehmend gegenüber technologischer Detailverliebtheit. Gemischte Teams von Männern und Frauen bieten eine große Chance, die es gezielt zu nutzen gilt! In mixed-teams von StudentInnen und Vortragenden wird ein Leitbild zur Schärfung der strategischen Positionierung entwickelt, in das die Gender-Dimension integriert ist. Parallel dazu legte man gemeinsam Maßnahmen zur Gestaltung von optimalen Lern- und Rahmenbedingungen zur Wahrung der Chancengleichheit unter Berücksichtigung der Unterschiedlichkeiten fest und evaluiert deren Wirksamkeit. Leere, schöne Worthülsen sind häufig kontraproduktiv – und wirken leicht zynisch. Symbolhafte Äußerlichkeiten wie z.B.

Schreibweisen sind uns zu wenig. Uns geht es um wertschätzende Kooperation im Studienalltag.

Viele Organisationen sind technik- und zahlenorientierte Monokulturen. „Linkshirniges", detailliertes, analytisches, strukturiertes Denken ist vorherrschend. Der strategische Weitblick unterliegt immer wieder der operativen Hektik. Die Gründungsphase der Organisationen ist häufig noch deutlich spürbar, welche von einer Burschenkultur mit einem kumpelhaften, rüden Umgangston und Zusammenarbeit auf Zuruf geprägt ist.

Männer und Frauen denken anders. Es gilt zusätzliche Potenziale zu nutzen!

Frauen bereichern die Unternehmenskultur und eröffnen so zusätzliche Perspektiven zum Führen von Veränderungsprozessen hin zu mehr KundInnenorientierung. Systemisches Denken, "Rechtshirnigkeit" und hochtrainierte Intuition fördern das Verstehen und die Gestaltung hochkomplexer Beziehungsgefüge von Organisationen. Wechselwirkungen zwischen den einzelnen Individuen, Systemen und Abläufen werden erkannt, Synergiepotenziale erschlossen. In den sich ständig ändernden Rahmenbedingungen wird immer wieder neu die optimale Balance gesucht.

Stoppt die Blaulichtkultur!

Es gibt wenig Kinder, die sagen: „Wenn ich groß bin, will ich Brandschutzbeauftragter werden! Es ist so wichtig, Feuer zu vermeiden." Eher sagen sie: „Ich möchte Feuerwehrmann werden! Es ist so toll, mit dem schnellen roten Auto zu fahren, alle müssen ausweichen und ich bin ein Held, wenn ich den Brand gelöscht habe!"

„Wir sind wirklich gut, wenn Feuer am Dach ist!" hört man dementsprechend auch immer wieder in Unternehmen. Geplantes, strukturiertes Arbeiten ist weniger reizvoll und liefert weniger Gesprächsstoff als spektakuläre Notfallaktionen.

Die Unternehmenskultur ist vielfach geprägt von der pseudo-produktiven Hektik des Alltags. „As soon as possible" ist eine häufig gehörte Antwort. Die „Blaulichtkultur" lebt vom Nervenkitzel dringender, spektakulärer Einsätze, wo man sich völlig legitim über Regeln hinwegsetzen kann und wo es mit Improvisation immer wieder gelingt, Situationen um Haaresbreite zu retten. Die Jagdkultur ist auch heute noch weit verbreitet.

Dieser „Blaulichtkultur" ohne Einhaltung von Regeln mittel- und längerfristiges Denken sowie Planung entgegenzuhalten, hat auch einer Umdefinition von Erfolg und Leistung bedurft. Sich Zeit zum Nachdenken und für strategische Entscheidungen zu nehmen, in eine tragfähige Basis zu investieren, ist leichter gesagt als getan. „Der Boxenstopp der Formel 1" ist eine Metapher für die Synthese zwischen Wunsch und Erfordernis nach Tempo und dem „Fitmachen" für die Zukunft.

In einem IT-Service-Desk haben wir beim Eingang das Schild „Blaulicht ausschalten“ angebracht. Damit wollten wir die Aufmerksamkeit erwecken, dass hier die „Straßenverkehrsverordnung“ wieder gilt, dass die Regeln einzuhalten sind und ein „ich bin im Einsatz“ nicht als Generalabsolution gilt, sich über alle Vereinbarungen hinwegsetzen zu dürfen.

Es zahlt sich absolut aus, der männlichen „Blaulichtkultur der Feuerwehrmänner“ die durchaus weibliche „nachhaltige Brandschutz-Philosophie“ entgegenzuhalten.

Bereichernde Wirkung der Unterschiedlichkeit

Gemischte Teams aus Männern und Frauen bieten zusätzliche Gestaltungsmöglichkeiten

Frauen bereichern die Unternehmenskultur. Gemischte Teams bieten wesentlich mehr Perspektiven und Gestaltungsmöglichkeiten. Die Frage „Wer ist besser: Männer oder Frauen?“ ist genauso sinnlos wie die Frage: „Was ist wichtiger: Motor oder Fahrgestell?“ Kontraproduktive Machtspiele dienen nur der Vernichtung von Energie! Erfolg versprechend ist vielmehr, dass man sich auf gemeinsame Ziele einigt. Die entscheidende Frage muss dann lauten: „Wie können wir gemeinsam KundInnennutzen und Unternehmenserfolg erzielen? Wer bringt dazu welche individuellen Stärken und Potenziale ein?“ ÖBB-Vorstandsdirektor Schmidt formulierte es treffend: „Ich kenne nur 2 MitarbeiterInnen-Gruppen: Solche, die direkt, und solche, die indirekt den KundInnen dienen.“

Voraussetzung für den gemeinsamen Erfolg ist gegenseitiger Respekt und die Bereitschaft voneinander zu lernen. Die Tatsache, dass oftmals Frauen Situationen anders als Männer wahrnehmen und einschätzen, wird oft als problematisch eingeschätzt. Das Gegenteil ist der Fall: So wie ein Gegenstand im Grundriss anders aussieht als im Aufriss bietet dies zusätzliche Perspektiven und mehr Ansatzpunkte für Lösungen! Erkenntnis entsteht in der Auseinandersetzung und nicht aus dem Gleichklang. Von Johann Wolfgang von Goethe ist überliefert:

„Das Gleiche lässt uns in Ruhe,
der Widerspruch ist es, der uns kreativ macht.“

Gemischte Teams von Männern und Frauen sind eine große Chance, komplexe Probleme in einem dynamischen Umfeld wirkungsvoll zu meistern. Dafür sollte man auf das gesamte Potenzial von Know-How-TrägerInnen und Lösungsansätzen zurückgreifen und nicht von vornherein die weibliche Hälfte praktisch ausschließen!

Selbst-bewusste Frauen:

Gerade Frauen neigen dazu, bei sich selbst die Nachteile und bei den anderen die Vorzüge zu sehen. Mitarbeiterinnen und Bewerberinnen sind daher aufgefordert, ihr Frausein und ihr Anderssein selbstbewusst in Organisationen einzubringen. Die zusätzlichen Perspektiven und die daraus resultierenden Synergiepotenziale sind für die Unternehmen ein großer Mehrwert. Die Machtstrukturen des Erfolgs sind von Männern geprägt. Manche Frau hat in ihrer Kindheit erkannt, dass die Mutter dem Vater attraktive Privilegien in der Familie eingeräumt hat. Also orientieren sie sich unbewusst eher am Vater als an der Mutter. Sie können die gläserne Decke auch jetzt noch mit eigenen Augen erleben: Viele Kinder warten am Beginn der Winterferien darauf, in Schikursgruppen eingeteilt zu werden. Beispiel eines 12-jährigen Mädchens gefällig: Sie wartete am Semmering, um einer der Gruppen für den Schikurs zugeordnet zu werden. Zunächst gab es ca. 10 Schilehrerinnen und ca. 20 Schilehrer und sie rechnete sich durchaus Chancen aus, von einer Frau trainiert zu werden. Doch als die schwächeren Gruppen bereits ihre SchilehrerInnen zugeteilt bekommen hatten, gab es für die noch ausstehenden besseren Gruppen ausschließlich männliche Schilehrer. „Mama wo sind alle Frauen?" war ihre entsetzte Feststellung. Und als sie die Situation - die gläsernen Decke für Frauen - erfasst hatte: „Wenn ich Schilehrerin werde, möchte ich aber die beste Gruppe leiten!"

Doch ich kann tun und machen was ich will, ich werde kein guter Mann sein – maximal eine schlechte Kopie von einem Mann. Das will ich nicht! Also hab ich beschlossen, eine gute Frau zu werden. Immer wieder gilt es, den Spagat zu meistern, einerseits die hauptsächlich von Männern gestalteten Strukturen und Regeln zu erkennen, dort wo sinnvoll mitzuspielen und andererseits selbst-bewusst mein Frausein einzubringen. Die lange Streitfrage der Frauenbewegung ist eindeutig geklärt:

Frauenhirne sind anders, nicht besser oder schlechter. Unterschiedlichkeiten können für gemeinsame Erfolge genutzt werden

Männer und Frauen unterscheiden sich nicht nur beim Urologen sondern auch beim Neurologen. Wusste man bis vor kurzem nur, dass das Frauenhirn kleiner ist, so hat die bildgebende Hirnforschung neuerdings gezeigt, dass es über gleich viele Hirnzellen verfügt, diese aber kompakter angeordnet und anders verschaltet sind. Gleichbehandlung mag zwar politisch korrekt sein, führt aber dazu, dass die Vorzüge von Frauen und Männern nicht ausgeschöpft werden. Viel klüger ist es, die jeweiligen Stärken für gemeinsame Erfolge zu nutzen und dabei für faire Chancen zu sorgen und gegenseitige Wertschätzung zu leben. Anpassungsleistungen erzielen einen schlechten Wirkungsgrad. Daher ist es sinnvoll, meine individuellen Fähigkeiten zu kennen und selbst-bewusst umzusetzen. Mit sich selbst in gutem Einklang zu sein, ist die beste Voraussetzung für erfolgreiches Handeln – so wie es Frank Sinatra in

„I did it my way"

besingt.

Im Übrigen verfügen wir in privater und beruflicher Lebenszeit über exakt die gleichen Körperzellen und Hirnstrukturen. Unser stets lernendes Hirn unterscheidet nicht, ob wir Dinge privat oder beruflich denken. Viel klüger als Privates und Berufliches zu trennen ist es daher, diese beiden Lebenswelten miteinander zu verbinden. Im familiären Umfeld erworbene Kompetenzen lassen sich auch hervorragend beruflich nutzen – und umgekehrt. Anleitung zum Unglücklichsein wäre es, in der Freizeit daran zu denken, was es alles beruflich zu tun gäbe und im Büro schlechtes Gewissen zu haben, nicht zu Hause zu sein. Halbherzig kann man nicht wirkungsvoll handeln. Erfolg und Lebensfreude kann ich nur im Hier und Jetzt ernten.

Tiefes Atmen als effektives Anti-Stress-Mittel

Die Rollenvielfalt der Frauen führt dazu, dass sie leicht ihre eigenen Bedürfnisse aus den Augen verlieren. Dabei ist es so wichtig, das Stewardessen-Prinzip zu beherzigen: Zuerst sich selbst mit Sauerstoff zu versorgen, um dann alle Anderen gut versorgen zu können. Mit allem was Sie tun, dass Sie mit sich und der Welt zufrieden sind, schaffen Sie die besten Voraussetzungen, dass Sie auch in Ihrem Umfeld Gutes bewirken können. Immer wieder tief durch- und auszuatmen ist eine effektive Anti-Stress-Strategie. Dabei können Sie am besten spüren: „Ja! Es ist gut, in meiner Haut zu stecken!"

Vernunft ist mehr als Verstand

„Jetzt bleiben Sie sachlich!", „Müssen Sie immer gleich so emotional werden?!" oder gar „Heben Sie sich Ihre Emotionen für Ihren Partner auf, hier im Meeting haben Sie nichts verloren" sind oft verwendete Killerphrasen, um Frauen in Ihre Schranken zu weisen. Klarer Fall von Machtübergriff à la: „Wir bestimmen hier, was Sache ist und wie die Regeln lauten." Entscheidungen aus dem Bauch gelten in Wirtschafts- und Managementkreisen als nicht salonfähig und werden dementsprechend abgewertet.

„Vertrauen ist eine Oase im Herzen,
die von der Karawane des Denkens nie erreicht wird."
Khalil Gibran

Man muss zuerst den Menschen erreichen, bevor man zur Sache kommen kann. Erst wenn die Beziehungsebene geklärt ist, können konstruktive, zielgerichtete Dialoge entstehen. Davor dient das pseudosachliche Geplänkel zeitvernichtend der Selbstdarstellung und dem Abklopfen der Reviere. Gegenseitige Wertschätzung wäre ein guter Tausch gegen unproduktive Machtrituale. Etwas mehr menschliche Wärme wäre ein guter Nährboden für Leistungsbereitschaft und persönliche Wirkungsgrade.

Unterzieht man sich einem Persönlichkeitstest und kommen darin Emotionen zur Sprache, enttarnt man diese oft bei näherem Hinsehen als aufbrausende Ausbrüche hitziger Gemüter. Für die meisten dieser Tests sind auch „klassische" Männer Modell gestanden! Empathisches Verständnis, Einfühlungsvermögen und ein gutes Gespür für Bedürfnisse (für sich und andere!) sind damit selten gemeint. Emotionale Stärke und intellektueller Verstand werden oft diametral als Gegensatzpaar dargestellt. Genau darin besteht die Denkfalle: Das ausschließende „entweder-oder" ist nicht zutreffend: Warum soll ich weniger mein Hirn gebrauchen, nur weil ich auch für Emotionen offen bin? Warum soll ich über weniger Einfühlungsvermögen verfügen, nur weil ich analytisch denken kann? Professionelle Distanz und menschliche Wärme lassen sich wunderbar miteinander kombinieren. Ausgewogenheit, Angemessenheit und Ausrichtung auf gemeinsame Ziele sind relevante Qualitätsdimensionen. Denn wie schon Paracelsus sinngemäß sagte:

„Die Dosis macht das Gift zur Medizin – und umgekehrt."

In unserer patriarchalischen Kultur ist das Denken eindimensional forciert worden. Achtsames Wahrnehmen des Umfelds wie z.B. aufmerksames Zuhören wird im Abendland viel weniger kultiviert. Fühlen und intuitives Ahnen sind in den Privatbereich verbannt. Wissenschaft und Wirtschaft verschließen sich diesen fassettenreichen Kanälen des Austausches mit unserer Umwelt. Frauen, die mit diesen Fähigkeiten ausgestattet sind, müssen sich aktiv gegen eine Entwertung wehren und diese zusätzlichen Potenziale aktiv als Gestaltungselemente nutzen. Wir halten viel vom Appell: „Lasst uns arbeiten wie Kinder spielen". Gefragt ist konzentrierte Achtsamkeit, die eine unglaubliche Innovation und Produktivität ermöglicht. Ein Alternativkonzept zu falsch verstandenem Heldentum.

„Wenn der Mensch so viel Vernunft hätte wie Verstand, wäre alles viel einfacher."

Dr. Linus Carl Pauling

Intuition als Resultat langjähriger Erfahrung sollte in der Berufswelt gefördert und nicht in die Freizeit verbannt werden

Wer einerseits Problemstellungen auf der Basis von Zahlen, Daten, Fakten analysiert und andererseits auch das intuitive, nonverbale Vokabular beherrscht, erzielt mehr Tiefenschärfe und hierdurch optimale Ergebnisse. Es wäre unklug, sich diesem bereichernden Spektrum zu verschließen. Intuition ist eine wertvolle Fähigkeit, die man sich in langjähriger, mühsamer Erfahrung erwirbt. Viele kleine Puzzlesteine erfahrener Wahrnehmungen lassen ein erkenntnisreiches Gesamtbild der Situation erahnen, dass tausendmal mehr sagt als die einzelnen Fakten. Ein diffuser Eindruck, hier stimmt was nicht, schärft gezielt die Aufmerksamkeit und erschließt somit weiterführende Erkenntnisse, die der Denkapparat analysiert und für aussagekräftige Ergebnisse nutzt. Zum Glück entmystifiziert jetzt auch die Wissenschaft die Intuition: neueste Hirnforschungen haben ergeben, dass unser Hirn ca. 11 Millionen Mal mehr an Informationen speichert als es bewusst wahrnimmt. Eine tolle Fähigkeit, wenn man dieses implizite Wissen immer wieder einzusetzen versteht!

Beruf und Familie

„Aber bei Frauen besteht immer das Risiko einer Schwangerschaft!" ist ein vielgehörter Einwand. Tatsache ist, dass statistisch gesehen die Fluktuation unter Männern größer ist als unter Frauen. Das Risiko, einen jungen Mann durch Karrieresprünge zu verlieren, ist wesentlich größer, als dass eine Frau schwangerschaftsbedingt ausfällt. Eine Parallele dieser unterschiedlichen Wahrnehmung von Risiken findet sich darin, dass beispielsweise weltweit nur ca. 15 bis 30 Menschen pro Jahr an Haibissen sterben. Viel mehr Menschen werden nur in der Karibik von herunterfallenden Kokosnüssen getötet. Trotzdem gibt es den furchteinflößenden Film „Der weiße Hai" ... und keinen mit dem Titel „Die grüne Kokosnuss." *(Siehe Abschnitt Sicherheitsbeauftragte Seite 65).*

Karrieresprünge führen zu höherem Wissensverlust als Schwangerschaften

„Aber Sie müssen wenigstens einsehen, dass sich Teilzeit und Karriere nicht vertragen!" rechtfertigen viele die gläserne Decke der Entwicklungsmöglichkeiten von Frauen und Männern, die sich auch für das Familienmanagement engagieren. Abseits des Familienmanagements gibt es jedoch auch etliche Männer, die z.B. Geschäftsführer von mehr als einem Unternehmen oder Projektmanager von mehreren Großprojekten sind. Hier fragt niemand, ob dies in Teilzeit möglich ist.

Frauen wird nach wie vor unterstellt, dass sie weniger zeitflexibel als Männer sind, weil sie z.B. rechtzeitig Kinder von der Betreuung abholen müssen. Erstens und objektiv betrachtet: Wenn ein Mann um 17.00 Uhr das Meeting mit der Bemerkung verlässt: „Ich hab noch einen wichtigen Termin und bin davon ausgegangen, dass das Zeitmanagement soweit klappt, dass wir vereinbarungsgemäß pünktlich fertig sind", dann klingt das professionell und wichtig. Niemand wird sagen, der Mann ist zu wenig flexibel, weil er zu viele Termine hat. Es ist also hilfreich, Familien-Vorhaben als wichtige Termine zu deklarieren. Zweitens und viel wichtiger: Es muss auch Männern ermöglicht und schmackhaft gemacht werden, Familienpflichten zu übernehmen. Soll Vereinbarkeit von Beruf und Familie für Frauen gelingen, muss sie auch für Männer gefördert werden. Umdenken und über den Schatten traditioneller Denkmuster zu springen, zahlt sich aus!

Bei der Verleihung der Audit-Zertifikate „Beruf und Familie" des Bundesministeriums für soziale Sicherheit und Generationen begründete ein Geschäftführer einer ausgezeichneten IT-Organisation seine Teilnahme an dem Verfahren mit den Worten „Das Thema Familie kommt auf uns zu." Deutlich zeigte seine Körpersprache, dass er dies – in Anbetracht des Alters seiner MitarbeiterInnen – als Bedrohung für das Unternehmen wahrnahm. Mehr der Not gehorchend setzte er sich mit Themen wie Teleworking und flexible Arbeitszeiten auseinander.

Übersehen hat er dabei, dass die Vereinbarkeit von Beruf und Familie nicht nur eine massive Belastung aller Betroffenen darstellt, sondern auch mit vielen sehr wertvollen Kompetenzen verbunden ist: Mütter, die nicht auf Ihr berufliches Engagement verzichten wollen und berufstätige Männer, die es sich nicht nehmen lassen wollen, auch in der Familie ihre Rolle aktiv zu gestalten, erfahren ein permanentes Intensivtraining bzgl. sozialer Kompetenzen und systemischem Denken in komplexen Beziehungsstrukturen.

ExpertInnenwissen für Entwicklung und Vermarktung von Produkten

Oder betrachten wir es einmal ganz simpel aus Unternehmenssicht: dieses stellt oft genug Produkte für Kinder (Spielzeug, Handy, IT-Produkte, ...), Frauen und Familien her. Und ein Absatz dieser Produkte setzt voraus, dass diese treffsicher für die jeweilige Zielgruppe entwickelt und vermarktet werden. Macht es da nicht bereits auch aus Eigeninteresse des Unternehmens Sinn, dass ExpertInnen ihren täglichen Erfahrungsschatz mit in die Entwicklung, Vermarktung oder auch die Kommunikation zu den KundInnen einbringen?

In einem im Bundesministerium für soziale Sicherheit, Generationen und Konsumentenschutz erhältlichen Buch „Familienkompetenzen" hat man wissenschaftlich erhoben, welchen Wert die mit Familienmanagement erworbenen Social Skills für Unternehmen darstellen. Bei der Vereinbarkeit von Beruf und Familie ist der Grat zwischen Herausforderung und Überforderung schmal. Es lohnt sich aber für Frauen und Männer diese Balance zu suchen.

Business Excellence braucht Männer und Frauen

Damit das „Gender-Mainstreaming" seinem Namen gerecht wird, muss die Wahrung der Chancengleichheit sowohl in der MitarbeiterInnen-Orientierung als auch in KundInnenorientierung durch die Berücksichtigung der Unterschiede zwischen Frauen und Männern zu einem handlungsleitenden Prinzip werden. Nur wenn die Rahmenbedingungen individuelle Bedürfnisse angemessen berücksichtigen, können Leistungspotenziale ausgeschöpft und zur Erreichung der gemeinsamen Ziele optimal eingesetzt werden!

Um das Gender-Mainstreaming-Konzept noch wirkungsvoller im Unternehmen zu verankern und die Implementierung systematisch zu evaluieren, hat der Vorstand des Arbeits Markt Service (AMS) den Auftrag gegeben, diese Perspektive in den bundesweit laufenden Business-Excellence-Prozess zu integrieren. Der seinerzeitige Vorstandsvorsitzende Dr. Herbert Buchinger: „Es gibt grundlegende Übereinstimmungen zwischen Qualitätsmanagement und Gender-Mainstreaming. Beide Strategien haben zum Ziel, die unterschiedlichen Erwartungen und Bedürfnisse der KundInnen und MitarbeiterInnen zur strategischen Ausrichtung aller unternehmerischen Aktivitäten und Entscheidungen zu nutzen."

Wie kann auch Total Quality Management (TQM) umfassend sein, wenn viele Unternehmen die Bedürfnisse von Frauen im Unternehmen außer Acht lassen? Unter Projektleitung von Dr[in]. Pauline Pointner und Mag[a]. Gabi Beidl hat man in die neun Kriterien des international standardisierten Business-Excellence-Modell der EFQM (European Foundation for Quality Management for Business Excellence) und AFQM (Austrian Foundation for Quality Management for Business Excellence) die Gender-Ansätze integriert.

Damit soll in Unternehmen mittels intern durchgeführten Selbstbewertungen auch die Gender-Dimension systematisiert mitberücksichtigt werden.

Selbstbewertung der Gender-Dimension in Unternehmen

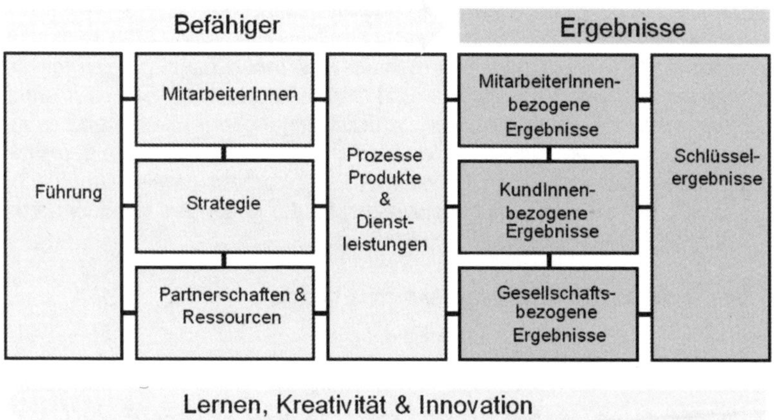

Quelle: EFQM European Foundation for Quality Management und AFQM Austrian Foundation for Quality Management

Die Führung gibt mit dem Leitbild Orientierung für die Entwicklungsprozesse des Unternehmens, sie schafft Strukturen und Rahmenbedingungen für eine von KundInnenorientierung, Qualitätsbewusstsein und Verbesserungsprozessen geprägte Unternehmenskultur und lebt diese Werte auch selbst intern und extern vor. In Policy Deployment- und Strategie-Prozessen werden Ziele, Strategien und Pläne über alle Unternehmensbereiche und hierarchischen Bereiche heruntergebrochen. Mit auf die Unternehmensziele und KundInnenbedürfnisse ausgerichteten Prozesse werden die Strategien wirkungsvoll umgesetzt.

Dies führt zu herausragenden Geschäftsergebnissen. Gemäß der TQM-Grundthese ist KundInnen-Zufriedenheit und –bindung die Grundsäule des Erfolgs.

MitarbeiterInnen-Orientierung ist zwischen Führung, Strategie und den Prozessen angesiedelt. Know-how-Aufbau, Persönlichkeits-, Führungskräfte- und Teamentwicklung sind damit als Führungsinstrumentarium positioniert, mit dem jene Skills geschaffen werden, um die Prozesse gemäß der Unternehmensstrategie umzusetzen. Der geringschätzige Begriff „Humanressource" wird der strategischen Bedeutung der MitarbeiterInnen für zukünftige Erfolge in keiner Weise gerecht. Daher sind auch Kennzahlen zu MitarbeiterInnen-Zufriedenheit und –Bindung wesentliche Ergebnisse mit denen Business Excellence evaluiert wird. Je persönlicher die Dienst-Leistungen, desto enger ist die Relation zwischen MitarbeiterInnen-, KundInnen-Zufriedenheit und Geschäftserfolg. Der verantwortungsbewusste Umgang mit Ressourcen - wie z.B. auch Wissen und Informationen -, die Gestaltung von Kooperationen und die gesellschaftspolitische Verantwortungen - runden das TQM-Modell ab.

Stärken und Verbesserungspotenziale erkennen mittels Radarlogik

Im speziell dafür geschulten internen AssessorInnen-Team werden mit der so genannten Radarlogik Stärken und Verbesserungspotenziale des unternehmerischen Regelkreises unter Berücksichtigung der Gleichstellung von Männern und Frauen aufgezeigt: Von den angestrebten Zielen und geplanten Ergebnissen (Results) über die systematisierte Vorgehensweise (Approach), die konsequente Umsetzung (Deployment) bis zur kritischen, lernorientierten Selbstbewertung (Assessment und Review).

QuickScan der Gender-Business-Excellence

Schon die Römer wussten:

„Wer den Hafen nicht kennt, in den er segeln will,
für den ist kein Wind der richtige."

Lucius Annaeus Seneca

Engagierte Unternehmen, welche die strategische Fokussierung ihrer Aktivitäten, ihres Ressourceneinsatzes und ihrer Aufmerksamkeit checken wollen, können dies in einem eintägigen gecoachten Selbst-Bewertungs-Workshop systematisch evaluieren. Auf der Basis des Gender-Business-Excellence-Modells und der oben dargestellten Radar-Logik werden zunächst die unterschiedlichen Erwartungen der einzelnen Interessensgruppen KundInnen, MitarbeiterInnen, EigentümerInnen, KooperationspartnerInnen und Gesellschaft erfasst. Wie gut ist das Management-Informationssystem geeignet, mit Kennzahlen die Erfüllung der verschiedenen Erwartungen zu überprüfen? Wie werden die Beziehungen zu diesen Zielgruppen gemanagt? Wie gut sind die Organisation und die Kooperationsstrukturen auf diese Erwartungen ausgerichtet? Wie passt das alles zur eigenen Strategie und Planung? Wie spiegelt sich das in der Unternehmens- und MitarbeiterInnen-Führung wieder? Durch systematisches Querchecken der unterschiedlichen Sichtweisen wird strategischer Handlungsbedarf identifiziert, der in einem priorisierten Maßnahmenkatalog mündet. Equality Management wird so zum integralen Bestandteil erfolgs- und kundInnenorientierter Unternehmensführung.

Zukunftskonzept Gender-Führungspaare

Die bereichernde Wirkung von Unterschieden gilt vor allem auch in gemischten Führungsteams von Männern und Frauen. Traditionell sind Männer stärker in vorhandene – über Jahrhunderte von Männern entwickelte - Organisationsstrukturen eingebunden, während Frauen eher den Blick und Zugang von außen haben. Der Versuch, Frauen an männliche Verhaltensmuster anzugleichen und ihr – natürlich auch irritierendes - Potenzial an Flexibilität und Innovation zu ignorieren, nimmt den Unternehmen eine Chance. Die Zusammenarbeit von Männern und Frauen in Teams – „Gender-Paare" – kann die optimalen Synergie-Effekte für die Dynamik von Organisationen entstehen lassen.

‚Gemischte Doppel' in der Unternehmensführung sehr erfolgreich

Schon in den neunziger Jahren wurde man in den USA auf ein Phänomen aufmerksam: Mann-Frau-Paare sind bei gemeinsamer Unternehmensleitung überaus erfolgreich. Wenn beide fachlich kompetent und erfahren sind und ihre Qualifikationen sinnvoll ergänzen, dann schneiden „gemischte Doppel" besser ab als andere. Auf der Basis gegenseitiger bereichernder Ergänzung können sie auch ihre speziellen Gender-Kompetenzen einbringen und damit effektive Synergien entwickeln. Wenn keineR versucht, seine oder ihre Art, an die Dinge heranzugehen, zur Norm zu machen, sondern die Andersartigkeit als Chance für Entwicklung und Konsens sieht, die den individuellen Bedürfnissen gerecht werden, dann kann eine unglaublich produktive Dynamik entstehen.

Dieses hier auf die (bisherige) Männerwelt bezogene Beispiel gilt aber auch für nur von Frauen geführte Unternehmen. Auch hier kann es passieren, dass sich vorrangig Frauen von der durch Frauen geprägten Unternehmensphilosophie angesprochen fühlen. Die Hinzunahme einer zusätzlichen männlichen Führungskraft kann zusätzliche Aspekte in die Unternehmensführung einbringen und einer ansonsten möglichen einseitigen Entwicklung des Unternehmens entgegenwirken.

Conclusio: Die Unterschiedlichkeit von Frauen und Männern als Chance für Unternehmen und Wirtschaft:

Frauen und Männer bevorzugen oft unterschiedliche Kommunikationsmuster und Problemlösungsstrategien. Menschen mit unterschiedlichen Erfahrungs-, Sozialisations- und Kulturhintergründen erweitern den Wahrnehmungshorizont, die Lösungsperspektiven und das Handlungsrepertoire.

Unterschiedliche Sichtweisen und daraus resultierende divergierende Interessen erzeugen ein konstruktives Spannungsfeld, in dem sich Neues entwickeln kann. Vorausgesetzt, man stellt sich den Konflikten und regelt professionell, wie man gemeinsame, verbindliche Entscheidungen trifft. Die Unternehmensführung muss Rahmenbedingungen gestalten, in denen sich die individuellen Stärken entfalten und Synergien entstehen können. Gegenseitiges Verständnis und Wertschätzung sind das Öl im Getriebe der Zusammenarbeit.

Gemeinsam soll man sich dann die zentralen Fragen stellen:

- „Was haben unsere KundInnen davon, dass wir uns von unseren MitbewerberInnen unterscheiden?"
- „Warum sind wir für unsere KundInnen die beste Wahl?"
- „Mit welchen individuellen Stärken und Potenzialen können die Einzelnen zum gemeinsamen Gelingen beitragen?" und
- „Wie müssen wir uns organisieren, damit wir unsere Kräfte auf KundInnen-Nutzen fokussieren und dabei einen optimalen Wirkungsgrad erzielen?"

‚Gemischte Doppel' als Chance, komplexe Probleme in einem dynamischen Umfeld zu meistern

Um für die sich bereits abzeichnenden, zukünftigen Marktentwicklungen gerüstet zu sein, müssen Unternehmen für Männer und Frauen ein attraktiver Arbeitgeber sein, der faire Chancen zur Weiterentwicklung bietet. Gemischte Teams von Männern und Frauen sind eine große Chance, komplexe Probleme in einem dynamischen Umfeld wirkungsvoll zu meistern. Dafür sollte man auf das gesamte Potenzial von Know-How-TrägerInnen und Lösungsansätzen zurückgreifen und nicht von vornherein die weibliche Hälfte praktisch ausschließen!

Dienstleistungsqualität braucht Beziehungsqualität – und diese wird von Menschen gestaltet und erlebt. Zum Menschsein von KundInnen und MitarbeiterInnen gehört auch das Frau- bzw. Mannsein.

Gender Mainstreaming

Christine Wirl, Gründerin und Geschäftsführerin von „Training", DEM Magazin für Weiterbildung und HR Management interviewte Monika Herbstrith im Jahr 2003 zum Thema „Gender Mainstreaming". Die Aussagen und Ergebnisse des Interviews haben nichts von ihrer Wichtigkeit und Aktualität eingebüßt.

1. Was kann Gender Mainstreaming für die einzelne Frau im Berufsalltag tatsächlich bewegen?
Eine Teilnehmerin eines Seminars „Frauen auf dem Weg zur Business Excellence" hat es auf den Punkt gebracht:

„Irgendwann hab ich erkannt, dass ich kein guter Mann werden kann. Da hab ich beschlossen, eine gute Frau zu werden."

Es geht nicht um Gleichbehandlung sondern um individuelle Behandlung mit Chancengleichheit für Männer und Frauen. Gegenseitiges Verständnis und vor allem auch gegenseitige Wertschätzung der unterschiedlich ausgeprägten Stärken und Problemlösungsstrategien von Männern und Frauen sind dazu die Voraussetzung. Ich selbst genieße es sehr, dass ich mein Frausein auch beruflich einbringen kann und nicht als Möchtegern-Mann auf wesentliche persönliche Stärken verzichten muss.

2. Was ist der Unterschied zwischen Frauenförderung und Gender Mainstreaming (GM)?
Gender Mainstreaming (GM) berücksichtigt Frauen und Männern in ihren unterschiedlichen Sozialisationen. Wenn die Rahmenbedingungen den teilweise unterschiedlichen Bedürfnissen von Frauen und Männern gerecht werden, erzielt man gemeinsam einen wesentlich besseren Wirkungsgrad! In Wirklichkeit fördert Gender Mainstreaming damit auch, dass die MitarbeiterInnen mit Ihren unterschiedlichen persönlichen Stärkenprofilen und Lebenssituationen bewusster wahrgenommen und eingesetzt werden. Männer und Frauen profitieren daher von einer verbesserten Kultur des zielgerichteten Zusammenarbeitens unterschiedlicher Persönlichkeiten. Gender Mainstreaming ist daher kein Ersatz, sondern ein sinnvoller Rahmen für gezielte Frauenförderung in Bereichen, wo diese nach wie vor unterrepräsentiert sind.

Verbesserter Wirkungsgrad durch passende Rahmenbedingungen

3. Was halten Sie von Männerberatung zum Thema Gender Mainstreaming?
Gegenseitige Wertschätzung braucht von beiden Seiten ein gesundes Selbst-Bewusstsein. Das Thema Gender Mainstreaming kann nur gelingen, wenn sich Frauen und Männer mit diesem Thema auseinandersetzen. Frauen reflektieren schon länger über ihre Rolle in der Gesellschaft. Männer haben

hier sicher noch einen Nachholbedarf. Mädchen haben zum Beispiel ein sehr breites Spektrum an möglichen Modellen: von der Prinzessin bis zum burschikosen Kumpel. Für Buben bleibt viel weniger Gestaltungsfreiheit, was bei Gleichaltrigen cool ist und akzeptiert wird. Steve Biddulph sagt auch in seinem sehr empfehlenswerten Buch „Männer auf der Suche", dass es ein großer Irrtum ist, dass Männer in einer Männerwelt arbeiten dürfen. Vielmehr leiden sie oft unter Strukturen, die sie in Klischees pressen, großen Druck erzeugen und es ihnen schwer machen, ihr Mann- und Menschsein zu leben.

4. Welche Vorteile hat ein Unternehmen, wenn es GM einsetzt?

Frauen treffen viele Kaufentscheidungen und sollten ihre Kriterien auch in die Produktentwicklung einbringen (dürfen)

Immer mehr Unternehmen kommen drauf, das Kundinnen eine attraktive Zielgruppe sind, die viele Kaufentscheidungen treffen. Wenn ich mich mit den unterschiedlichen Bedürfnissen und Sichtweisen von Frauen und Männern auseinandersetze, die KundInnen sind, muss ich wohl oder übel auch Frauen und Männer in gestaltenden Funktionen als MitarbeiterInnen einsetzen. Gemischte Teams von Frauen und Männern haben große Potenziale, um unternehmensweite KundInnen- und Service-Orientierung zu stärken. Wir sehen Gender Mainstreaming als wesentlichen, integralen Aspekt der Business Excellence. Außerdem sollten es sich die Unternehmen nicht leisten, von vornherein auf den großen Anteil qualifizierter Frauen zu verzichten! In unserer Wissensgesellschaft ist es eine Frage der Zeit, bis das Wetteifern um die besten Köpfe richtig losgeht. Jetzt kann man sich mit dem Thema Gender Mainstreaming noch einen Wettbewerbsvorteil schaffen.

5. Wie sehen Sie die Entwicklung der letzten Jahre im Berufsalltag der Frau?

Keine Frage, dass heute für Frauen mehr möglich ist als noch vor 10 oder 20 Jahren. Allerdings spüre ich in letzter Zeit des wachsenden Kostendrucks auch wieder einen rauheren Gegenwind. Im Moment boomt das Frauen-Thema, oft bleibt es allerdings bei Alibiaktionen. Die konkreten, nachhaltigen Maßnahmen lassen noch auf sich warten.

6. Was muss noch dringend getan werden, damit Frauen und Männer die gleichen Chancen im Beruf haben?

Längerfristig ist vor allem in den Kindergärten und Schulen anzusetzen. Es ist gesellschaftspolitisch sehr bedenklich, dass Kinder bis einschließlich Volksschule fast ausschließlich von Frauen betreut werden, die meist noch sehr wenig Genderbewusstsein entwickelt haben. Hier fehlen Vorbildmodelle. Gezielte Trainings zur Förderung von Gender-Kompetenzen für Männer und Frauen tragen dazu bei, Vorurteile und Ängste zu überwinden, um die Chancen und zusätzlichen Gestaltungsmöglichkeiten zu nutzen. Nicht nur privat, sondern auch beruflich macht es Spaß, dass die Menschheit aus Frauen und Männern besteht.

7. Auf was sollte eine Frau achten, wenn Sie Karriere machen will?
Es ist immer eine Gratwanderung, wie weit man sich den meist männerdominierten Machtstrukturen anpasst und wie man seine individuellen Frauenstärken gezielt einsetzt. Mir hat hier wertschätzender Humor sehr geholfen und vor allem auch das Harvard-Prinzip „weich in der Form und hart in der Sache". EinE MentorIn kann sehr unterstützend sein. Große Potenziale haben auch einerseits gemischte Netzwerke von Männern und Frauen, in denen Wertschätzung gelebt wird und gegenseitige Förderung betrieben wird. Andererseits sind Frauennetzwerke wunderbar zum Erfahrungsaustausch bzgl. gemeinsamer Probleme und unterschiedlicher Strategien.

8. Welche Risiken und Nebenwirkungen gibt es beim Einsatz von Gender Mainstreaming?
Enttäuschungen entstehen aus Erwartungen, die durch Lippenbekenntnisse und Oberflächlichkeiten geweckt werden, und denen dann nicht die entsprechenden Taten folgen. Führungskräfte spielen hier eine zentrale Vorbildrolle. Die Frage „Woran können ihre MitarbeiterInnen erkennen, dass Sie gegenseitige Wertschätzung vorleben" fordert eine angemessene Antwort. Und das Gegenteil von GUT ist nicht SCHLECHT sondern GUT GEMEINT. Es geht nicht um die Umsetzung einer Ideologie, sondern um gezielte, bedarfsorientierte Maßnahmen. Es gilt, die Bedürfnisse der männlichen und weiblichen MitarbeiterInnen zu erfragen und ernst zu nehmen.

9. Wer profitiert Ihrer Meinung nach am meisten von Gender Mainstreaming?
Es geht um ein produktiveres Zusammenarbeiten, das von Wertschätzung geprägt ist. Meiner Meinung nach können daher nur alle (MitarbeiterInnen, Unternehmen und KundInnen) oder keiner profitieren!

Familienfreundlichkeit und Ergebnisorientierung: Ein Widerspruch?

Welche Gemeinsamkeiten gibt es zwischen Management und Elternschaft?

Elternschaft hilft auf der Beziehungsebene Probleme zu verstehen und Lösungsansätze zu finden

Wesentlich mehr als man zunächst annehmen sollte. Kinder haben den Vorteil, dass sie die allgemeingültigen Muster menschlicher Handlungsweisen wesentlich spontaner, direkter und klarer zeigen. Berufstätige Eltern können sich dies in der Arbeitswelt zunutze machen: In Situationen, in denen ManagerInnen bei der Erarbeitung von Lösungen auf der Sachebene in lähmenden Pattstellungen kreisen, hat es sich bewährt, dass man sich die Kinder und deren Bedürfnisse und Reaktionen vorstellt. So kann man wesentlich leichter auf der Beziehungsebene Probleme verstehen und Lösungsansätze finden.

Die Perspektive der Kinder wirkt quasi wie eine Vergrößerungslupe für das Verhalten, durch das wir Erwachsene oft nur ansatzweise, subtil, indirekt und verzerrt unsere Wünsche und Befindlichkeiten kommunizieren.

Familie als Management-Intensivtraining für Sozialkompetenz

Die zentrale Erkenntnis ist, dass den Nachteilen der Mehrfachbelastung durch Familie und Beruf die Vorteile gegenüberstehen, dass durch das familiäre, permanente Management-Intensivtraining die Sozialkompetenz wesentlich zunimmt. Während in Seminaren Fähigkeiten des systemischen, ganzheitlichen Denkens und Handelns mühsam vermittelt werden, ist dies für Mütter, die sich im Beruf engagieren und berufstätigen Väter, die es sich nicht nehmen lassen auch in der Familie ihre Rolle aktiv zu gestalten, selbstverständlicher Alltag. Zielorientierung und effizienter Umgang mit der Zeit werden zur Selbstverständlichkeit, wenn zu Hause die Anforderungen der Familie warten.

Der Wunsch nach Respekt und Wertschätzung, das Ausloten und Einfordern von Grenzen, Freude am Gestalten und Motivation durch reizvolle Ziele und Erfolge sind nur einige Aspekte, die einerseits hinsichtlich MitarbeiterInnenführung trainiert werden und andererseits für erziehende Elternteile tägliche Praxis sind. Kinder sind ein ideales professionelles Vorbild hinsichtlich ihrer Neugierde, Dingen auf den Grund zu gehen, Zusammenhänge zu verstehen und Informationen einzufordern. Ihre ausgeprägte Problemlösungskompetenz und die Kreativität im Ausschöpfen der Möglichkeiten sind allemal nachahmenswert. Diese „Familienkompetenzen" von berufstätigen Eltern sollten noch bewusster wahrgenommen und gezielter eingesetzt werden.

Die wirtschaftliche Realität im Berufsleben sieht allerdings oftmals anders aus. In Zeiten der Shareholder Values und des Verdrängungswettbewerbes wird der Aspekt Mensch oft auf Headcounts oder einen Kostenfaktor reduziert. Dies ist gerade in Zeiten, wo vom öffentlichen Dienst bis zu Industrieunternehmen immer mehr Dienstleistungen gefordert werden, ein fataler Fehler. Der größte Zynismus drückt sich im Begriff „full time equivalent" für MitarbeiterInnen aus. Dies ist wohl darauf zurückzuführen, dass die Messmöglichkeiten die wahrgenommene Wirklichkeit stark prägen. Der simple betriebswirtschaftliche Ansatz

„Geschäftserfolg entsteht durch zahlende KundInnen."

mündet hingegen in unternehmensweiter Kundenorientierung.

„Dienst-Leistungs-Qualität braucht Beziehungs-Qualität – und diese wird durch Menschen erfahrbar"

Monika Herbstrith

ist die Conclusio langjähriger Wirtschaftserfahrungen rund um das Thema Managementqualität. Die besten Strategien und genialsten Konzepte sind nur so viel Wert, wie es gelingt, sie durch die MitarbeiterInnen im Geschäftsalltag zu beleben und sie damit für die Kunden erfahrbar zu machen. Die Organisation wird von den (potenziellen) Kunden durch die MitarbeiterInnen erlebt. Kunden können erst dann zum Partner in gemeinsamen Erfolgs-Strategien werden, wenn es gelingt, in der Organisation eine Vertrauenskultur des respektvollen Miteinanders zu leben.

Geniale Konzepte müssen von Mitarbeiter-Innen gelebt und für KundInnen erfahrbar werden

Im Grundsatz

„Die Identifikation der MitarbeiterInnen mit dem Unternehmen ist der siamesische Zwilling des externen Images."

drückt sich die enge Relation zwischen MitarbeiterInnen-Orientierung, KundInnenzufriedenheit und Geschäftserfolg aus, die sich auch in internationalen Studien eindrucksvoll belegen lässt.

Tipps für berufstätige Mütter

Monika Herbstrith ist nicht nur erfolgreiche Trainerin, Coachin und Unternehmerin, sondern auch zweifache Mutter. Aus eigener Erfahrung kann sie daher direkte Tipps für berufstätige Mütter geben:

1. Verabschieden Sie sich vom schlechten Gewissen:

Schon vielfach untersucht und immer wieder bestätigt: Kinder von berufstätigen Müttern mit mehreren Betreuungspersonen oder mit Betreuung in öffentlichen Einrichtungen sind nicht unglücklicher als andere. Hüten Sie sich vor „das armes Kinde so klein und muss schon raus". Ihr Kind ist wunderbar und darf sich in anregender Umgebung entwickeln.

privat:
Unsere Kultur ist nach wie vor geprägt von einem großteils unreflektierten Mutter-Mythos der Nazi-Zeit. In unserem Verständnis kommen Säuglinge als Rohlinge auf die Welt, die dann von einer treu sorgenden Mutter zu „ordentlichen" Staatsbürgern erzogen werden müssen. In anderen Kulturen ist man überzeugt, dass Neugeborene wunderbare Menschen sind, auf die man nur aufpassen muss, damit sie nicht verletzt werden. Da geht es dann darum, die Heranwachsenden sich entfalten zu lassen. Meine Kinder mussten vieles eigenverantwortlich tun, wo anderen von der Mutter geholfen wird.

Dafür hatten sie viele Erfolgserlebnisse – abgesichert durch „Remote Mama": Sie wussten immer, dass ich per Handy und SMS im Notfall erreichbar bin und Problemlösungen auch aus der Ferne in ihrem Sinn organisieren konnte. Die Löwinnenmutter, die lange auf der Jagd ist, und trotzdem ihre Kinder tatkräftig schützt und unterstützt, war das Bild das meinen Kindern und mir Vertrauen gegeben hat. Es gibt KEINE Studien, die belegen, dass die Kinder von berufstätigen Müttern oder auch Scheidungskinder unglücklicher wären als andere!

Studien belegen die hohe Produktivität von berufstätigen Müttern

beruflich:
Dafür gibt es Studien, die belegen, dass berufstätige Mütter mit Abstand die produktivsten MitarbeiterInnen sind – das gilt in ganz besonderer Weise für Teilzeitbeschäftigte. Frauen, die Beruf und Familie schaukeln, wissen, wie wertvoll Zeit ist und gehen damit sehr verantwortungsbewusst um. Diese Studien werden nicht veröffentlicht und stattdessen wird das schlechte Gewissen der angeblichen mangelnden Flexibilität geschürt. Immer wieder hört man, dass Teilzeit und Karriere nicht vereinbar ist – für Frauen mit Familie. „Ich bin maßgeblich für ein wichtiges Projekt verantwortlich. Da gibt es heute Abend um 17.00 Uhr einen nicht verschiebbaren Termin. Daher muss ich meine Zeit genau planen." ist die selbstbewusste Alternative zum entschuldigenden „Ich kann nicht bleiben, weil ich meine Kinder vom Kindergarten abholen muss."

2. Üben Sie sich im Loslassen:

Egal wer ihr Kind sonst noch betreut, sie bleiben auf alle Fälle seine einzige und damit Lieblingsmutter. Es ist für das Kind durchaus bereichernd verschiedene Betreuungspersonen zu erleben, bei denen Unterschiedliches wichtig oder verboten ist. So lernt das Kind sich auf verschiedene Menschen einzustellen. Es ist ein Spezifikum unserer Kultur, dass es angeblich so wichtig ist, dass das Kind von einer einzigen Bezugsperson konstant betreut werden soll.

3. Delegieren Sie auch Verantwortungen und nicht nur Aufgaben:

Teilen Sie – wenn möglich - die Kinderbetreuung mit Ihrem Partner. Wenn er das Kind morgens zum Kindergarten bringt, dann nicht, um Ihnen zu helfen, sondern weil er auch Verantwortung für das Kind trägt. Wenn er mit dem Kind zum Kinderarzt geht, kümmert er sich auch wirklich darum. Degradieren Sie ihn nicht zum Ausführungsgehilfen, der nach einer umfassenden Vorbereitung von Ihnen ein Teil der Aufgabe übernimmt.

4. Andere sind wirklich anders – und dürfen das auch sein:

Es kann Ihnen schwer fallen zusehen zu müssen, dass andere von Ihnen delegierte Aufgaben anders ausführen. Es führen mehrere Wege nach Rom, auch wenn Sie einen bestimmten bevorzugen. Üben Sie sich darin, Ihre Toleranzgrenzen zwar zu wahren, aber möglicherweise zu erweitern.

5. Konzentrieren Sie sich auf das Wesentliche:

Setzen Sie sich klare Prioritäten und wahren Sie den Blick darauf auch in hektischen Zeiten. Hilfreich ist dabei: Was von dem, das jetzt so dringend erscheint, ist auch noch in einer Woche oder einem Jahr wichtig. Als Faustregel gilt: Zeit, die Sie Ihrem Kind schenken, ist nachhaltiger investiert als Perfektion als Hausfrau oder Gastgeberin.

6. Genießen Sie die Zeit mit Ihrem Kind:

Sie machen dem Kind ein wunderbares Geschenk für's Leben, wenn es spürt, wie wertvoll Ihnen die gemeinsame Zeit ist. Versuchen Sie so viele Pflichtübungen wie möglich in freudvolle Spiele und Gespräche zu verwandeln.

7. Streichen Sie das Wort „müssen" aus dem Wortschatz:

"Ich muss noch schnell ..." ist die Stressfalle schlecht hin, die unserer Denkfähigkeit und Produktivität mächtig zusetzt. „Mir ist es wichtig, dass ..." oder „Wenn möglich möchte ich ..." ist zwar die gleiche Anforderung an die Aufgabe, aber ohne die Einengung des Tunnelblicks. So wahren Sie Ihre Kreativität und Leistungsfähigkeit. Die Hirnforschung zeigt übrigens, dass Lachen das beste Mittel gegen Stress ist. Und Ihr Kind bringt Sie doch sicher immer wieder zum herzhaften Lächeln!

Die Hirnforschung belegt: Lachen ist das beste Mittel gegen Stress

8. Nehmen Sie sich Zeit für sich allein:

Bei den vielen Hüten, die Frauen auf dem Kopf tragen, kann es immer wieder passieren, dass sie glatt darauf vergessen, dass es sie selbst als Mensch und Frau auch noch gibt. Es ist ein bewährtes Stewardessen-Prinzip, dass sie zuerst für sich selbst sorgen sollen, um dann auch für andere hilfreich sein zu können. Alles, was Sie in Ihr Wohlbefinden und in Ihre Lebensfreude investieren, kommt auch den Menschen rund um Sie zu gute. Geben Sie sich selbst auch die liebevolle Zuwendung, mit der Sie sonst für andere so großzügig sind. Vereinbaren Sie ein Treffen mit sich selbst. Starten Sie in den Tag mit „worauf freue ich mich heute" und beenden Sie ihn mit einem Eintrag in ihr persönliches Erfolgstagebuch „Was ist mir heute gut gelungen, was hat mir Spaß gemacht." Das viele Unerledigte nimmt sich selbst viel Aufmerksamkeit im Hirn. Dabei übersieht man oft das bereits Erreichte. Im Leistungssport schenkt man Erfolgen und Stärken mindestens 80 % und Misserfolgen und Schwächen nur maximal 20 % der Aufmerksamkeit. Ohne Freude und Spaß ist ein Siegen undenkbar. Selbst beim hohen Tempo der Formel1 vergönnen sich die Fahrer einen Boxenstopp. Vereinbarkeit von Familie und Beruf ist wahrlich auch eine Hochleistung!

9. Lassen Sie sich nicht von den Vorzeigefrauen irritieren:

Sie kennen wahrscheinlich das Gefühl: "Was ist nur falsch mit mir, dass ich mich immer wieder überfordert fühle?" Die bekannte Autorin Julia Onken bricht im Buch „Hilfe, ich bin eine emanzipierte Mutter" das sie gemeinsam mit Ihrer Tochter Maja geschrieben hat, ein Tabu unserer Zeit. In einem E-Mail-Wechsel beklagt sich die Tochter, warum Ihr niemand gesagt hat, wie fordernd bis überfordernd es sein kann, Familie und Beruf unter einen Hut zu bekommen. Die Gesellschaft und auch ihre Mutter haben ihr vermittelt, dass es nur eine Frage des Willens und der Organisation ist. Dann ist die Mehrfachbelastung gut zu schaffen und den Frauen stehen die Möglichkeiten offen. Vorzeigefrauen erzählen auch immer wieder, wie es Ihnen gelingt, die unterschiedlichen Rollen zu meistern. Gehen Sie davon aus, dass auch diese zwischendurch das Gefühl der Erschöpfung kennen und ihnen möglicherweise wesentlich mehr Unterstützung zur Verfügung steht als Ihnen. Wenn Sie also einen Durchhänger haben, sollten Sie es zumindest unterlassen, dafür auch noch selbstgeißelnd die Schuld bei sich zu suchen. Nehmen Sie sich lieber fürsorglich-liebevoll in den Arm – so wie Sie Ihre Lieben trösten und ermuntern würden.

10. Lassen Sie sich nicht gegeneinander ausspielen:

"Sie sind eine Rabenmutter, wenn Ihre Kinder groß sind, werden sie Ihnen Vorwürfe machen." hab ich als Karrierefrau mit zwei Kindern immer wieder gehört. Dafür werden Frauen, die in kinderloser Paarbeziehung leben mit dem Vorwurf „Das ist egoistisch und im Alter werden Sie einsam sein" konfrontiert. Bei Single-Frauen ist es „kein Wunder, dass kein Mann sie will, karrieregeil wie sie ist." Umgekehrt heißt es für Frauen, die kinderbedingt auf Karriere verzichten, dass das kein zeitgemäßes Modell ist, dass es schließlich andere Frauen ja auch schaffen, und dass ihnen die Decke auf den Kopf fallen wird, wenn die Kinder außer Haus sind." Moral von der Geschichte? In allen Lebensmodellen werden sie mit Vorwürfen konfrontiert. Sie haben daher die volle Wahlmöglichkeit! Gegenseitige Achtung für das individuell-stimmige Lebenskonzept hilft allen weiter.

11. Bringen Sie selbstbewusst Ihre Familien-Kompetenzen ins Berufsleben ein:

In Management-Trainings werden systemische Fähigkeiten mühsam trainiert

"Ich war die letzten Jahre nur zu Hause." drückt die geringe Wertschätzung aus, die familiären Aufgaben in unserer Kultur beigemessen wird. „Ich war die letzten Jahre für Multi-Lebens-Management verantwortlich" wird den komplexen Anforderungen wesentlich gerechter. In der Familienarbeit geht es um etwas so wichtiges wie das Leben mehrerer Menschen. In Management-Trainings werden systemische Fähigkeiten mühsam trainiert. Wer es versteht, die unterschiedlichen familiären Interessen immer wieder unter einen Hut zu bekommen, die vielen großen und kleinen Aufgaben zu koordinieren und mit den vielen Unberechenbarkeiten zu jonglieren, erwirbt umfassende Management-Fähigkeiten. Das wurde auch in der Studie „Familienkompetenzen" vom Bundesministerium für soziale Sicherheit und Generationen wissenschaftlich belegt. Diese Studie ist in Buchform veröffentlicht und vom Ministerium zu beziehen. Ganz abgesehen davon, dass man im Umgang mit Kindern unglaubliche emotionale Fähigkeiten erwirbt, die in geringen Abwandlungen genauso für Menschen im Berufsleben anzuwenden sind.

Der Umgang mit Kindern vermittelt hohe emotionale Fähigkeiten

12. Von der Mehrfach-Last zur Lust an der Vielfalt:

Ja stimmt, wir Frauen tragen den Großteil der Doppelbelastung zwischen Beruf und Familie. Allerdings ist es auch bereichernd, wenn man einerseits beruflich Erfolge erzielt und andererseits zu den Kindern eine intensive Beziehung leben darf. Ich halte es für eine gesellschaftlich bedenkliche Verzerrung, wenn das Thema „Väterkarenz" als Frauenthema diskutiert wird – nach dem Motto: Die Väter müssen die Frauen entlasten. Der Ansatz sollte vielmehr sein, dass man es Männern ermöglicht, auch ihre Vaterrolle zu leben und ihrer ureigensten Vater-Verantwortung gerecht zu werden. Genießen Sie möglichst oft und bewusst das viele Schöne, das es im Zusammenleben mit Kindern gibt. Ich konnte meinen Kindern sicher nur eine relativ geringe Zeit-Quantität bieten. Dafür haben meine Kinder sehr oft erlebt, wie sehr ich mich auf die Zeit mit Ihnen freue, dass gemeinsame Zeit etwas Wertvolles ist. Das ist die Grundlage für eine vertrauensvolle Beziehung mit jeder Menge Gesprächsstoff. Setzen sie klare Prioritäten.

Die Lebensqualität Ihrer Familie - Sie selbst einschließlich! - sollte dabei ganz oben stehen.

Persönliche Weiter-Entwicklung

Ist es nicht immer wieder überraschend? Ein Unternehmen besteht nicht nur aus Funktionen, Abteilungen und Hierarchien – sondern in erster Linie aus Menschen. Menschen, die nicht erst nach dem Feierabend beginnen mit dem Leben und Menschsein, sondern die vielmehr auch während der Arbeitszeit altern, denken, handeln, Befindlichkeiten haben und Anreize benötigen. Das „Arbeitstier auf Knopfdruck" funktioniert nicht, auch im Arbeitsleben muss der Mensch als Ganzes wahrgenommen und angesprochen werden – sonst ist Höchstleistung nicht möglich.

Das Unternehmen entwickelt sich weiter, wird größer, hat zusätzliche Produkte, Standorte und Abteilungen, passt sich der wandelnden Umwelt laufend an. Und dies ist auch bei den MitarbeiterInnen sinnvoll und erforderlich, sonst wäre es ja auf Unternehmensebene gar nicht denkbar. Kein persönlicher Stillstand, sondern eine permanente Weiter-Entwicklung.

Souveränität gewinnen durch Social Skills

Zwischen Menschen und Funktionalitäten: Souveränität gewinnen durch Social Skills

Der Weg zur Lösung führt über die Menschen

Eine befreundete Tierärztin hat einmal in leicht ironischer Selbstreflexion gemeint: „Weil ich Tiere so mag, habe ich mich bewusst für das veterinär- und nicht für das humanmedizinische Studium entschieden. Jetzt stelle ich fest, dass ich viel mehr Zeit damit verbringe, die Menschen als Tierbesitzer psychologisch zu betreuen als die Tiere zu behandeln." Damit bringt sie auch die Herausforderung vieler ExpertInnen auf den Punkt: Vordergründig geht es um funktionale Lösungen. Doch die Menschen, die hilfesuchend um Expertise bitten, erleben gerade eine Not. Sie kommen alleine nicht mehr weiter, sie brauchen Unterstützung – und Beistand. Engpässe erzeugen in unserem Hirn Stress. Das aktiviert archaische Muster: gleich muss ich mich entscheiden zwischen Kämpfen oder Fliehen. Auf jeden Fall gibt es eine Spannung, unter der die sachliche Denkfähigkeit leidet und die Emotionen leicht außer Kontrolle geraten. Da braucht es vor allem eines: Sicherheit und Orientierung. Das setzt Vertrauen voraus, und das müssen die MitarbeiterInnen zunächst gewinnen. Die neueste Hirnforschung zeigt ganz eindeutig:

Stress in unserem Hirn aktiviert archaische Muster, die Denkfähigkeit leidet

„Zuerst zum Menschen und erst dann zur Sache kommen."

Auch wenn das im krassen Widerspruch zum landläufigen „Kommen wir gleich zur Sache, wir haben nicht viel Zeit." steht. Erst wenn sich Menschen verstanden fühlen, sind sie bereit, sich die Sachlage auch nur anzuschauen. Wenn die Beziehungsebene nicht akzeptiert wird, kann ich auch auf der Sachebene nicht zustimmen. Die Ablehnung findet im „Ja, aber ..." sofort seinen Ausdruck. Dann wird es schwer, aus diesem zeitvernichtenden, pseudosachlichen Ping-Pong-Machtspiel der Argumente und Gegenargumente auszusteigen, um wieder gemeinsam konstruktiv an Lösungen zu arbeiten.

Tragfähige Beziehungen als Basis für Sachargumente

Verständnis zeigen um Verständnis zu erzielen

ExpertInnen und Führungskräfte stehen häufig im Spannungsfeld zwischen wirtschaftlichen Interessen des Unternehmens und den Bedürfnissen der Kunden. Zu überwinden gilt es das Fronten bildende und zum Tauziehen einladende „Entweder-oder-Denken". Das Harvard-Prinzip „Weich in der Form und hart in der Sache" erschließt „sowohl-als-auch-Lösungen". In unserer fakten- und zahlengläubigen Welt verwechseln wir oft Verständnis auf der Beziehungsebene mit Zustimmung auf der Sachebene. Ersteres ist allerdings die Voraussetzung für Zweiteres. Erst wenn der andere sich verstanden fühlt, dass es für ihn – in seinem subjektiven Erleben - ein wichtiges und dringendes Problem ist, kann er mir zuhören, wenn es um die Klärung der Leistungsansprüche oder mögliche Problemlösungszeiten geht. Natürlich verstehe ich, dass der Kunde seine Lösung schon heute gerne hätte. Das ist die beste Voraussetzung dafür, dass ich umgekehrt auf Verständnis stoße, dass der dazu erforderliche Ablauf komplexer ist und es daher mindestens 48 Stunden dauern wird.

KundInnen-Zufriedenheit als Spiegel der MitarbeiterInnen-Motivation

Zu überwinden gilt es dabei vor allem auch die eigene Skepsis. Wenn ich selbst ein mulmiges Gefühl habe, dass Zusatzleistungen auch extra kosten, wird mein Unbewusstes verräterisch genau diese Einwände beim Vis-a-vis auslösen. Es lebe die Macht der selbsterfüllenden Prophezeiungen. Wenn ich selbst ein Problem damit habe, dass ich mich selbst erst erkundigen muss, ist es mein eigenes schlechtes Gewissen, das dem Anderen Macht über mich gibt. Einleuchtend, dass der Kunde nur schwer die Leistungen wird annehmen können, wenn der Mitarbeiter selbst sich kaum damit identifiziert. MitarbeiterInnen-Motivation wird damit zum siamesischen Zwilling der Kundenzufriedenheit.

Wert der Leistungen im Mittelpunkt

Wenn MitarbeiterInnen häufig negativen Emotionen und Stress ausgesetzt sind, wird die Fluktuation zum Problem – auch wenn sich die damit verbundenen Kosten nur schwerer in Zahlen fassen lassen wie diejenige der MitarbeiterInnen, die bleiben. Um aus dem zermürbenden Hamsterrad der Routine auszusteigen, kann die Frage „Was macht unsere Leistungen wertvoll?" hilfreich sein. Gefragt ist ein Perspektivenwechsel von

„Was tun wir?"

hin zu

„Was bewirken wir?"

Welchen Beitrag leiste ich zum Unternehmenserfolg?

In der Sichtweise „Ich telefoniere den ganzen Tag und muss mir immer wieder die gleichen Fragen und Nöte anhören." ist es tatsächlich schwer, die Motivation aufrechtzuerhalten. Kluges Selbstmanagement ist die Voraussetzung für Eigenmotivation. „Ich ermögliche, dass unser Unternehmen für die Kunden erreichbar ist. Ich bin die erste Anlaufstelle für die Nöte unserer Kunden, ich sorge dafür, dass ihre Anliegen so erfasst werden, dass die Problemlösung ohne Rückfragen erfolgen kann." etc. gibt meiner Arbeit einen Sinn. Ja, Gespräche mit Kunden werden in ihrem Wert für Image und Zufriedenheit häufig unterschätzt. Studien belegen eindeutig: Kontakte mit MitarbeiterInnen des Unternehmens prägen das Image maßgeblich. Gut gelöste Probleme und nachhaltig bereinigte Unzufriedenheiten vertiefen und stabilisieren Kundenbeziehungen. Und bei internen Imageerhebungen von internen Dienstleistern wie z.B. der IT-Abteilung ist bei der Frage „Was ist Ihnen besonders wichtig?" die Antwort „Erreichbarkeit der Menschen" immer ganz top.

Emotionale Tiefflieger

„Wie komme ich dazu, dass ich mich untergriffig für etwas beschimpfen lasse, wofür ich gar nichts kann?" erzeugt verständlicherweise Frust. Der Spruch von Paul Watzlawick

„Was Peter über Paul sagt,
sagt mehr über Peter als über Paul."

hilft Angriffe nicht persönlich zu nehmen indem man den Spiegel vorhält und sich fragt „Was steckt dahinter, dass der andere so agiert?" Es hilft leider nichts: die Emotionen müssen zuerst raus, bevor sachliche Lösungen angedacht werden können. Und wenn die Kunden sie nicht dosieren können, sollten die Mitarbeiter einen Schritt zur Seite machen, damit sie der Schwall nicht trifft. Gelingt es, bei sich den Gedanken zu fassen: „Das ist ja eine unglaubliche Geschichte. Wem könnte ich sie erzählen?" stellt man sich damit auf die Metaebene des Beobachters. Der berühmte Psychotherapeut Viktor Frankl hat mit dieser Technik das Konzentrationslager überstanden: immer wenn er verzweifelt war, hat er sich selbst mit der Frage gerettet, wie er die von ihm erlebten Phänomene auf einem Kongress berichten würde. Konrad Adenauer hat gemeint:

„Nehmt die Menschen wie sie sind, es gibt keine anderen."

Immer wieder erlebt man spannende Ausschnitte des menschlichen Panoptikums und vielfältige Verhaltensweisen.

Wertschätzender Humor und herzliches Lachen

„Lächeln ist die freundlichste Art die Zähne zu zeigen"

N.N.

hilft eine souveräne Haltung zu bewahren. Denn nicht alles und nicht jeder ist die kostbare Energie des Ärgers Wert. Jedes mal, wenn man es zulässt sich zu ärgern, schwächt man zudem das Glückszentrum im Großhirn. Jeder von uns wird reich mit hochattraktiven Ärgerangeboten bedacht, doch es liegt in einem selbst, welche man davon annehmen möchte. Wertschätzender Humor ist eine wundervolle Form, sie dankend abzulehnen, indem man sie z.B. gedanklich als außergewöhnliche Prachtexemplare ins Kuriositätenkabinett stellt. Neueste Wissenschaft hat noch einen ganz wesentlichen Effekt entdeckt: Im Stress schaltet unser Hirn das Kreativitätszentrum aus. Seinerzeit war es artbedrohend, wenn auf der Flucht die Konzentration abgelenkt worden wäre. Nur in unserem heutigen Stress ist nicht die Flucht oder das Kämpfen, sondern die zündende Idee gefragt. Wenn man es schafft, im aufkeimenden Stress an etwas zu denken oder auf etwas zu schauen, das ein herzhaftes Lachen auslöst, so werden im Hirn die Stresshormone wieder weggewaschen und die Kreativitätsnuss wieder aktiviert.

Nicht jedes Ärgerangebot ist es wert, dass ich mich damit beschäftige

„Wer den Tag mit Lachen beginnt,
hat ihn bereits gewonnen."

Tschechisches Sprichwort

ExpertInnen als Dienst-Leister

Das Wort Dienst-Leistung bringt das Spannungsfeld auf den Punkt: Einerseits braucht es die Leistung, die Professionalität, die Expertise und das Lösungspotenzial. Andererseits aber auch die Demut des Dienens, die ihre Kraft aus dem Selbstbewusstsein und dem Vertrauen in die eigenen Fähigkeiten schöpft. Immer wieder vergessen wir, dass Andere tatsächlich anders sind und daher auch anderes wollen und brauchen. Statt sie nach ihren Bedürfnissen zu fragen und ihren Anliegen zuzuhören, stülpen wir ihnen über, was wir selbst gerne hätten. Statt uns auf die Standpunkte der anderen einzulassen und sie in Verbindung mit unseren zu bringen, versuchen wir immer wieder, die anderen nach unseren Vorstellungen zu formen. Die Enttäuschung und Konfrontation ist vorprogrammiert.

„Menschen mögen es nicht,
wenn man sie als Problem behandelt."

Monika Herbstrith

Vielmehr wollen sie, dass man sie mit ihren Problemen wahr- und ernst nimmt. Der wichtigste Tipp im Umgang mit schwierigen Menschen ist, aufzuhören, sie als schwierig zu kategorisieren. Auch wenn man das Verhalten der anderen nur indirekt beeinflussen kann, hat man es selbst in der Hand, wie man es erlebt und was es in einem bewirkt.

Erfolge ins rechte Licht rücken

Es gehört zu den Charakteristika vieler Leistungen, dass man viel leichter wahrnimmt, wenn etwas nicht funktioniert als wenn es funktioniert. Unterstützt wird dies auch noch durch die selektive Wahrnehmung des Hirns: Angst und Ärger sind wesentlich intensivere Gefühle als Freude. Im Gegensatz dazu beschäftigt man sich im Leistungssport

Das Mentaltraining beschäftigt sich zu 80 % mit Erfolgen und Stärken

- zu **80 % mit Erfolgen und Stärken**
- und **nur zu 20 % mit Niederlagen und Problemen.**

Es zahlt sich aus, immer wieder bewusst wahrzunehmen, wenn etwas erledigt und gelungen ist: denn daraus bezieht man die Kraft für die nächsten Herausforderungen. Jedes Mal, wenn der Berg des Unerledigten ein Sisyphus-Gefühl weckt, ist es wichtig, auf erreichte Ziele und Zwischenziele zu schauen. „Was hab ich schon geschafft und was gehe ich als nächstes an?" hilft gegen lähmende Erschöpfung. In einer dunklen Phase „heute geht aber auch alles schief" kann ein Bad in einer „Nettigkeitssammlung" positiver Rückmeldungen helfen, sich selbst am Schopf aus dem Sumpf zu ziehen. Darum ist der heiße Tipp ein Erfolgstagebuch zu führen: Am Ende des Tages z.B. auf dem Weg nach Hause noch einmal bewusst selektiv durchgehen, was während des Tages gelungen ist, welche berührenden Begegnungen es gegeben hat und worüber man sich gefreut hat *(Siehe Toolbox Nr. 8. Seite 179).*

Business – lustvoll – leben

Coaching-Techniken für mehr Lebensfreude im Berufs- und Privat-LEBEN

Es wird immer schwieriger Berufliches und Privates zu trennen. Doch wer sagt, dass Lebensqualität nur in der Freizeit erfahrbar ist? Berufliche Sozialkompetenzen lassen sich auch wunderbar im Privaten nutzen. Umgekehrt ist das private, persönliche Interesse und Engagement auch ein vorzüglicher Motivator im Geschäftsleben.

Vom Opfer zum Täter

„Alle klagen, warum es nicht geht, und dann kommt einer/eine und tut es!"
N.N.

Denn meist gibt es mehr eigene Gestaltungsmöglichkeiten als man zunächst zu erkennen meint. Es fällt oft schwer, sich dem allgemeinen Jammern über die angespannte Wirtschaftssituation zu entziehen. Ja, es braucht manchmal sogar Zivilcourage, sich in einer größeren Runde zu bekennen, dass die Geschäfte gut laufen und man mit dem Job zufrieden ist, sich über Erfolge und das Einkommen freut. Leben wir doch in einer Kultur, in der sich Opfer über Mitleid und Verständnis freuen dürfen, vielleicht sogar als Märtyrer heilig gesprochen werden und das Wort „Täter" offensichtlich negativ besetzt ist. Natürlich tut es manchmal auch gut, in das allgemeine Klagelied über suboptimale, wirtschaftliche Rahmenbedingungen, die Schärfe des Wettbewerbs und die Last der Steuern einzustimmen. Es stimmt auch, dass auf immer weniger Schultern immer mehr Verantwortung ruht! Empathisch-verständnisvolles Mitgefühl ist hilfreich. Das setzt voraus, dass Sie in einer souveränen Haltung dem/der Anderen hilfreich die Hand reichen und ihn/sie mit Zuversicht bestärken können. Mitleid hingegen verstärkt das Ohnmachtsgefühl und führt in der Überdosis zur kollektiven Opfertrance.

Einen Perspektivenwechsel in Richtung erfolgsträchtiges, lustvolles Business vornehmen

Für erfolgsträchtiges, lustvolles Business ist es jedoch entscheidend, einen Perspektivenwechsel vorzunehmen: Wenn man sich darauf konzentriert, was man erreichen möchte, welche Voraussetzungen man dafür schon mitbringt und wie es funktionieren könnte, findet man meist auch Lösungen für das, was noch fehlt, was risikoreich ist und was derzeit noch problematisch erscheint. Jeder entscheidet sich immer wieder, ob das Glas halb voll oder halb leer ist. So kann man sich der oft ausgeprägten Mentalität des Jammerns entziehen und sich bietende Chancen und Potenziale nutzen. Mit Segelbooten kann man Rücken- und Gegenwinde zum Vorankommen nutzen. In zielstrebiger Wendigkeit kann man auch gegen den Wind kreuzen. Der Erfolg wird in Regatten üblicherweise gerade in diesen Etappen entschieden!

Smart die Segeln setzen statt verbissen rudern

Alle Trendforscher sind sich einig: Die Anforderungen an Tempo, Flexibilität und kundenspezifische Lösungen werden noch weiter steigen. Von „Flaute" keine Spur. Dieses dynamische Umfeld bietet für überschaubare, smarte unternehmerisch handelnde Menschen ein erfolgsträchtiges Potenzial. Vorausgesetzt sie handeln strategisch und konzentrieren sich darauf, wie die Segel zu setzen sind, um die Kräfte der Winde zu nutzen und die angestrebten Häfen zu erreichen. „Leuchttürme" in Form von strahlenden Visionen sind dabei hilfreich.

„Glücklich, wer mit den Verhältnissen zu brechen versteht, ehe sie ihn gebrochen haben!"

Franz von Liszt

Klare Prioritäten zu setzen ist wichtiger denn je. Strategisches Handeln heißt, alle Aktivitäten, Ressourcen und Energien auf die fixierten Ziele zu bündeln. Je plastischer die angestrebten zukünftigen Erfolge ausgemalt sind, desto wahrscheinlicher wird es, dass sie auch erzielt werden. Wenn die eingeschlagene, geplante Richtung klar ist, kann man in zielstrebiger Wendigkeit die Chancen situativ nutzen. Hierbei ist es hilfreich, sich das Ziel plastisch vor Augen vorzustellen: denn die immer nur ausschnittsweisen Wahrnehmungen folgen den Vorstellungen, die wie ein Filter selektieren.

„Ich skate dahin, wo der Puck sein wird und nicht da hin, wo er war."

Wayne Gretzky

Denn der Erfolg folgt der Vorstellung vom Erfolg - und braucht Willen und Wollen, eine klare Entscheidung und Entschlossenheit.

Ein schriftlich formuliertes Leitbild fungiert als persönlicher „Orientierungsstern", der - gerade in dunklen Zeiten - die Antwort liefert, wofür sich der Einsatz lohnt!

Erfolgreich mit individueller Persönlichkeit

Motivation ist kein Zustand sondern ein Prozess im Menschen

Der Mythos der Motivation durch Andere hält sich hartnäckig. Zu verlockend ist das mechanistische Bild, quasi auf Knopfdruck Verhalten bewirken zu können! Tatsächlich ist Motivation kein Zustand sondern ein Prozess im Menschen (und nicht zwischen Menschen), in dem die Aktivitätsenergie auf persönliche Bedürfnisse gerichtet wird. Führung kann Motivation ermöglichen und fördern, indem es gelingt, Ausgleich zu schaffen zwischen gemeinsamen Zielen und individuellen Bedürfnissen.

Ja, die uniforme Masse ist wesentlich leichter zu führen als individuelle Persönlichkeiten. Darum werden ja auch MitarbeiterInnen großer Organisationen so gerne in Uniformen gesteckt. Doch der Preis ist eine dramatische Einbuße an Kreativität, Flexibilität und Engagement. Dem einzelnen wird so viel Anpassungsenergie abverlangt, dass darüber hinaus die individuellen Stärken nicht zur vollen Wirkung kommen. Das können sich Unternehmen heutzutage nicht mehr leisten! Das Ziel sollte nicht die objektive Gleichbehandlung sein, sondern die transparente, individuelle Behandlung, wo dem Einzelnen faire Chancen geboten werden. Das bipolare, abendländische Denken zwischen „richtig" und „falsch" mit dem moralisierenden Appell, so hat man zu sein, sollte funktionellem Denken Platz machen:

„Wer kann welche individuellen Stärken und Potenziale einbringen und wie können wir damit gemeinsam erfolgreich sein?"

Erfolgsorientierte Organisationen haben mittlerweile erkannt, dass es allemal lohnend ist, die Organisation an die Stärkenprofile, Interessenslage und Bedürfnisse der handelnden Menschen anzupassen. „Lasst uns arbeiten wie Kinder spielen" bringt smartes, lustvolles, konzentriertes, eigenmotiviertes, sehr produktives Arbeiten auf den Punkt. Private Interessen, Hobbys und Fähigkeiten bereichern das berufliche Qualifikationsprofil. „Multi-Lebens-Management der Familie" was von vielen als „nur zu Hause" abgewertet wird, ist dabei eine besonders ergiebige Quelle von Managementkompetenzen, die sich auch beruflich hervorragend nutzen lassen.

Es ist lohnend Organisationen an die Stärkenprofile der MitarbeiterInnen anzupassen

Ball im Tor

Vera Birkenbihl, die beeindruckende Vorreiterin für hirngerechtes Arbeiten, war davon überzeugt, dass es keine externe Anerkennung braucht, um das Engagement der Einzelnen zu wecken. Im Fußball ist der Erfolg durch den „Ball im Tor" offenkundig und das ist der Leistungsanreiz, um immer wieder Einsatz zu zeigen und über die bis dahin bestehenden Grenzen zu wachsen. Setzen auch Sie sich plakative Ziele, quasi „Tore", um sich dann zu freuen, wenn „Ihre Bälle im Tor" landen.

Gefälligkeit, Hilfsbereitschaft und Bescheidenheit sind Tugenden, zu denen viele von uns erzogen wurden. Wenn man aus einem Hobby, aus persönlichen Talenten und kreativen Ideen Business entwickeln möchte, muss die eigene Werteskala hinterfragt und zugunsten anderer Prinzipien der Professionalität zurechtgerückt werden.

Das deutsche Wort „Dienst-Leistung" verbindet das kundInnenorientierte Dienen mit der Professionalität der Leistung. Das eigene Selbst-Bewusstsein ist der siamesische Zwilling und die Voraussetzung für Wertschätzung für Andere bzw. von Anderen. Je mehr Freude und Spaß der/die Einzelne selbst an seiner/ihren Leistungen hat, desto wahrscheinlicher ist es, dass der Funke der Begeisterung auch auf MitarbeiterInnen, KollegInnen und KundInnen überspringt. Alles was man für sich selbst tut, sich zu stärken und zu motivieren, sind gleichzeitig Maßnahmen für einen einladenden Spirit des Unternehmens bzw. des Teilbereichs.

Im gemeinsamen Feiern von Erfolgen wird die Freude über Erreichtes und die Lust an der Leistung kraftvoll vermehrt! Denn noch viel mehr als aus Problemen, kann man aus Erfolgreichem lernen! Die Devise muss lauten: Mehr von dem tun, das sich bewährt hat. In Ihren Aktionslisten findet sich, was noch zu tun ist. Wenn man die persönliche Aufmerksamkeit auch darauf richtet, was bereits begonnen und was bereits erledigt ist, tankt man daraus die Kraft für die nächsten Herausforderungen.

Marketing und Monetising – intern & extern

Vielen kostet es Überwindung, die eigenen Leistungen selbstbewusst ins rechte Licht zu rücken. Man muss schon über den eigenen Schatten springen, um ein angemessenes Entgelt einzufordern. Die Herausforderung besteht in der eigenen Denkbarriere, als geldgierig oder egoistisch zu gelten, wenn man nicht nur die Qualität der Leistungen, sondern auch den persönlichen unternehmerischen Erfolg zielstrebig verfolgt.

„Enten legen ihre Eier in aller Stille, Hühner gackern dabei wie verrückt.
Daher isst alle Welt Hühnereier."

William Claude Fields

Neben Aufrichtigkeit und Glaubwürdigkeit braucht man auch strategische Fähigkeiten. Verstand alleine ist zu wenig, eine gute Portion Pfiffigkeit trägt zum Erfolgsrezept bei. Neben Qualitäts-, Service- und KundInnenorientierung sowie Freundlichkeit braucht es auch Mut, Risikobereitschaft und Tatkraft, um im oft fordernden Business erfolgreich zu bestehen.

Marketing heißt konsequentes Denken in KundInnen-Nutzen

Marketing heißt konsequentes Denken in KundInnen-Nutzen – intern & extern! In unserer Kultur steht im Mittelpunkt unserer Aufmerksamkeit, was wir tun und womit wir uns beschäftigen. Wesentlich anspornender ist die Frage: „Was bewirke ich mit meinem Tun?" „Welche Ergebnisse erziele ich mit meiner Arbeit?" „Worin besteht der Sinn meines Handelns?" Die Antworten münden dann in Ihrem professionellen Selbst-Verständnis: „Warum sind meine Leistungen für das Unternehmen und die KundInnen wertvoll?" und „Warum und für wen bin ich mit meinen Leistungen der/die beste (interne oder externe) PartnerIn?"

Durch wertschätzende, lösungsorientierte Kommunikation verpackt in Coaching-Techniken wird aus dem klaren Wunsch-Selbstbild wahrgenommenes Fremdbild. Überlegen Sie sich, welches Feed-back von Anderen Sie über Ihre Leistungen besonders gerne hören würden! Das ist die beste Voraussetzung, dass sich aus dieser Wunsch als selbsterfüllende Prophezeiung verwirklicht!

Verbindliches „JA" und klares „NEIN"

Das Fordernde und Reizvolle an unternehmerischem Handeln – angestellt oder selbständig - ist, dass man wesentliche Gestaltungsverantwortung trägt. Oft wird dabei übersehen, dass „gut gemeint" das Gegenteil von „gut" ist. Leistungsangebote müssen klar festgelegt sein und verbindlich beauftragt werden. Leistungspakete sind eindeutig abgegrenzt. Wenn Menschen Einsatz leisten wollen, brauchen sie dazu entsprechende Rahmenbedingungen und Ressourcen, damit die persönlichen „PS" auch volle Wirkung zeigen können!

Weit offen steht jedoch die Denkfalle, zu glauben, alles alleine machen zu müssen. Wahre Professionalität besteht darin, einerseits selbst-bewusst die eigenen Stärken und Kompetenzen zu kennen und andererseits klar zu erkennen, wo die Grenzen der eigenen Ressourcen und Expertise sind und daher eine Delegation oder Kooperation mit SpezialistInnen sinnvoll ist. Immer wieder wird vergessen, dass auch die eigene Zeit wertvoll ist!

Professionalität besteht darin die Stärken im Team zu nutzen

**„NEIN zu meinen und JA zu sagen, heißt,
zu sich selbst NEIN zu sagen."**

Um sich auf die ureigene Expertise konzentrieren zu können, muss man die Leistungsangebote anderer ExpertInnen nutzen. Im wertschätzenden, ergebnisorientierten Zusammenwirken der WissensarbeiterInnen liegt das Erfolgspotenzial des Unternehmens. Es stimmt, am Anfang wäre es wahrscheinlich schneller, es gleich selbst zu machen, als es anderen zu erklären, zu unterstützen, zu kontrollieren. Delegation an MitarbeiterInnen und Externe kann aber eine höchst lohnende Zeitinvestition sein!

Get a contact before you need it

Interne und externe Netzwerke eröffnen Türen und Tore zu weiteren, wertvollen Kontakten. Was als interessantes, unterhaltsames Gespräch beginnt, kann als KundInnen-Auftrag oder Karrierechance enden. Gemeinsames Interesse an einem Thema entpuppt sich möglicherweise als Beginn einer wertvollen Kooperation in gemeinsamen Projekten. Die Möglichkeit des Erfahrungsaustausches mit anderen erfolgsorientierten Menschen bestärkt das eigene Tun und relativiert die eigenen Schwierigkeiten.

Vielleicht bieten der/die GesprächspartnerIn genau die Lösung für etwas, was für andere noch problematisch ist. JedeR profitiert umgekehrt auch von den Erfahrungen Anderer. Allerdings sagt eine Indianer-Weisheit:

„Gras wächst nicht schneller, wenn man daran zupft."

Hilfreich ist hingegen, für einen guten Nährboden zu sorgen und regelmäßig zu gießen. Beziehungen in Netzwerken müssen reifen und wollen immer wieder gepflegt werden! Wer reich ernten will, muss zunächst mit eigenen Beiträgen und Angeboten sähen.
Es liegt in Ihrer Hand Business lustvoll und profitabel zu leben.

Strategisches Selbst-Management

Das individuelle Erfolgsrezept

Vom Teufelskreis zur Erfolgsspirale: Die Macht der selbsterfüllenden Prophezeiungen wirkt. Es liegt in Ihrer Entscheidung, ob Sie Ihr Lebenswerk in Dur oder Moll wahrnehmen.

Stärken stärken

Psychologische Hemmblockaden kann man sich durch die Pfadfinderübung zur Entwirrung des – scheinbar unlösbaren – gordischen Knotens verdeutlichen. Symbolisch wird so erfahren, wie sich aus der Komplexität einer Vielfalt von Aktivitäten und Abläufen Kernprozesse herauskristallisieren. Die positive Sichtweise der gelungenen Auflösung ruft bei einem Teilnehmer Widerstand hervor: „Also ich kann mich über diesen Erfolg nicht freuen. Ich war mir ganz sicher, dass es nicht gehen kann und war dann enttäuscht, dass ich nicht Recht behalten habe!" Er bringt damit das Dilemma auf den Punkt, dass es in jedem Fall zum Scheitern führt, wenn man halbherzig – nach dem Motto: Ich glaube zwar nicht, dass es gelingen wird, aber ich probiere es halt! – an eine Sache geht. Entweder es gelingt nicht, oder man war mit seiner ursprünglichen Annahme im Unrecht.

Das Spiel so gestalten, dass wir unsere Stärken nutzen und unsere Nachteile umgehen können

Für Organisationen, Teams und Einzelpersonen gilt das gleiche wie für erfolgswillige LeistungssportlerInnen: Sie müssen sich die Frage stellen: Welche Stärken, Potenziale und Vorteile haben wir gegenüber unseren Mitbewerbern? Die Schwächen und „Achillesfersen" interessieren nur so weit, wie sie den Erfolg vermasseln könnten. Strategie heißt in diesem Zusammenhang: Wie müssen wir das Spiel gestalten, dass wir in viele Situationen kommen, in denen wir unsere Vorzüge wirkungsvoll nutzen können und in wenige, in denen unsere Nachteile zum Risiko werden können?

Leitbild als Orientierung

Von erfolgreichen Unternehmen kennen wir es: ein gelebtes Leitbild, welches den MitarbeiterInnen Orientierung bietet und den KundInnen das gewünschte Fremdbild präsentiert. Wesentlich ist die Erkenntnis, dass dies nicht nur bei Unternehmen gilt, sondern auch für jedes einzelne Individuum sinnvoll und hilfreich ist!

Ein gelungenes Leitbild fungiert wie ein Leuchtturm als forderndes und förderndes Wunsch-Selbstbild in Entwicklungsprozessen. Durch konsequentes Handeln und gezielte interne und externe Kommunikation wird es schrittweise auch zur Corporate Identity und zum wahrgenommenen Fremdbild. Individualität, Authentizität und Glaubwürdigkeit sind die Voraussetzungen für den Erfolg. Dementsprechend steht im Mittelpunkt der Mission die Beantwortung der Fragen:

Das Leitbild zur Corporate Identity und zum wahrgenommenen Fremdbild weiterführen

- Was charakterisiert Sie?
- Worin unterscheiden Sie sich von anderen?
- Welchen Sinn stiften Sie?
- Wem bringen Sie welchen Nutzen?
- Was ginge verloren, wenn es Sie nicht gäbe?

Als Konzentrat prägt sich das Mission-Statement ein und sorgt so dafür, dass die Orientierung auch in der Hektik des Alltags nicht verloren geht. Denn noch wichtiger, als Dinge richtig zu tun, ist es die richtigen Dinge zu tun. Dieses Bewusstsein geht gerade in Stresssituationen oft verloren.

Die Vision zeichnet ein Bild von der angestrebten erfolgreichen Zukunft. Wie ein Stern ist sie zwar oft nicht erreichbar, dient aber – gerade auch in dunklen Zeiten – der Orientierung. Mehrere Wege erschließen das individuelle Ziel. Der klassische Zugang für die persönliche Lebensvision ist es, das eigene Lebenswerk im Rückblick einer Grabrede zu beschreiben oder in der Inschrift am Grabstein auszudrücken. Das war uns zu düster. Sinnvoller, weil voll positiver Energie, sollte man sich da lieber die Frage stellen, was die eigenen Enkelkinder einmal über das Leben ihrer Großmutter / ihres Großvaters sagen sollen. ‚Sie hat Farbe und Freude ins Leben gebracht.' würde uns im privaten Umfeld gut gefallen. ‚Sie hat es salonfähig gemacht, dass auch ManagerInnen wieder von Menschen sprechen.' ist unsere persönliche berufliche Vision."

Zielsystematik

Damit auch aus kühnen Visionen realer Profit wird, schließt der persönliche Strategie-Prozess am Leitbild-Prozess an:

- „Auf welche Pferde setze ich, um meine Mission zu erfüllen und mich meiner Vision zu nähern?
- Woran kann ich erkennen, dass ich in Erfolg versprechender Richtung unterwegs bin?"

Die Antworten münden in einem Aktionsplan „Was mache ich bis Wann." Doch Achtung: Auch der längste Weg beginnt mit einem ersten Schritt. Ziele für erreichbare Zwischenetappen erhöhen die Chance wesentlich, dass es am Schluss einen Erfolg zu feiern gibt.

Es braucht Selbstdisziplin, um sich trotz und gerade wegen der Hektik des Alltags auf strategische Fragen der persönlichen Weiterentwicklung zu konzentrieren. Leicht fallen wir im Stress in alte Handlungsmuster zurück und übersehen im Tunnelblick die neuen Möglichkeiten. Hängen Sie sich doch in Sichtweite - zur täglichen Erinnerung an diese Falle - den Spruch auf:

„Männer setzt die Segel, der Wind kommt auf."
„Keine Zeit, wir müssen rudern."
N.N.

Lust auf Erfolg

Selbstbewusstsein stärken

„Das ist ja gar nichts Besonderes." „Das war ja ganz einfach." „Ich hab ja nur ..." Viele Menschen haben es perfektioniert, ihre Leistung reflexartig runter zu spielen, wenn sie Wertschätzung für das von ihnen Geschaffene erfahren. Ist schon eine komische Geschichte, dass viele von uns so ausgehungert nach Anerkennung sind und sich dann so schwer tun, sie anzunehmen. Umgekehrt trifft uns die Kritik anderer sehr heftig. Und oft sind wir selbst unsere strengsten Richter. Allzu gut haben wir kritische Autoritätspersonen verinnerlicht. Dass Menschen in ihrer Wesensart leider nicht perfekt sind, dafür können wir ja bei anderen durchaus Verständnis entwickeln. Dass das aber auch auf mich selbst zutrifft, ist schon eine harte Nuss! Studien zeigen eindeutig, dass vor allem Frauen tendenziell eher zur Bescheidenheit als zum Selbstbewusstsein neigen: In einem großen Unternehmen haben sich alle Führungskräfte einerseits selbst eingeschätzt und haben andererseits Feed-back von ihrem Umfeld bekommen. Während sich die Männer im Mittel um mehr als 10 % besser eingeschätzt haben als sie eingeschätzt wurden, war es bei den Frauen umgekehrt.

Erfolgreich in souveräner Leichtigkeit

Verbissenes Arbeiten fördert den Tunnelblick und reduziert die Wirkung

Hartnäckig hält sich der Irrglauben, dass eine Leistung nur dann ein Erfolg ist, wenn sie schwer gefallen ist. Hart, fleißig, ernsthaft und aufopfernd zu arbeiten ist in vielen Köpfen nach wie vor die Anforderung an sich selbst. Doch verbissen erreicht man viel weniger. Das fördert den Tunnelblick und Stress. Spielerisch und humorvoll lassen sich Herausforderungen viel besser meistern. Wenn Dinge leicht von der Hand gehen, spricht das für die eigene Leistungsfähigkeit. „Lasst uns arbeiten wie Kinder spielen." ist ein lohnendes Motto, um leistungsstark und lebensfroh private und berufliche Verantwortungen zu tragen.

Auf individuelle Stärken konzentrieren

Im Leistungssport konzentriert man sich zu 80 % auf das Stärken der Stärken. Schwächen finden dort nur dann Beachtung, wenn sie für den Erfolg kritisch sind. Ansonsten werden sie als Teil der individuellen Persönlichkeit akzeptiert. Als Grundsatz gilt „Mehr von dem tun, das sich bewährt hat" und von daher werden Erfolge wesentlich gründlicher analysiert als Niederlagen. Es zahlt sich aus, sich immer wieder bewusst zu machen, was schon gelungen ist und welche Stärken diese (Teil-)Erfolge ermöglicht haben. Damit geht man gut gerüstet in die nächsten Herausforderungen. Schließlich ist das, was viele Frauen beruflich und privat meistern, dem Ausdauer- und Leistungssport absolut ebenbürtig.

Mit Erfolgen identifizieren

Auch hier steht eine Falle weit offen: Viele neigen dazu, Misserfolge sehr persönlich zu nehmen - als neuerlichen Beweis der schon immer angenommenen eigenen Unfähigkeit. Umgekehrt fällt es oft schwer, sich mit den Erfolgen zu identifizieren. Die Wurzeln des Erfolgs werden dann nach außen geschoben. „Da hab ich halt Glück gehabt." „Es war ein tolles Team." „Die Umstände waren günstig." Napoleon hat bei Beförderungen gerne diejenigen ausgewählt, die Glück haben. Er war davon überzeugt, dass diese viele Fähigkeiten mitbringen: Glückspilze schätzen Situationen umfassend ein, erkennen Chancen und meistern Risiken, sind gut vorbereitet und startklar, wenn sich Chancen bieten, sind vorausschauend und bringen sich damit nicht in missliche Situationen, in denen sie dann Pech hätten.

Napoleon hat die MitarbeiterInnen bevorzugt, die Glück hatten

Erfolg ist attraktiv

„Cinderella-Komplex" nennt man in der Psychologie das Phänomen, dass viele Menschen nach wie vor häufig Angst davor haben, ihre eigenen Stärken und Erfolge zu zeigen. Vorsichtshalber machen sie sich dann klein und gefällig, um so dem traditionellen Klischee der Liebenswürdigkeit besser zu entsprechen. Weit offen stehen die „Nettigkeits- und Kumpelfalle". Wie Aschenputtel im grauen Kleid versteckt im Haus ganz fleißig und tüchtig arbeitet, vom Prinzen erkannt und erlöst wird, glauben viele, dass es reicht im Hintergrund Ergebnisse zu liefern, die dann von den Anderen automatisch gewürdigt werden und dann den gerechten Lohn erfahren. Im realen Leben finden sich aber ganz schnell Andere, die sich mit fremden Federn schmücken und dann den Erfolg (der Frauen) als den ihren verkaufen.

Daher ist es so wichtig, dass Menschen lernen, sich gerne in ihrer ganzen Größe aufzurichten, liebevoll ihren Selbstwert zu pflegen und (Teil-)Erfolge genüsslich zu feiern. Übrigens darf Arroganz und Präpotenz nicht mit Selbstbewusstsein verwechselt werden. Das sind andere Symptomformen der weit verbreiteten Krankheit des verletzten Selbstwertgefühls.

Die Wahrnehmung folgt der Vorstellung

Zu wissen, was ich möchte

„In Zeiten, wo das Wünschen noch geholfen hat ..." ist der Beginn des Märchens vom Froschkönig. Die neueste Hirnforschung belegt eindeutig, dass wir in solchen Zeiten leben: Es gilt auf radikale Weise das Gesetz der selbsterfüllenden Prophezeiungen.

„Die Vorstellungskraft ist mächtiger als die Willenskraft."

Emile Coué

Unser Gehirn kann nicht nicht denken

Sie kennen es bestimmt: Kaum sagt man einem Kind, dass es das Glas nicht fallen lassen soll, schon liegt es unten. Unser Hirn kann nicht „nicht" denken. Wenn Sie sich z.B. vornehmen weniger zu essen, führt das dazu, dass Sie mehr ans Essen denken. Darum ist es so wichtig, zu wissen, was man möchte – und das auch auszusprechen. Als Merkspruch kann die VW-Regel dienen:

Statt als Vorwurf als Wunsch formulieren.

(siehe Toolbox Nr. 31, Seite 192) Das heißt, statt zu sagen und zu denken, was stört, das sagen und denken, was man möchte. „Bitte halte das Glas gut fest." „Ich möchte mich in meinem Körper wohlfühlen." Damit weiß ihr Hirn und auch andere Menschen, was Ihr Wunsch ist. Mit „Mir ist es ganz wichtig, dass ich mich darauf verlassen kann" und „Ich bitte Dich, dass Du mit meinen Bedürfnissen achtsam umgehst und meine Grenzen wahrst." verschafft man sich viel leichter Gehör als mit „Du bist so unzuverlässig." oder „Du bist so verletzend und egoistisch." Wenn Sie zu einem Taxifahrer am Westbahnhof sagen, „Ich muss ganz dringend weg.", so fängt er mit dieser Information kaum etwas an. Ihm ist auch überhaupt nicht geholfen, wenn Sie ihm erzählen, wo Sie überall NICHT hinwollen. Das Ziel muss positiv formuliert sein, sodass klar ist, was Sie anstreben – und das gilt nicht nur für's Autofahren, sondern insgesamt für die Gestaltung Ihres Lebens.

Der Physiker und Pionier der Kybernetik Heinz von Förster vermittelt uns die Zuversicht:

„Wir haben stets die Freiheit,
uns jene Zukunft zu erfinden,
die wir morgen gestalten wollen."

Mein Denken bestimmt meine Wahrnehmung

Afugrnud enier Sduite an enier Elingshcen Unvirestiät ist es eagl, in wlehcer Rienhnelfoge die Bcuhtsbaen in eniem Wrot sethen, das enizg wcihitge dbaei ist, dsas der estre und lzete Bcuhtsbae am rcihgiten Paltz snid. Der Rset knan ttolaer Bölsdinn sien, und du knasnt es torztedm onhe Porbelme lseen.

Unser Hirn nimmt weniger Details als Muster und Wortbilder wahr – der Rest wird ergänzt

Offensichtlich lesen wir Wortbilder und das geht nur, wenn wir sie gut trainiert haben. Ein Leseanfänger oder jemand der die Sprache nicht kennt, kann das nicht. Unser Hirn nimmt nicht die einzelnen Details wahr.

W13 G3H7 35 1HN3N M17 D3M L353N D13535 73X735? 3S 157 G4N2 31NF4CH 2U L353N, W3NN 513 51CH 3R57 31NM4L D4R4N G3WÖHN7 H483N UND 51CH D4R4UF 31NL4553N. J3727 574UN3N 513 ... UN53R H1RN 157 G3N14L 1M 3RGÄN23N VON 8RUCH57ÜCK3N 2U MU573RN.

Die Muster in unserem Kopf prägen unsere Wahrnehmung. Wir können nur erkennen, was wir kennen.

**„Dein Denken bestimmt Dein Gefühl und Dein Handeln.
Achte darauf, dass Du die Gedanken verstärkst, die Dir nützen!"**

Unter dem Kernspintomographen kann man das Hirn von OptimistInnen und PessimistInnen erkennen. Befragt man diese, so fühlen sich die Optimisten in ihrem Optimismus bestätigt. „Ja stimmt, manchmal werde ich auch enttäuscht, aber insgesamt fahre ich mit meiner vertrauensvollen Haltung gut." Die Kinderbuchautorin Astrid Lindgren verfügt offensichtlich über eine große Portion Optimismus:

*„Es ist besser, gelegentlich enttäuscht zu werden,
als Niemandem mehr zu vertrauen."*

Die Pessimisten auch: „Wissen Sie, ein Pessimist ist ein Optimist mit Lebenserfahrung. Ich würde ja gerne den Menschen vertrauen, aber wenn man so viel Negatives erlebt hat wie ich ..." Zwar wird man einerseits mit einem mehr oder weniger aktiven Glückszentrum im Hirn geboren, aber freundlicherweise ist andererseits die Glücksfähigkeit trainierbar:
rufen Sie so oft wie möglich Dinge in ihr Blickfeld und ihr Bewusstsein, die Ihnen Freude bereiten, dann fällt es dem Hirn immer leichter, das Leben in Dur und nicht in Moll zu erleben.

Starten Sie in den Tag mit

- „Worauf freue ich mich heute?
- Was mag ich an mir und anderen?"

und beenden sie ihn mit

- „Was ist mir heute gelungen?
- Was hat mich heute glücklich gemacht?
- Wofür bin ich dankbar?"

(siehe Toolbox Nr. 1, 8, 15, Seite 174). Die Macht der Emotionen ist erforscht. Im Fürchten und Ärgern sind wir Naturtalente. Das sind ganz intensive Gefühle, die seinerzeit das Überleben der Rudeltiere gesichert haben. Die Fähigkeit zur Freude ist hingegen eine Kulturleistung, für die gilt:

"Use it or loose it."

Schade wäre es, wenn Sie Ihre Glücksfähigkeit schwächen und allmählich verlieren, weil Sie zu oft an die Schatten- und zu wenig an die Sonnenseiten des Lebens denken. Übrigens: Vergleichen macht häufig unglücklich

"Glücklichsein ist ein Maßanzug.
Unglückliche Menschen sind jene,
die den Maßanzug eines anderen tragen wollen."

Karl Böhm

Ich und Er? Mein Körper?

Zunächst war Fitness angesagt. Im Mittelpunkt stand die körperliche Ertüchtigung, die Stählung des Körpers. Dieser Trend wurde abgelöst vom Wellness-Boom. Die genüssliche Entspannung und das Verwöhntwerden sollen helfen, in einer immer anspruchvolleren Leistungsgesellschaft Ausgleich zu finden. Vor uns liegt jetzt das Zeitalter des Selfness: Beginnend mit dem Nomadentum über die Zeit der Ackerbauern, das Industriezeitalter bis zur Informationsgesellschaft hat die Menschheit sich darauf konzentriert, die äußere Umwelt zu beherrschen. Jetzt sollen die Menschen vermehrt Innenschau halten, Eigenverantwortung übernehmen für ihr Wohlbefinden von Körper, Geist und Seele – wie die WHO Gesundheit definiert.

Verantwortung für Wohlbefinden von Körper, Geist und Seele

Alle Trendforscher sind sich einig, dass Gesundheit einer der Megatrends unserer Gesellschaft ist. Einerseits steigt die Bedeutung dieses Themas aufgrund der höheren Lebenserwartung und den demografischen Entwicklungen. Andererseits sind Menschen zunehmend bereit, Zeit und Geld in das eigene Wohlbefinden zu investieren.

Langsam beginnt ein Umdenken. Schon spannend, dass „Pharmazie" vermutlich die gleiche griechische Sprachwurzel wie der „Sündenbock" hat. Statt Eigenverantwortung für den Körper zu übernehmen, werden unerwünschte Reaktionen „in die Wüste geschickt". Es sollte aber um nachhaltige Gesundheitserhaltung und nicht nur um Symptombeseitigung gehen. Gefragt ist eine Lebensgestaltung, die das Wohlbefinden von Körper, Geist und Seele fördert.

„Corgito, ergo sum" als Falle des Abendlandes

„Cogito, ergo sum" - „Ich denke, also bin ich" hat sich als Falle erwiesen. So wichtig dieses berühmte Prinzip von Descartes für den Fortschritt der Menschheit und die Begründung der abendländischen Kultur in der Antike war, so sehr fällt es uns jetzt auf den Kopf: Diese Einstellung hat zu einer Entfremdung des Körpers geführt. Im Berufsleben werden z.B. „Köpfe" gezählt, gedanklich werden die Menschen ihres Körpers beraubt. „Ich und mein Körper" heißt es dann dementsprechend. Als wäre der Körper nicht ein ganz wesentlicher Teil von mir. „Ich gegen meinen Körper" wird dann oft gelebt: der Körper hat zu funktionieren, der Wille setzt sich durch! Körperliche Signale und Alarmzeichen werden ignoriert und übergangen. Zum Beispiel, dass Leistungsgrenzen überschritten werden, dass dringend Ruhe und Entspannung erforderlich sind, dass das innere Gleichgewicht aus dem Lot ist. Zwei bekannte Werke des Neurowissenschafter António R. Damásio tragen bezeichnenderweise die Titel

„Descartes' Irrtum: Fühlen, Denken und das menschliche Gehirn"

sowie

„Ich fühle, also bin ich: Die Entschlüsselung des Bewusstseins"

Es steht nur scheinbar im Widerspruch zu dieser Entfremdungsthese, dass es in Lifestyle-Magazinen mehr denn je um Körperpflege geht: meistens beschäftigt man sich damit, wie man äußeren Anforderungen gerecht wird, Defizite ausgleicht und anderen gefällt. Schönheitsideale sind das Korsett der modernen Frau, neuerdings auch das des modernen Mannes.

Alle Menschen sollen ermutigt sein und werden, zunehmend in sich zu fühlen, was ihnen gut tut. Statt Äußerlichkeiten zu kaschieren, sollten sie Wert darauf legen, dass die innere Balance stimmt. Statt sich auf die Wirkung auf andere zu konzentrieren, sollten sie lieber den eigenen Einklang von Körper, Geist und Seele im Auge haben. Statt sich an äußeren Maßstäben zu messen, sollten sie die inneren Werte durch den Körper zum Ausdruck bringen. Sie sollten „ihm", ihrem Körper, die gleiche verständnisvolle, fürsorgliche Zuwendung zukommen lassen, wie ihnen nahe stehenden Menschen. Und als Zeichen dafür jeden Morgen liebevoll vor dem Spiegel „JA" zu sich sagen, „Es ist gut, dass ich lebe und wie ich bin."

Coaching

Impulse zum Erfolg

Wie ein variabler Vergrößerungsspiegel eröffnet Coaching neue Perspektiven von sich selbst, den Problemen und vor allem von den Lösungsmöglichkeiten.

„KundInnen sind kundig." ist die Maxime vom Coaching, respektvoller Umgang mit Menschen ist der zentrale Wert. Hilfe zur Selbsthilfe ist angesagt. Der Kunde ist nicht nur ExpertIn für das Problem. Auch die Lösung steckt schon in einem selbst. Coaches fördern die Erkenntnis der Keime von Lösungsansätzen und unterstützen das Reifen und Sprießen. Gemeinsam freut man sich am Erfolg des Kunden – und an der gewachsenen Lösungskompetenz für zukünftige Herausforderungen. Die Erfolgsspirale ist in Schwung gebracht.

„Was Probleme aufrechterhält,
sind ungeeignete Lösungsversuche."

beschreibt die Abkehr vom klassischen Problemlösungskonzept. Man verbeißt sich schnell ins Problem, das in diesem Blickwinkel immer größer erscheint. Die Schwere des Problems erdrückt die Möglichkeiten und Hoffnungen." Dieses äußert sich z.B. im „Ja, aber...-Spiel", in dem die Zuhörer einer Problemschilderung sofort viele Ratschläge parat haben, die allerdings alle erbarmungslos, am

- „Ja, aber bei mir ist das ganz anders.",
- „Das habe ich alles schon versucht.",
- „Das klingt gut, aber leider geht es nicht."

zerschmettern. Zu oft erinnert der Rat-Schlag an eine Ohrfeige. Lösungen von Außen bleiben fremd und werden abgestoßen.

Man muss sich zuerst vom Problem lösen um so Lösungen zu entwickeln

Coachingmethoden ermöglichen, dass man sich vom Problem löst und so Lösungen entwickelt. Der gemeinsamen Definition der Ziele, der so genannten Auftragsklärung, wird dabei breiter Raum gegeben.

Mit kreativen Fragen wird die Aufmerksamkeit in das zukünftige Lösungssystem gelenkt und somit die Bereitschaft für Veränderungen gefördert. Das Repertoire ist vielfältig:

- „Woran werden sie erkennen, dass sich das Problem gelöst hat?",
- „Was könnten Sie mit der Zeit und den Ressourcen anfangen, die bisher das Problem gekostet hat?"

oder auch die so genannten Wunderfragen:

- „Wenn Ihnen in der Nacht jemand heimlich das Problem stehlen würde, woran würden sie das am Morgen merken?
- Was wäre anders?
- Was wäre dann noch möglich?
- Wer würde es merken?
- Worüber würden Sie beim Frühstück sprechen?"

Kreativität, Irritationen, Bilder und Metaphern und nicht zuletzt Humor nehmen den Problemen die Schwere und erleichtern Lösungen.

„Die Probleme von heute waren Lösungen von Gestern."

Der externe Blickwinkel des Coaches und dessen differenziertes Feed-back verschaffen Distanz. Durch die zusätzlichen Perspektiven und Betrachtungen werden Funktionalitäten von Problemen erkannt, die durch vergleichbares Positives im Lösungssystem ersetzt werden müssen. Der Fokus liegt dabei auf der Stärkung der Stärken, den eigenen Gestaltungsmöglichkeiten des Beziehungsnetzwerks und der Nutzung vorhandener Ressourcen. Der Rahmen und Kontext der Betrachtung wird geändert, wodurch oft Nachteile in Chancen mutieren.

Nachteile mutieren zu Chancen, sofern der Rahmen der Betrachtung geändert wird

Teufelskreise selbst erfüllender Prophezeiungen werden so geknackt. Unheilvolle Täter-Opfer-Beziehungen („Der/die müsste sich ändern, dann wäre das Problem gelöst.") werden als kreisende Beziehungssysteme analysiert. Das nimmt die Ohnmacht: Die Veränderung jedes einzelnen Knotens bewirkt, dass sich das Netzwerk neu ausbalanciert.

**„Wirklichkeit ist, was wirkt.
Sie ist damit gestaltbar.
Eine Veränderung der Sichtweise kann oft schon die Lösung sein."**

Der Coach bietet in der heutigen Zeit etwas besonders Wertvolles und Seltenes, nämlich die ungeteilte Aufmerksamkeit und die volle Konzentration auf das Zuhören. Sprechen bringt Ordnung in die Gleichzeitigkeit der Gedanken:

Durch die „serielle Schnittstelle" des Mundes muss man sich ununterbrochen entscheiden, in welcher Reihenfolge man Dinge ausspricht. Innere Prioritäten werden damit wahrnehmbar – durch das Feed-back des Coaches auch für den Betroffenen.

toolbox
zur konkreten
Anwendung

Toolbox: Hochwirksame Interventionen für mehr Erfolg, Leichtigkeit und Lebensfreude

1. Freudvolle Perspektiven:

Starten Sie in den Tag mit der Frage:

„Worauf freue ich mich heute – privat und beruflich?"

In Ausnahmefällen, darf dann die Antwort auch sein: „Wenn er heil überstanden ist." An solchen Tagen ist es dann ganz wichtig, dass Sie sich noch etwas gönnen, worauf Sie sich freuen können. Wenn es Ihnen oft schwer fällt, etwas Positives zu finden, gibt es Entscheidungsbedarf in Ihrem Leben *(siehe auch Motivations-Check Seite 176)*. Wenn Sie unangenehme Aktivitäten, Gespräche oder Termine erwarten, sorgen Sie dafür, dass Sie danach etwas einplanen, worauf Sie sich freuen können. Da die Wahrnehmung der Vorstellung folgt, nehmen Sie damit maßgeblich Einfluss auf Ihr Erleben.

Lebensqualität ist wesentlich sowohl im Privat- als auch im Berufsleben. Sichern Sie sich daher freudvolle Perspektiven für beide Lebensbereiche.

2. Kraft schöpfen aus beherzten Visionen:

Erfolg folgt der Vorstellung vom Erfolg

Unsere Wahrnehmung ist geprägt durch unsere Denkmuster im Kopf. Erfolg folgt der Vorstellung vom Erfolg. Besonders wirkungsvoll sind möglichst konkrete herausfordernde, glaubwürdige Ziele. Chancen und Risiken sind dabei möglichst rational auf der Ebene von Zahlen, Daten und Fakten zu analysieren. Um bei der Erreichung der Ziele möglichst kraftvolle Unterstützung vom Hirn zu bekommen und die Macht des Unbewussten zu nutzen, zahlt es sich aus, die Ziele zusätzlich zu visualisieren: Unser Hirn entwickelt besonders viel Energie, wenn Visionen möglichst sinnlich d.h. unter Beteiligung möglichst vieler Wahrnehmungssinne verpackt werden, möglichst merk-würdig und außergewöhnlich sind, unterstützt werden von lustvollen Gefühlen und schließlich als bewegter Film imaginiert werden.

**„Was stimmt mich zuversichtlich,
dass ich erfolgreich sein werde?"**

ist die kraftvolle Fragestellung, um aus dem bisher Geleisteten und Geschafften die Stärken zu erkennen, auf die ich auch zukünftig bauen kann.
Eine Indianer-Weisheit besagt:

*„Wenn Du Deine Ziele kennst,
dann trägt Dich der Wind dorthin wie ein Adler."*

Der **Brief aus der erfolg- und freudenreichen Zukunft** bietet ein hochwirksames Werkzeug, um sich zukünftige Erfolgsszenarien freudvoll-sinnlich auszumalen.

Wir schreiben den 15.5.2015:
Kommen Sie emotional gut an:
Wie alt sind Sie jetzt?
Wie alt sind Ihnen wichtige Menschen in Ihrem Umfeld?
Welche Meilensteine in Ihrem Leben sind jetzt wie lange her?
Etc.

Im Jahr 2012 haben Sie ja durchaus optimistisch in die Zukunft geblickt. Aber dass sich Ihr (privates und/oder berufliches) Leben (bzw. Ihr Unternehmen/ Ihre Abteilung) so toll entwickelt, hätten Sie sich 2012 nicht einmal in den kühnsten Träumen zu träumen gewagt. Rundherum ist der Erfolg nicht zu übersehen. Er springt Sie förmlich an. An allen Ecken und Enden nehmen Sie ihn wahr.

In Ihrer Begeisterung setzen Sie sich hin und schreiben einen Brief an .....
Sie schildern Ihre Wahrnehmungen des Erfolgs in leuchtenden Farben ....
Stell Dir einmal vor ...
Du wirst es nicht glauben ...

Was fällt Ihnen an positiven Veränderungen auf?
Aus welchen Wahrnehmungen schließen Sie, dass es erfolgreiche Jahre waren?

Anmerkung:
In einer sehr skeptischen Runde kann auch der Brief aus der höllischen Zukunft als paradoxe Intervention hilfreich sein:

Wir schreiben den 15.5.2015:

Im Jahr 2012 haben Sie ja durchaus pessimistisch in die Zukunft geblickt. Aber dass sich Ihr (privates und/oder berufliches) Leben (bzw. Ihr Unternehmen/Ihre Abteilung) so schrecklich entwickelt, übertrifft selbst ihre schrecklichsten Träume. Rundherum ist es Frust pur. Der Misserfolg und Horror springt sie förmlich an. An allen Ecken und Enden nehmen Sie ihn wahr. Im Jahr 2012 war es nur schrecklich. Jetzt ist es unerträglich.

Oder: der Brief aus der höllischen Zukunft als paradoxe Intervention

In Ihrem Entsetzen setzen Sie sich hin und schreiben einen Brief an .....
Sie schildern Ihre Wahrnehmungen der Horror-Szenarien in leuchtenden Farben ....
Stell Dir einmal vor ...
Du wirst es nicht glauben ...

3. Motivations-Check:

Bemühen Sie sich immer wieder um ausgewogene Wahrnehmung, auch wenn sich Probleme und Störfaktoren so viel leichter ins Bewusstsein drängen und sich dort auch hartnäckiger halten. Egal ob beruflicher Alltag, Vereinsmitgliedschaft, Wohnsituation oder Beziehung: Stellen Sie sich die 2 Fragen der Zufriedenheit:

- „Was habe ich und möchte ich?" und
- „Was habe ich nicht und möchte ich auch nicht?"

Zufriedenheit verliert sich oft in Selbstverständlichkeit

Das wird viel zu schnell zur nicht mehr bewusst wahrgenommenen Selbstverständlichkeit! Dem halten Sie den Preis entgegen:

- „Was habe ich und möchte ich nicht?" und
- „Was habe ich nicht und möchte ich?"

In der Analyse betrachten Sie das Verhältnis zwischen Zufriedenheits- und Unzufriedenheitsaspekten.

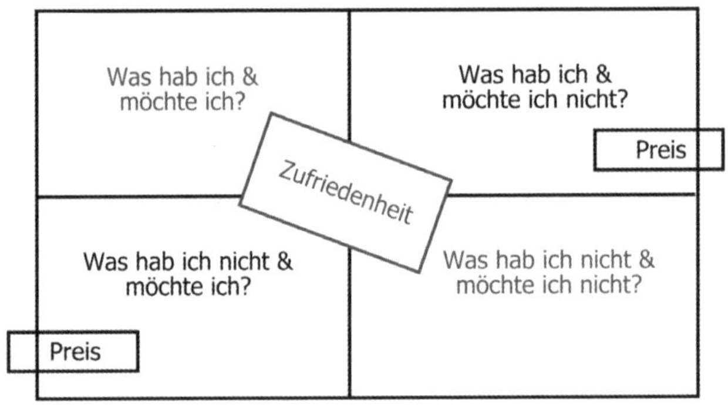

Berücksichtigen Sie dabei, dass unser Hirn das Problematische sehr viel intensiver wahrnimmt, als das was passt und dazu neigt, Positives als Selbstverständlichkeit zu betrachten. Statt sich über das Fehlende oder Störende zu ärgern bzw. darunter zu leiden, stellen Sie sich die Frage, ob es ein angemessener Preis ist für das, was in Ihrem Sinn ist. Und dann gilt:

„Love it, change it or leave it!"

4. Kraftquelle Sinn:

Viktor Frankl ist der Begründer der Logotherapie, die von der Annahme ausgeht, dass der Mensch existentiell auf Sinn ausgerichtet ist.

Er hat den Satz geprägt:

„Für wen das WARUM klar ist, ist jedes WIE erträglich."

In der Kindererziehung, beim Wohnungseinrichten, bei persönlichen Projekten, für die wir uns entschieden haben, kennen wir unsere Fähigkeit, Leistungen und Kräfte zu mobilisieren. Da wissen wir ja WARUM wir das wollen. Sie kennen vermutlich auch die bohrende Frage

„Warum tue ich mir das an?"

Leider stellen wir Sie uns meistens dann, wenn es uns nicht so gut geht oder wir gar in einer Krise stecken. Achten Sie darauf, dass Sie gerade in guten, erfolgreichen Zeiten eine so kraftvolle Antwort auf die Frage entwickeln, dass sie hilft auch Hürden und Schwierigkeiten zu überwinden. Der Motivations-Check kann dazu eine zielführende Basis sein. Wir wünschen Ihnen von Herzen, dass Sie eine stimmige Antwort auf die Frage finden: „Was macht meine berufliche Lebenszeit zu sinnvoller Lebenszeit."

Was macht meine berufliche Lebenszeit zu sinnvoller Lebenszeit?

5. Effektivität vor Effizienz:

Peter Drucker prägte die Devise

„Noch wichtiger als die Dinge richtig zu tun, ist es die richtigen Dinge zu tun."

Beginnen Sie mit der Optimierung daher nicht im Detail, sondern in der gesamthaften Übersicht. Wir neigen dazu, in Aufgaben zu denken. „Was machst Du?" oder „Womit beschäftigst Du Dich?" ist die input- und aufwandsorientierte Sicht. Ersetzen Sie diese Fragen gedanklich durch „Wer braucht welche Ergebnisse von meiner Arbeit?" „Welchen Nutzen bewirke ich für wen?" und letztlich

„Was macht meine Leistung sinnvoll und wertvoll?"

Wenn Sie keine positive Antwort auf diese Fragen finden, ziehen Sie ernsthaft ein Weglassen in Betracht. Stellen Sie sich davor aber noch die Kontrollfragen: „Welches Risiko gehe ich ein, wenn ich es weglasse?" „Was geht verloren, wenn es diese Ergebnisse nicht mehr gibt?" Meist sind die Prioritäten auf Ebene der Ergebnisse und angestrebten Wirkungen wesentlich klarer zu setzen als auf der Ebene der Aufgaben.

Übrigens: spielerische Leichtigkeit und guter Flow sind machtvolle Voraussetzungen für hocheffektives Handeln.

6. Totenbett-Perspektive:

Ein gedanklicher Zeitsprung ist hilfreich, um für sich das Wesentliche zu erkennen, den Blick für Prioritäten zu schärfen und Probleme zu relativieren.

„Wie möchte ich am Totenbett in Dankbarkeit auf ein erfülltes Leben zurückblicken?"

oder wenn Ihnen das zu weit weg oder zu morbid ist: „Wie werde ich in ein paar Jahren diese Situation betrachten?" oder auch „Wie sollen meine Enkelkinder später über mich reden?".

7. Wertschätzend anders:

Auch aus ‚schlechten Eigenschaften' lassen sich positive Funktionalitäten entwickeln

Das Werte- und Entwicklungsviereck von Friedemann Schultz von Thun hilft, sich von der bewertenden Bipolarität zwischen „Himmel und Hölle", „gut und schlecht" bzw. „sehr gut und nicht genügend" so weit zu distanzieren, dass die positiven Funktionalitäten sichtbar werden: In unserer Kultur ist Abwertung ein häufiges Phänomen. So wirft der Gewissenhafte dem anderen vor, oberflächlich zu sein. Der revanchiert sich mit „Du bist so penibel und detailverliebt". Dem Vorwurf folgt, je nach Temperament, eine Rechtfertigung oder der Gegenangriff. In beiden Fällen erschwert es die Entwicklung, dass sie „gegen den Strich" geht. Doch auch aus den so genannten „schlechten Eigenschaften" lassen sich positive Funktionalitäten entwickeln: einerseits kann der Oberflächliche sehr gut den Überblick bewahren und der Detailverliebte ist verlässlich bis ins Detail.

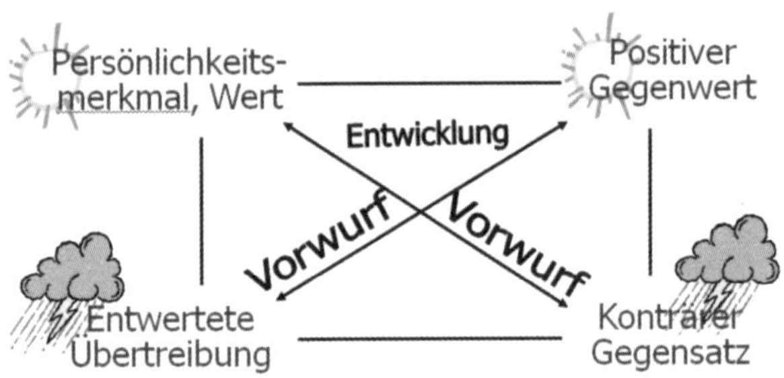

Das Wertevieleck bietet sich an, um aus dem, was einem an anderen stört und den Vorwürfen, mit denen man selbst konfrontiert wird, die positiven Funktionalitäten herauszuschälen und wertschätzende Kooperation zwischen positiven Gegenwerten zu ermöglichen – frei nach Paracelsus, der gemeint hat:

„Die Dosis macht das Gift zur Medizin."

8. Erfolgstagebuch:

Beenden Sie Ihren Tag mit dem Eintrag im Erfolgstagebuch:

„Was ist mir gelungen, welche (Teil-)Erfolge habe ich bereits erzielt und worüber habe ich mich gefreut?"

Sammeln Sie positives Feed-back und Nettigkeiten in Ihrem persönlichen „Erntewagen". Wenn Sie sich einseitig nur mit den unerledigten Aufgaben beschäftigen, erinnert das an Sisyphus. Aus der bewussten Wahrnehmung von Erledigtem können Sie wunderbar Energie schöpfen, um sich am nächsten Tag neuen Herausforderungen zu stellen.

Energie schöpfen aus Erfolgen und erledigten Aufgaben

An „grauen Tagen" können Sie dann eine Runde in bereits erzielten Erfolgen suhlen und sich so am eigenen Schopf wieder aus dem Sumpf ziehen. Unser Hirn ist viel intensiver im Wahrnehmen und Erinnern von Problemen als in dem von Lösungen. Das Erfolgstagebuch ist eine wunderbare Möglichkeit, dieser einseitigen Wahrnehmung bewusst entgegenzusteuern. Übrigens: Sie wissen wahrscheinlich, wie schwer es ist, aufzuhören, an Probleme zu denken. Weg-Denken geht auch nicht (siehe auch VW-Regel, Seite 192), darum ist es so wichtig, stattdessen hin zu den Erfolgen und Teil-Erfolgen zu denken. Mit

„Und worauf freue ich mich heute Abend?"

oder

„Was gönne ich mir heute noch?"

können Sie ideal Ihre berufliche mit Ihrer privaten Lebenszeit verbinden.

9. Mehr von dem tun, das sich bewährt hat:

Um Stärken gezielt nutzen zu können, muss ich um meine Stärken wissen. Doch es wird uns in unseren Bildungseinrichtungen kaum vermittelt, wie ich meine individuellen Talente und Begabungen wertschätzend-realistisch erkennen und entwickeln kann. An einer Säule der Vorhalle des Apollotempels in Delphi steht als Schlüssel zur Weisheit und Einsicht der Spruch:

„Erkenne Dich selbst"

Eine hochgradig wirkungsvolle Möglichkeit ist es, die eigenen Erfolge und Leistungen zu analysieren. Im Leistungssport werden erfolgreiche Fahrten ungleich intensiver analysiert als nicht erfolgreiche. Es ist mindestens so wichtig aus Erfolgen zu lernen wie aus Niederlagen. Ergründen Sie, mit welchen Stärken, Strategien und Handlungen Sie den Erfolg erzielt oder zu Erfolgen beigetragen haben.

Stellen Sie sich immer wieder die Frage:

"Wie habe ich das geschafft?"
"Was von mir hat den Erfolg ermöglicht?"

Dabei ist es unerheblich, ob es sich um private oder berufliche, kleine oder große Erfolge handelt. Ihnen ist es gelungen, Sie haben etwas geleistet: finden sie mit herzhafter Neugierde heraus, WIE Sie das bewerkstelligt haben *(siehe auch Lust auf Erfolg Seite 166).*

10. Die Sonnenseite nutzen – statt unter der Schattenseite zu leiden:

Der Optimist sieht in jeder Schwierigkeit eine Chance, der Pessimist in jeder Chance die Schwierigkeit. Erstere erzielen Erfolge wirkungsvoller und mit mehr Leichtigkeit. Viktor Frankl verkörpert die Grundhaltung:

NIPSILD: **N**icht **i**n **P**roblemen **s**ondern **i**n **L**ösungen **d**enken

Von ihm stammt das Werkzeug:

WIDEG – **W**ofür **I**st **D**as **E**ine **G**elegenheit?

Anstatt sich über nicht änderbare Fakten zu ärgern lieber zu ergründen „Wofür könnte ich das nutzen?" Habe ich z.B. früher ungeduldig auf den Aufzug gewartet, so nutze ich das jetzt für Atemübungen. Frei nach dem Motto der deutsche Sozialpädagogin Helga Schäferling:

„Wenn dir eine Laus über die Leber läuft,
lade Marienkäfer ein!"

11. Vermeiden Sie die Stressfalle:

Viele kleine Zwischenziele bringen Erfolgserlebnisse und schützen so gegen Stress

Ausgerechnet dann, wenn sehr viel zu tun ist, schrumpft die von uns subjektiv wahrgenommene Zeit. Sie können diesem Effekt entgegenwirken und ihre volle Leistungsfähigkeit auch in Zeiten intensiver und vieler gleichzeitiger Aufgaben wahren, indem Sie nach dem Tausendfüßlerprinzip ganz bewusst einen (kleinen) Schritt nach dem anderen setzen. Gerade in stressigen Zeiten ist es überlebenswichtig, große Aufgaben in kleine Zwischenergebnisse zu teilen und aus dem kurzen bewussten Wahrnehmen

„Wieder etwas geschafft...
UND: jetzt geht es Schritt für Schritt weiter!"

die Kraft zu schöpfen, die Sie für die Fülle der Aufgaben brauchen.

Wenn Sie der Berg des Unerledigten zu erschlagen droht, wenden Sie ganz bewusst den Blick auf das, was Sie schon erledigt haben und überlegen sich bewusst den nächsten Schritt.

12. Sie müssen nicht:

"Ich muss schnell ..." oder „Ich muss unbedingt ..." erzeugt Stress und der engt das Blickfeld und die Gestaltungsmöglichkeiten extrem ein. Ersetzen Sie das „müssen" durch **„Mir ist es wichtig, dass ..."** oder **„Wenn möglich, möchte ich ..."** Sie haben immer Handlungsalternativen und entscheiden sich für jene, wo die Bilanz zwischen Vor- und Nachteilen Ihnen am günstigsten erscheint. Ganz oft, wenn Sie spontan ein „ich muss ..." empfinden, wäre ein **„ich entscheide mich ..."** nicht nur kraftvoller, sondern auch ehrlicher mit sich selbst. Ersteres ist Opfersprache. Sie fühlen sich den Umständen ohnmächtig ausgeliefert. Zweiteres verdeutlicht, dass Sie Leben aktiv in die Hand nehmen und entscheidend gestalten. Mit diesem Perspektivenwechsel verhindern Sie den durch Stress erzeugten Tunnelblick und behalten Ihre volle Kreativität und Gestaltungskraft.

13. Lächeln als bestes Mittel gegen Stress:

Im Stress handeln wir häufig biologisch programmiert. Unser Hirn schaltet auf den Überlebens-Modus: gleich muss es jagen, kämpfen oder fliehen. Dafür fließt das Blut vermehrt in die Gliedmaßen. Der denkende Vorderkopf ist unterversorgt. Mehr noch, um die Flucht sicherzustellen, ist die Kreativitätsnuss im Großhirn ausgeschaltet. Richten Sie in stressigen Situationen Ihre Aufmerksamkeit bewusst auf etwas, was Sie von innen heraus zum Lachen oder Lächeln bringt.

Lachen ist gut gegen Stress und erhöht die Kreativität

Dieses Lachen ist gesund: Es schwemmt die Stresshormone aus dem Hirn und schaltet die Kreativität, die Sie zum Finden der Lösung brauchen, wieder ein.

Übrigens: Hüpfen oder fröhliche Hand- und Fingerbewegungen zu machen, stimmt auch innerlich fröhlich. Wagen Sie das Experiment zu hüpfen und gleichzeitig laut zu sprechen: „ich bin so depressiv". Das ist eine Übung aus der Gelotologie, der Wissenschaft des Lachens. Die Widersprüchlichkeit von äußerer und innerer Haltung führt unweigerlich zum gesunden Lachen.

Achtung: gesundes Lachen umfasst die Mund- und Augenpartie unseres Gesichts und heißt wissenschaftlich Duchenne-Lächeln. Nur die Mundwinkel nach oben zu ziehen, verkrampft die Wangenmuskulatur und blockiert unsere Kiefer. Dieses aufgesetzte Freundlichkeitslächeln ist daher ungesund.

14. Kultivieren Sie Glücks-Momente:

Leider werden Glücksmomente von unserem Hirn flüchtig wahrgenommen. Es liegt an uns, sie bewusst auszukosten.

„Glück ist das Ergebnis glücklicher Gedanken."

N.N.

Glücks-momente lassen sich kultivieren und in schlechteren Zeiten aktivieren

Um sie auch in stressigen oder trüben Zeiten aktivieren zu können, ist es klug, sie in freudvollen Zeiten zu kultivieren. Rufen Sie sich in möglichst entspannter Haltung für Sie beglückende Momente, Szenen, Bilder ... in Erinnerung. Schmücken Sie diese lustvoll aus. Nutzen Sie dazu alle Ihre Sinne. Vergegenwärtigen Sie sich die Farben, das Licht, das Strahlen, ... hören Sie mit Ihrem inneren Ohr die Klänge, Geräusche, den Rhythmus ... oder genießen Sie die tiefe Ruhe, ... vielleicht bewegen Sie sich in Ihrer Glücksgeschichte, empfinden Sie in den beglückenden Moment hinein, ... vielleicht riechen oder schmecken Sie auch etwas. Intensivieren Sie Ihr inneres Erleben und ankern Sie Ihre Eindrücke z.B. durch Umfassen der Daumenspitze mit den Fingern der anderen Hand. Selbstverständlich können Sie diese persönlichen Glücksmomente auch in anderen Körperregionen platzieren. Es ist sinnvoll, einen Körperteil zu verwenden, den Sie immer wieder leicht abrufen können. Praktizieren Sie dieses bewusste Auskosten und Ankern von Glücksmomenten einige Wochen lang täglich mehrfach. Auf diese Weise verinnerlicht Ihr Hirn immer mehr die glücklichen Gedanken, Empfindungen und Szenen.

15. Dankbarkeit als solide Grundlage für Glück:

Wir teilen die Sichtweise von David Steindl-Rast:

„Nicht das Glück macht uns dankbar,
sondern die Dankbarkeit macht uns glücklich."

Dankbarkeit zu empfinden, in dem wir uns bewusst machen, dass ganz vieles nicht selbstverständlich ist, auch wenn wir es in der Zwischenzeit als selbstverständlich betrachten, ist eine gute Einstellung, um Zufriedenheit und Glück zu empfinden.

„Dankbarkeit zu fühlen und sie nicht auszudrücken,
ist wie ein Geschenk zu verpacken und es nicht
zu verschenken."

Wir sind William Arthur Ward dankbar für diesen anregenden, treffenden Gedanken!

„DANKE" ist ein geniales Einstiegswort in Gespräche und auch in Mails z.B. „Danke für Ihre zeitnahe Rückmeldung." oder „Danke für Ihre Anfrage." Achtung, es ist wichtig, dass es sich dabei um eine empfundene Dankbarkeit handelt – sonst wirken die Worte leicht zynisch.

Die hohe Schule der Lebenszufriedenheit besteht darin, auch sich selbst dafür dankbar zu sein, was man trägt, leistet, bewirkt, entwickelt hat. Und für viele von uns gibt es auch noch ein Höheres, dem wir in Dankbarkeit verbunden sind z.B. dafür, dass wir Stärken, Potenziale, Entwicklungsmöglichkeiten, ein freundliches Umfeld mit auf den Weg bekommen haben.

16. Verbessern Sie Ihre Glücksbilanz:

In der empirisch-soziologischen Glücksforschung wird die Lebenszufriedenheit anhand von 3 Fragen erhoben – die dabei erstellte Glücksbilanz korreliert in eindrücklicher Weise mit der hirnneuronalen Messung der Glücksfähigkeit von Menschen:

1. Mein Leben im Vergleich zu meinem Wunsch-Leben

Wie würde ich gerne leben und wie lebe ich tatsächlich?
- ▸ kleine oder große positive oder negative Abweichung

2. Mein jetziges Leben im Vergleich zu meinem bisherigen Leben

Fühle ich mich jetzt glücklicher und zufriedener als früher, oder würde ich gerne die Zeit zurückdrehen?
- ▸ kleine oder große positive oder negative Abweichung

3. Mein Leben im Vergleich zum Leben anderer

Wenn ich mich mit anderen vergleiche, erfüllt mich das mit Zufriedenheit oder denke ich mir häufig, andere haben es besser erwischt?
- ▸ kleine oder große positive oder negative Abweichung

Die Bilanz über die 3 Fragen ist ein Maß für Ihre allgemeine Lebenszufriedenheit.
Sie können bewusst positiven Einfluss darauf nehmen, indem Sie

1. Ihr Wunschleben überprüfen: Woher kommen diese Wünsche? Sind das wirklich meine ureigensten Wünsche oder sind dies externe Wünsche, die ich verinnerlicht habe? Stehen in meinem Leben Entscheidungen an, um mich meinem Wunsch-Leben anzunähern?

Woher kommen meine Wünsche? Bin ich (zu) anspruchsvoll?

2. Wie realistisch sehe ich die Vergangenheit oder neige ich dazu, sie zu idealisieren?

Was brauche ich, um mich mit meinem jetzigen Alter und meiner jetzigen Lebenssituation anzufreunden?
Was erschwert mir, mit meinem Alter zu leben oder hab ich nur die Jugend-Kultwerte unserer Gesellschaft verinnerlicht? Was würde es mir leichter machen? Nutzen Sie den Motivations-Check *(siehe Punkt 3, Seite 176)*, um das zu würdigen, was JETZT stimmig ist.

3. Mit wem vergleiche ich mich?
Wir dürfen nicht vergessen, dass wir auf einem sehr hohen Niveau unzufrieden sind, schließlich zählt Österreich zu den 10 reichsten Ländern der Welt.

17. Ist es klug, eine Beziehung weiter zu pflegen oder zu beenden:

Egal ob es um eine private oder berufliche Beziehung zu einem Menschen oder auch zu einer Organisation geht oder aber um die Entscheidung, sich von einem/einer MitarbeiterIn zu trennen oder nicht, die folgenden 3 Fragen können zur Orientierung dienen:

Wie geht es mir in einer Beziehung und was macht diese mit mir?

1. Über einen längeren Zeitraum geht es mir mehr gut oder schlecht in dieser Beziehung?
Wenn ich mit dieser Person gesprochen habe, bin ich meistens erleichtert oder belastet?
Mit welchem Gefühl gehe ich in die Organisation, mit welchem aus ihr heraus?
Wie viel Führungsarbeit kostet mich der/die MitarbeiterIn, wie viel trägt er/sie zum gemeinsamen Erfolg bei?

2. Kann ich in dieser Beziehung meine Persönlichkeit entfalten?
Trägt das Meistern der Probleme dazu bei, dass ich mich in eine von mir gewünschte Richtung entwickle – oder muss ich mich verbiegen, werde verletzt und werde mir zunehmend fremd? Kann ich mit diesem/dieser MitarbeiterIn meine Visionen, Missionen und Strategien verwirklichen und meine Ziele erreichen? Inwiefern steht der/die MitarbeiterIn auf der Seite der Erfolg-Chancen oder –Risiken?

3. Der/die andere ist wie er/sie ist: möchte ich dann in 3 oder 5 oder 10 Jahren noch in dieser Beziehung sein?
Die 3. Frage ist eine Check-Frage, weil ganz viele Beziehungen eigentlich nicht zum anderen Menschen sondern zum eigenen Wunschbild vom anderen sind. Das erzeugt aber beiderseitigen Frust und ist ein zentraler Teil von Paul Watzlawick's Anleitung zum Unglücklichsein.

18. Gesunde Alternativen zum Ärgern – Tipps für mehr Souveränität und Gelassenheit:

Im Ärgern sind wir Naturtalente. Nur die Emotion der Angst ist für unser Hirn noch intensiver. Dabei ist Ärger Blindleistung mit Wirkungsgrad Null. Sie sind der Lösung keinen Schritt näher. Außerdem schädigt es Ihre Glücksfähigkeit. Achtung: Sie müssen sich nicht ärgern. Sie sind auch nicht in der passiven Rolle „Er/sie/es ärgert mich!"

Ersetzen Sie diesen ohnmächtigen Gedanken durch „Ich ärgere mich über ihn/sie/es." Oder vielleicht sogar: „Ich lasse es zu, dass ich mich über ihn/sie/es ärgere." Die gute Nachricht:

„Nicht alles und nicht jedeR ist die kostbare Energie Ihres Ärgers Wert."

und: Auch wenn viele Ärgerangebote so attraktiv und unwiderstehlich aussehen, Sie müssen sie nicht annehmen. Wenn Sie zum Gedanken fähig sind: „Wie viel Ärgerenergie ist mir das Wert?" oder „Ah, ein wundervolles Ärgerangebot, wie sieht mein Ärgerbudget für diese Woche aus?" sind Sie in der sicheren Beobachterposition und wahren Distanz. „Was haben wir da wieder für ein menschliches Prachtexemplar?" oder „1. Reihe fußfrei: es ist immer wieder erstaunlich welches Verhalten Menschen zeigen!" Oder „Eine unglaubliche Geschichte, wem könnte ich sie erzählen?" sind andere Möglichkeiten, statt in den Ärger auf Abstand zu gehen.

Die Distanz der Beobachterposition nutzen und Ärgerangebote ablehnen

"Wenn Dir etwas Ärgerliches passiert, nicht ärgern sondern wundern. Wenn Dir etwas Wundervolles passiert, nicht wundern sondern freuen."

In der Fachsprache nennt man das Dissozieren d.h. den Schutz der Beobachterrolle suchen bei Ärgernissen und Assozieren d.h. Verinnerlichen von Erfreulichem.

Letzte Sicherheitsnetze können die Gedanken sein: „Auch dieser Mensch wurde als wunderbarer Säugling geboren." „Was mag wohl in diesem Menschen vorgehen?" oder auch

„Wie froh bin ich, in meiner Haut zu atmen und nicht in seiner/ihrer!"

Hilfreich ist auch ein solides Selbst-Bewusstsein inkl. der dazu stimmigen Körperhaltung:

„Was juckt die Eiche, wenn das Wildschwein schabt"

Deutscher Volksmund

19. Strategien gegen Angst, um Risiken souverän zu meistern:

Wenn wir gebannt auf das starren, wovor wir uns fürchten, erhöht das drastisch das Risiko, dass sich die Angst in einer selbsterfüllenden Prophezeiung verwirklicht. Schließlich folgt unsere Bewegung den Augen.

Von daher ist es entscheidend, dem wovor wir uns fürchten ins Auge zu blicken.

- Worin besteht die Gefahr?
- Wie groß ist das Risiko tatsächlich?
- Und vor allem: Was braucht es, um das Risiko abzusichern?

Machen Sie es wie die Flugpiloten und generieren Sie in Ihrer Vorstellung so viele Filme wie möglich, was es braucht, um Gefahren frühzeitig zu erkennen und souverän zu meistern!

20. Rollenklarheit für effektives Handeln:

Rollenklarheit für sich selbst und andere erlangen

Wir alle verkörpern beruflich und privat verschiedene Rollen wie z.B.: Führungskraft, ExpertIn, KollegIn, ZimmergefährtIn, Elternteil, LebenspartnerIn, FreundIn, ... und individueller Mensch. Rollenklarheit ist die Grundvoraussetzung für effektives Handeln und verständnis- und lösungsorientiertes Kommunizieren. „Welchen Hut hab ich gerade auf?" sollte Ihnen daher stets klar sein. Es macht einen großen Unterschied, ob Sie sich als ZimmerkollegIn oder als Führungskraft von jemandem etwas wünschen – in einem Fall geht es um Ihre persönlichen Bedürfnisse und Grenzen im andern Fall um Ihre Gesamtverantwortung für das Team. Oder ob Sie z.B. als ExpertIn Ihre Meinung vertreten oder als Führungskraft Regeln mit Ihrem Team vereinbaren. Wenn es für Sie selbst stets klar ist, in welcher Rolle Sie gerade agieren, ist das die beste Voraussetzung, dass es auch von den Anderen klar wahrgenommen wird. Sie können dem auch noch sprachlich Ausdruck verleihen z.B. „Aus Sicht des gesamten Teams ist mir wichtig, ..." ist klar eine Aussage als Führungskraft. Im Gegensatz zu „Bei meinen Projekten hab ich damit... gute Erfahrungen gemacht." ist typisch ein Austausch auf ExpertInnen-Ebene. Für den Gesprächseinstieg eignen sich besonders gut die Beziehungsebenen „Von Mensch zu Mensch" bzw. von „Gast zu GastgeberIn".

Johann Wolfgang von Goethe hat gemeint:

*„Wenn der Mensch sich selbst bleibt,
bleibt ihm viel."*

Will heißen, in all unseren verschiedenen Rollen, die wir ausfüllen verkörpern wir in authentischer Weise unterschiedliche Fassetten von uns selbst.

21. Anti-Mikado-Strategie:

Es gibt den wenig wertschätzenden Witz vom Beamten-Mikado: Wer sich zuerst bewegt, verliert. Wir vertreten die gegenteilige Strategie: Wer sich zuerst bewegt, sitzt am längeren Ast. Egal ob bei schwierigen Gesprächen, Verhandlungen, Konflikten: Auf die Anderen zugehen verkörpert Souveränität. Wenn Sie erste Schritte setzen, haben Sie mehr Gestaltungsmöglichkeiten. Und es liegt in Ihrer Hand, wie sie in das Gespräch einsteigen.

Das gilt ganz besonders für unangenehme Nachrichten. Wenn Sie z.B. von sich aus ansprechen, dass Ihnen leid tut, dass ein Fehler passiert ist und was sie im Sinn der Schadensbegrenzung schon gemacht haben, erzeugt das ein ganz anderes Bild, als wenn Sie der Andere anspricht und Sie sich dann rechtfertigen müssen. Proaktiv die Initiative zu ergreifen erweitert Ihren Handlungshorizont und ist eine hochwirksame Strategie gegen die Rechtfertigungsfalle.

22. Positiver Einstieg in schwierige Gespräche:

Zur mentalen Vorbereitung von Gesprächen mit „schwierigen Menschen" eignet sich die – zugegebenermaßen schwierige – Frage: „Bei allem was für mich an diesem Menschen schwierig und abstoßend ist: was schätze ich an dieser Person?" Auch wenn es nur eine Kleinigkeit ist oder etwas dem Beruflichen gar nicht Nahestehendes wie ein gemeinsames Hobby oder ein sympathischer Hund, richten Sie bewusst ihre Gedanken beim Einstieg ins Gespräch auf das, was für Sie positiv ist. In besonders hartnäckigen Fällen helfen vielleicht auch die leichteren Fragen „Was mögen andere an dieser Person schätzen – z.B. solche die nicht die gleiche Vorgeschichte wie ich haben?" oder „Was habe ich früher an dieser Person geschätzt?"

Was schätze ich an dieser Person, was verbindet uns?

Einstieg mit Wertschätzung – ausgesprochen oder auch nur ehrlich empfunden – bringt Gespräche in konstruktive Bahnen. Was ist meine persönliche Beziehung zu diesem Thema? Was stimmt mich zuversichtlich, dass es diesmal zu einem positiven Ergebnis führt? sind hilfreiche Einstimmungsfragen. Wenn Sie möglicherweise sogar verbindende Gemeinsamkeiten ausgelotet haben, verfügen Sie über eine weitere solide Grundlage für konstruktive, lösungsorientierte, verständnisfördernde Gespräche.

23. Selbst-Bewusstsein verkörpern:

Durch unsere Körperhaltung erzeugen wir nicht nur Wirkung bei unserem Gegenüber sondern vor allem auch in unserem eigenen Hirn. Der Neurowissenschafter António Damásio hat treffend formuliert:

„Der Körper ist Bühne der Gefühle."

In einer selbstbewussten Körperhaltung denken Sie klarer, handeln Sie effektiver und kommen souveräner beim Vis-a-vis an. Dazu ist es wichtig, dass Sie Ihre beiden Füße – egal ob im Sitzen oder im Stehen – in Hüftbreite solide auf den Boden stellen. Richten Sie sich aus dem Beckenboden auf. Dazu ist es förderlich, wenn Sie leicht den Nabel einziehen. Entscheidend ist es, dass Sie Ihr Selbst – das ist die Stelle an dem wir als Kinder die Thymusdrüse hatten – aufrichten und ihm durch offene Schulterhaltung auch etwas mehr Raum geben.

Unsere Körperhaltung wirkt auf unser Selbst-Empfinden und auf Andere

Wichtig ist darüber hinaus eine gerade Kopfhaltung – das Kinn etwas zu hoch, würde einen nicht mehr selbstbewussten sondern schon überheblichen Eindruck erwecken. Probieren Sie es selbst aus: In dieser selbstbewussten Haltung ist es fast unmöglich, über sich selbst geringschätzig zu denken. Gedanken wie „Niemand nimmt mich ernst." können mit aufrechtem Selbst nicht stimmig gedacht oder gesprochen werden.

Selbstverständlich können Sie in dieser selbstbewussten Haltung auch gehen. Der Impuls der Bewegung geht wieder vom Selbst aus. Achtung: auch beim Telefonieren hört man – mehr oder weniger bewusst – wie der/die Andere sitzt. Es zahlt sich aus, dass Sie bei schwierigen Telefonaten bewusst auf ihre souveräne Körperhaltung achten und vielleicht sogar aufstehen oder festen Schrittes gehen.

24. Empathisches Verständnis als Grundlage für Sachargumente:

Nur wenn wir auf der Beziehungsebene JA dazu sagen, wie der/die Andere mit uns kommuniziert, hören wir auf der Sachebene auch nur zu. Wenn es uns nicht passt, dass oder WIE sich der/die Andere zu uns in Beziehung stellt, greifen wir zum nächstbesten vorgeschobenen, pseudosachlichen ‚Ja, aber-Argument'. Oder wir klappen die Ohren und ignorieren. Nach dem Motto „Lass ihn/sie ruhig reden..." Verständnis auf der Beziehungsebene ist die Voraussetzung für Argumentation auf der Sachebene. Um empathisches Verständnis zu entwickeln und zu zeigen, müssen Sie den/die AndereN auch nicht verstehen. „Offensichtlich ist das für Sie sehr ärgerlich / sehr wichtig ...". können wir erkennen ohne dass wir verstehen, warum das für das Vis-a-vis so ärgerlich / so wichtig ist.

"Empfundenes Verständnis zeigen
mit oder ohne Verstehen und auch mit oder ohne Zustimmung"

„Es tut mir leid, dass Sie von unserer Leistung enttäuscht sind." kann ich reinen Herzens sagen. Tatsächlich sind den meisten von uns zufriedene Kunden lieber als unzufriedene. Damit hab ich noch nicht präjudiziert, ob eine Reklamation angemessen ist oder nicht. Denn empathisches Verständnis zu zeigen kann ich auch ohne Zustimmung. „Mir ist klar, dass Sie ungeduldig auf die Lösung warten. Bitte haben Sie Verständnis dafür, dass eine nachhaltige Lösung bis Freitag dauert." Eine nützliche Orientierung kann die Devise

„interessiert sein statt interessant sein wollen"

sein!

25. Kluger Umgang mit Revieren:

Für unser Rudeltierhirn ist die Sicherheit unseres Reviers sehr bedeutsam. Darum reagieren wir ziemlich irritiert auf Revierverletzungen z.B. dass jemand Anderer ungefragt unser Revier betritt oder z.B. unsere Unterlagen verschiebt und anders ordnet. Um Gespräche nicht mit solchen Irritationen zu belasten empfiehlt es sich, als Gast zu einem/einer GastgeberIn zu kommen und ihm/ihr die entsprechende Höflichkeit zukommen zu lassen – im Minimalfall ein kurzer Blickkontakt. Und das gilt für VorständInnen genauso wie für MitarbeiterInnen an der Maschine.

Die besitzanzeigenden Fürwörter tragen auch wesentlich zur Entspannung bei, wenn Querschnittsthemen bereichsübergreifend ausgerollt werden: es geht um IHRE Prozesse in IHREM Bereich und darum, wie SIE sich einen Überblick über IHRE Abläufe verschaffen. Achtung: ein gut gemeintes WIR kann leicht in die falsche Kehle kommen. Sie kennen vielleicht die Wirkung der Aussage: Wir müssen noch die Koffer packen! Es gibt ja auch die augenzwinkernde Aussage, dass TEAM für „**T**oll **E**in **A**nderer **M**acht's" steht.

Umso klüger ist es, "Reviere" wie IHR Verantwortungsbereich, IHR Produktsegment, DEIN Themenfeld, ... etc. zu delegieren – und nicht nur vage Teile von Aufgaben. Zur Identifikation stiftenden und Motivation stärkenden Homebase kann es werden, wenn Sie innerhalb der vorgegebenen Rahmenbedingungen angemessene Gestaltungsmöglichkeiten lassen.

Delegieren Sie Reviere statt Teile von Aufgaben - so steigern Sie Motivation

26. Streichen Sie „ABER" aus dem Wortschatz – ersetzen Sie es durch „einerseits UND andererseits"

Das Wort „ABER" ist perfekt für ein kontraproduktives Ping-Pong-Spiel „Wer hat Recht?". So kommt man einer Lösung nur schwer näher, vielmehr führt es zur Pattstellung und zur Eskalation von Konflikten.

„Einerseits und andererseits" bzw. „Aus Ihrer Sicht und aus meiner Sicht" bzw. „technisch und finanziell betrachtet" ermöglichen den Blick für's Ganze. Im Wort MEINung steckt schon drinnen, dass es sich um MEINE MEINung handelt, neben der Platz sein sollte für DEINE MEINung!

27. Konsens-Entscheidungen im Team:

In großen Teams können Meinungen mit Tools visualisiert werden

Um auch in größeren Runden möglichst viel und rasch konsensual zu entscheiden und dabei hohes Kommitment zu erzielen können Sie alle TeilnehmerInnen mit grünen, gelben und roten Karten ausstatten (z.B. Pinkärtchen sind in vielen Besprechungsräumen verfügbar.)

Zunächst werden kurz die Sichtweisen gesammelt. Sobald in Bezug auf einzelne Aspekte Konsens in Sicht scheint, halten sie diese fest und lassen Sie von jedem/jeder Einzelnen die Karten zeigen.

Grüne Karte:	JA, ich möchte das!
Gelbe Karte:	Ich trage die Entscheidung mit und ich bin bei der Umsetzung mit dabei.
Rote Karte:	Konstruktives NEIN. Darüber müssen wir noch reden.

Konsens ist erzielt, wenn es nur noch grüne und gelbe Karten in der Runde gibt.

Die rote Karte ist herzlich willkommen, ist sie doch ein qualitätssicherndes konstruktives Aufzeigen, dass noch Dinge unklar sind. „Worüber sollten wir noch reden?" „Was sollten wir am Vorschlag ändern, dass Sie zumindest Gelb zeigen könnten?" helfen offene Punkte zu klären.

28. Wenige konsequente Regeln und Vereinbarungen:

Wenn Sie einen Regelverstoß oder eine Abweichung von einer Vereinbarung erkennen, ohne es direkt anzusprechen, tragen Sie dazu bei, dass die Regel und die Vereinbarung versanden. In diesen Momenten der Wahrheit gilt:

Nicht ansprechen heißt den Verstoß zu dulden und damit zu fördern.

Nutzen Sie dazu die Regeln konstruktiver Kritik (siehe Punkt 30.), die VW-Regel (siehe Punkt 31. oder den 3-Schritt der lösungsorientierten Kommunikation (siehe Punkt 32.).

Überlegen Sie sich bereits vor dem Aufstellen einer Regel oder dem Treffen einer Vereinbarung:

Ist es mir so wichtig, dass ich die Konsequenz aufbringe, es einzufordern?

Speziell im Umgang mit Primadonnen in jeglicher Form gilt der Grundsatz: wenige Regeln und Vereinbarungen und diese konsequent.

29. Partnerschaftliche Anerkennung statt urteilendem Lob:

So gut es tut, manchmal gelobt zu werden, es hat auch unerwünschten Beigeschmack. Da es meist pauschal gehalten ist, fällt es schwerer es anzunehmen. Noch dazu ist es eine – wenn auch positive – Beurteilung von oben herab. Manchmal klingt sogar noch ein „das hätte ich Dir gar nicht zugetraut" mit. Kein Wunder, dass Kinder mit ca. 6 Jahren allergisch auf Lob reagieren: „Du hast es Dir ja gar nicht richtig angeschaut." „Das sagst Du nur, damit ich weitermache." „Natürlich kann ich das, das ist ja kinderleicht." Von daher wundern Sie sich nicht, wenn ein gut gemeintes Lob „Das haben Sie gut gemacht!" oder „Toller Job!" statt Freude Widerstand auslöst und sich als kontraproduktiv erweist.

Anerkennung verhält sich zu Lob wie konstruktive zu destruktiver Kritik

Anerkennung verhält sich zu Lob wie konstruktive zu destruktiver Kritik. Nicht umsonst wird Lob und Tadel häufig als Paar genannt. „Ich hab Ihr Konzept aufmerksam gelesen. Auf mich wirkt es sehr schlüssig. Insbesondere von diesen von Ihnen herausgearbeiteten Aspekten .... erwarte ich mir sehr viel." ist wertschätzend-authentische Anerkennung.

Anerkennung	Lob
≈ Individuell	≈ Allgemein
≈ Konkret	≈ Pauschal
≈ Beschreibend	≈ Beurteilend
≈ Partnerschaftlich	≈ Von oben herab
≈ Ich-Botschaften	≈ Du / Sie / man
≈ authentisch	≈ manipulativ
	≈ Beigeschmack: das hätte ich Dir gar nicht zugetraut

30. Konstruktive Kritik:

Wir gehen davon aus, dass Sie eine Verhaltensveränderung bewirken und nicht nur Ihren Unmut loswerden wollen. Dann ist es sinnvoll, das Harvard-Verhandlungs-Prinzip

„Weich in der Form UND hart in der Sache"

auch für Kritikgespräche anzuwenden.

Konstruktiv	Destruktiv
≈ Beschreibend	≈ Urteilend
≈ Konkret	≈ Pauschal
≈ Lösungsorientiert	≈ Schuldzuweisung
≈ Zukunft	≈ Vergangenheit
≈ Verhalten	≈ Person
≈ Ich-Botschaften	≈ Du / Sie / man
≈ Klärend	≈ Vorwurfsvoll
≈ Wertschätzend	≈ Abwertend

Die folgenden Werkzeuge ‚VW-Regel', ‚3-Schritt der lösungsorientierten Kommunikation' und ‚Plus UND Delta' liefern dazu konkrete Formen.

31. Nutzen Sie die VW-Regel:

Mit der Strategie

"Statt als Vorwurf als Wunsch formulieren"

Klarheit schaffen durch Aussprechen was man will

finden Sie mit Ihrer Kritik eher Gehör und Akzeptanz. Wenn Sie bei anderen eine Verhaltensänderung bewirken wollen, formulieren Sie es als Wunsch, Erwartung oder Forderung, wie es sich ändern soll, und nicht als Vorwurf, was Sie stört. „Es ist unbedingt erforderlich, dass ich mich auf Deinen Beitrag verlassen kann." zeigt eher Wirkung als „Musst Du immer so unzuverlässig sein!" Und auch umgekehrt: Sie können auch Vorwürfe als Wünsche hören. Den offensichtlichen Vorwurf „Sie verstehen überhaupt nichts!" können Sie als Wunsch verstehen „Was hätten Sie gerne, dass ich verstehe?" Wenn man Ihnen vorwirft, das etwas nicht passt, fragen Sie doch nach, welche Vorschläge zur Anpassung er/sie hat. Von Viktor Frankl stammt die Frage:

"Was willst Du statt dessen?"

32. 3-Schritt der lösungsorientierten Kommunikation:

Bei flüchtigen Beziehungen ist es angemessen, „Unrat vorbeischwimmen zu lassen" und auf emotionale Distanz zu gehen. Bei dauerhaften Beziehungen z.B. mit einem Zimmerkollegen oder jemanden, mit dem man häufig zusammenarbeitet ist es sinnvoll, Dinge, die man ändern möchte, anzusprechen. Dieser 3-Schritt ist ein Werkzeug für konstruktive Kritik und erhöht die Wahrscheinlichkeit, dass die angestrebte Änderung eintritt.

Mit proaktiver konstruktiver Kritik die gemeinsame Zukunft gestalten

1. Meine konkrete Wahrnehmung:
möglichst konkrete Beschreibung der eigenen Wahrnehmungen sowie von Zahlen, Daten und Fakten: z.B.: Mir ist aufgefallen, dass ..., Von den letzen x Mal war y Mal ...

Achtung: Es gibt kein Wahrnehmungsorgan für „Sie sind so unzuverlässig." auch keines für „Warum haben Sie mir den Bericht noch nicht geschickt?" aber sehr wohl eines für: „Ich hab gerade meinen Posteingang noch einmal gecheckt. Ihren Bericht hab ich noch nicht gesehen."

2. Meine Interpretation, mein Eindruck, mein Empfinden, meine Beurteilung:
z.B.: Ich hab mich darüber geärgert, weil... Für mich ist das inakzeptabel, weil... Bei mir entsteht da der Eindruck, dass ... Das ist nicht das was ich mir unter kollegialer Zusammenarbeit vorstelle!

3. Mein Wunsch, meine Erwartung, meine Forderung für die Zukunft:
Was soll zukünftig anders sein? z.B.: Ich erwarte mir zukünftig,... Zukünftig muss gewährleistet sein, dass...
Wenn Sie darauf Wert legen, in dieser Funktion zu bleiben, muss ich mich darauf verlassen können, dass ...
Oder auch: „Ich wünsche mir für die Zukunft ..." „Ich bin gerne bereit, ... Das kann ich leichter/besser, wenn ...."

33. Reduzieren Sie Widerstände:

Ersetzen Sie das abendländische Defizit- und Problemdenken durch ein differenzierendes Denken in **Plus UND Delta**:
Fragen Sie sich immer,

- was ist **schon** gut **und** was möchte ich **noch** verbessern,
- was hat sich **schon** bewährt **und** was soll sich **noch** ändern,
- was kann ich **schon und** was möchte ich **noch** lernen,
- welche Stärken gibt es **schon und** wo sind **noch** Handlungsnotwendigkeiten,
- was habe ich **schon und** was brauche ich **noch**,
- was hab ich **schon** begonnen **und** was muss ich **noch** fortführen **und** fertig stellen,
- worin sind wir uns **schon** einig **und** was müssen wir **noch** klären?

Die Kombination der Wörter **„schon"** **„und"** **„noch"** ist diesbezüglich ein heißer Tipp! Sie kennen Sie wahrscheinlich, die Aufgaben, die man vor sich herschiebt und die Überwindung wird immer größer, sie in Angriff zu nehmen. „Ach, das Konzept, das ich schreiben muss. Ich hab noch gar nichts." Reduzieren Sie Ihren eigenen Widerstand, indem sie einen ersten kleinen Schritt setzen, der Ihnen nicht weh tut. Z.B. „Ich trage das Thema schon länger mit mir herum, als nächstes könnte ich einmal meine Ideen sammeln und aufschreiben." Oder legen Sie nur einmal ein Dokument mit dem richtigen Namen an. „Als nächstes überlege ich mir den 1. Satz." So wie die Gleitreibung viel geringer ist als die Haftreibung, kommen sie viel leichter in Fluss, wenn einmal ein 1. – kleiner – Schritt gesetzt ist.

34. Relativieren Sie Probleme:

Machen Sie Kritik und Probleme annehmbar(er), indem sie ihnen den Absolutanspruch nehmen

Nehmen Sie Problemen die Schwere und den Absolutanspruch, indem Sie im Zusammenhang mit Problemen immer die Wörter **„bisher"** oder **„derzeit"** verwenden: „Dafür hab' ich bisher noch keine Lösung gefunden." ist ermutigend – im Gegensatz zu „Das kann ich nicht." „Derzeit hat das Management noch kein Interesse dafür." Oder „Bisher haben wir noch nicht die überzeugenden Argumente gefunden." erzeugt weniger Widerstand als „In unserem Unternehmen geht das nicht." Dieser Perspektivenwechsel funktioniert auch ausgezeichnet bei den Problemschilderungen anderer!

Ähnliche Wirkung hat das Wort **„so"**: Im Gegensatz zu „Das geht nicht." regt „So geht das nicht." oder „So wie bisher geht das nicht." die Kreativität an, nach anderen noch nicht ausprobierten Lösungsmöglichkeiten zu suchen. Ähnlich ist die Wirkung bei

„Stimmt, bisher haben wir das so gemacht."

Es ist die Entschärfung des Killerarguments „Seit 30 Jahren machen wir das." und schafft Freiraum für die Gedanken „Es braucht etwas Neues!" und „Was könnten wir zukünftig anders machen?"
Achten Sie darauf, dass Sie dann mit "UND" statt "ABER" *(siehe auch Punkt 26, Seite 189)* Ihre Ausführungen fortsetzen.

35. Balance halten zwischen Spielbein UND Standbein:

Traugott Lindner, der Gründer des Hernstein Instituts für Management und Leadership, der die Gruppendynamik nach Europa gebracht hat, hat den Gedanken geprägt:

„Veränderung braucht Stabilität."

Und wie ein hoher Turm ein stabiles Fundament benötigt, so ist Wertschätzung für das Bestehende eine Grundvoraussetzung für Veränderungsbereitschaft.

So wie es ein absolutes No-Go ist, bei der Bewerbung schlecht über die letzte Arbeitsstelle zu reden, ist es äußerst kontraproduktiv das Vergangene und/oder Bestehende schlecht zu machen.

„Druck erzeugt Gegendruck"

- augenblicklich - nicht nur in der Physik sondern vor allem auch in zwischenmenschlichen Beziehungen. Wenn jemand das Bisherige angreift verbarrikadiere ich mich in der Verteidigung des Alten und schenke dem Neuen auch nicht die geringste Aufmerksamkeit. Oder wenn, dann höchstens um zum Gegenangriff auszuschlagen.

Mit Wertschätzung bauen Sie Brücken für neue Lösungen

„Es mag gute Gründe gegeben haben, warum man sich seinerzeit für diese Lösung entschieden hat." Oder: „Das war bisher eine Erfolgsstrategie. Jetzt gibt es veränderte Rahmenbedingungen, die Änderungen unserer Abläufe erfordern." Stellen Sie das Bisherige zumindest außer Frage: „Warum auch immer man das in der Vergangenheit so gemacht hat. Jetzt braucht es das und das." Und entziehen Sie sich wertenden Vergleichen, die leicht in der Rechtfertigungsfalle landen: „Ja, bei meinem Vorgänger war das anders. Mir ist jetzt wichtig."

Bei allen diesen Aussagen ist wichtig, dass sie mit einem ausgesprochenem oder unausgesprochenem UND verknüpft sind. ABER wäre hier äußerst kontraproduktiv *(siehe Punkt 26, Seite 189).*

„Was bleibt gleich?" UND „Was wird zukünftig anders?" ist eine zielführende Anwendung des Plus-UND-Delta-Denkens für Veränderungen *(siehe Punkt 33.).*

Übrigens gilt auch:

"Druck braucht Gegendruck"

Und so ist Widerstand Teil der Dynamik von Veränderungsprozessen. Ohne Gegendruck gibt es keine Ansatzpunkte, um Wirkung zu erzielen. Der Prozess ist nicht mehr steuerbar – wie ein Auto bei Aquaplaning. Da ist der Griff der Reifen gefragt – bei Veränderungsprozessen die Griffigkeit Ihrer Aussagen und Handlungen.

36. Gelingen von Veränderungen:

In der systemischen Gestaltung von Veränderungsprozessen hat sich folgende Formel für das Gelingen von Veränderungen herauskristallisiert:

L * V * KS > BV

Es braucht einen **L**eidensdruck und ein Problembewusstsein, die Einsicht zur Handlungsnotwendigkeit. Auf dem hohen Ross der Selbstzufriedenheit versanden Vorhaben! Genauso wichtig ist aber auch eine **V**ision, eine Vorstellung davon, was der verbesserte Zustand bewirkt und ermöglicht. Und schließlich müssen **k**onkrete **S**chritte vereinbart werden. Nur wenn das Produkt dieser 3 Faktoren größer ist als das **B**eharrungs**v**ermögen einer Organisation, kann sich etwas verändern! Zu beachten ist, dass die einzelnen Größen durch Multiplikation verbunden sind, das Ergebnis daher 0 ist, wenn nur ein einzelner Faktor auf 0 steht! Zusätzlicher Druck ohne Aussicht auf Erfolg fordert die Leidensfähigkeit, fördert aber nicht die Veränderungsbereitschaft!

Beachten Sie:
Erfolg braucht Entschlossenheit und den Glauben an den Erfolg *(siehe auch Punkt 2, Seite 174)*. Entscheiden Sie sich am besten **JETZT** und sorgen Sie dafür, dass Sie innerhalb der ersten **72 Stunden** mit zumindest einer kleinen Aktivität starten. Sonst wird es immer schwerer, dass Sie sich aufraffen.

37. Nehmen Sie Rat-Schlägen die emotionale Ohrfeige:

Harte Meinungen prallen am Gegenüber ab, nur richtig verpackt können sie etwas bewirken

Für viele von uns steht die Gut-Gemeint-Falle immer wieder weit offen. Wir wollen Andere von unseren Ideen überzeugen und Ihnen in wohlmeinender Weise helfen. Die Psychologie nennt es symbiotische Machtübergriffe, wenn ich nicht respektiere, dass Andere tatsächlich anders sind und daher andere Vorlieben haben als ich. Achtung auch hier gilt: Druck erzeugt Gegendruck – mit mehr Druck ernten Sie mehr Widerstand.

„Fragen statt Überzeugenwollen"

könnte eine sinnvolle Strategie sein. „Was hältst Du von dieser Idee?" macht den Anderen nachdenken während ein „Ich weiß, was für Dich gut ist." bei vielen von uns mit schlechten Erinnerungen verknüpft ist. „Wie passt diese Aussage zu dem?" umschifft elegant die Rechtfertigungsfalle, die ein „Das hast Du falsch gemacht!" auslösen würde. Die weich machende Wirkung des Konjunktivs ist bei Lösungsangeboten und Empfehlungen immer wieder hilfreich. „Ich könnte mir in dieser Situation gut vorstellen ..." Eine weitere wirkungsvolle Möglichkeit ist das Ansprechen von Anregungen „über die Bande" statt direkt: „Das ist genau richtig für Dich!" löst häufig Widerstand und Abwehr aus, macht skeptisch „Wie kann der Andere wissen, was für mich richtig ist?"

„In einem vergleichbaren Projekt haben wir damit ... gute Erfahrungen gemacht." Bietet mir die Möglichkeit, die Idee von der Seite zu betrachten und mir das herauszupicken, was auch für mich zielführend und stimmig ist. Als Grundhaltung bietet das Zitat von Henri Frédéric Amiel Orientierung:

„Zu wissen, wie man anregt, ist die Kunst des Lehrens."

38. Nutzen argumentieren:

Paul Watzlawick hat gemeint:

„Menschen wollen keinen Hammer.
Sie wollen ein Bild aufhängen."

Immer wieder erzählen wir technokratisch, wie Dinge funktionieren und sind ent-täuscht, wenn das Gegenüber nicht das erhoffte Interesse entgegenbringt. Wenn Sie Ihrem Vis-a-vis erzählen, welchen Nutzen es ihm/ihr bietet, haben Sie eine deutlich größere Chance, Gehör zu finden. Typische Redewendungen der „Nutzen-Sprache" sind:

Ein Werkzeug ist kein Selbstzweck sondern nur Mittel zur Lösung

- bietet Ihnen
- erhöht Ihre
- verhindert
- sichert Ihnen
- reduziert Ihre
- gewährt Ihnen
- bringt Ihnen
- schützt Sie vor
- sorgt für
- erleichtert Ihnen
- optimiert Ihre
- stärkt Ihre
- bedeutet für Sie
- spart Ihnen
- ermöglicht Ihnen
- steigert Ihre
- festigt Ihre
- schafft die Grundlage für

39. Lassen Sie sich von Pauschalaussagen nicht gleich stoppen:

Destruktivität zeichnet sich u.a. durch Pauschalaussagen aus, die zunächst sprachlos machen. „Unser Vorstand will das nicht." „Das widerspricht der EU-Rechtssprechung." „So kann man das nie und nimmer umsetzen." Diese Killerargumente können Einwände sein – mit einem konkreten Kern an Wahrheit – oder Vorwände – d.h. leere Behauptungen. Mit

„Was konkret aus Ihrer Sicht ...?"

kommen Sie entweder auf den konkreten Kern, wo sich dann auch leichter Lösungen finden lassen oder sie enttarnen vorgeschobene Argumente. „Worin sehen Sie im Konkreten die Umsetzungsschwierigkeiten?" oder auch „Was ist Ihr konkreter Alternativvorschlag?" bringt wieder konstruktive Bewegung in verfahrene Gespräche.

Mit

„Können wir bitte gemeinsam ... anschauen?"

z.B. einen Plan, eine Auswertung, vor Ort, die konkrete Anlage gewinnen Sie mehrfach Souveränität und konstruktive Lösungsansätze: Sie verschaffen sich Zeit zum Durchatmen, bis der Plan aufgeschlagen, das Programm hochgefahren, etc. ist. Es kommt Bewegung ins Gespräch - im wahrsten Sinn des Wortes: Sie blicken in eine Richtung. Diese konstruktive körperliche Veränderung führt auch zu veränderten inneren Haltungen. Und schließlich finden Sie ganz elegant von einer Ebene der vorwurfsvoll-emotionalen Behauptungen auf die sachliche Ebene der konkreten Wahrnehmungen zurück.

40. Stewardessen-Prinzip:

Alles was Sie tun, dass Sie an Ihren Aufgaben Freude haben, ist die wichtigste qualitätssichernde Maßnahme und hat den größten Einfluss auf die Motivation Anderer.

Achtsamer Umgang mit den eigenen Bedürfnissen

Wie eine Stewardess immer zunächst sich selbst mit Sauerstoff versorgt, um dann andere umso besser versorgen zu können, ist Ihre eigene Motivation und die Pflege Ihrer Lebensfreude und Ihrer Leistungsstärke das Wichtigste und das, womit Sie in Ihrem Umfeld am meisten bewirken.

Verschaffen Sie sich daher möglichst viele „Ball-im-Tor-Erlebnisse" *(siehe Punkt 8. Erfolgstagebuch, Seite 179)*, um daraus Kraft zu schöpfen.
Nehmen Sie

„Ich gönne mir ..."

in ihren Wortschatz auf.

Gönnen Sie sich zum Beispiel Pausen. Nutzen Sie diese immer wieder, um tief durchzuatmen. Wenn Sie schnaubend tief ausatmen, lockern sie zusätzlich ihre Gesichtsmuskulatur und die Körpermuskulatur, die mit ihr verbunden ist.

Vergessen Sie nicht, dass gerade Hochleistungsmotoren achtsame, präventive Pflege und immer wieder einen Boxenstopp brauchen.

Serviceteil

Glossar

AFQM
Austrian Foundation for Quality Management for Business Excellence

AMS
AMS (ArbeitsMarktService)

Balanced Score Card
Die Balanced Scorecard (BSC) dient als Führungsinstrument zur Ausrichtung der Organisation an strategischen Zielen. Im Gegensatz zu Unternehmensleitbildern und anderen unscharfen Formulierungen versucht die Balanced Scorecard die Erreichung von strategischen Zielen messbar und über die Ableitung von Maßnahmen umsetzbar zu machen. Im Gegensatz zu klassischen Kennzahlensystemen lenkt die BSC den Blick über die unterstellten Ursache-Wirkungs-Zusammenhänge aber auch auf nicht-finanzielle Indikatoren.

Ball-im-Tor-Effekte:
Der Begriff wurde durch Vera Birkenbihl geprägt und bezeichnet ein wichtiges Merkmal der Eigenmotivation. Ein Fußballer wird durch das Erfolgsergebnis ‚Ball im Tor' motiviert. Andere Personen können sich andere Ziele und vor allem Zwischenziele setzen, die prägnant die Funktion eines ‚Ball im Tor' haben.

Dissoziiert
Das Wort Dissoziation hat seinen Wortstamm im lateinischen disassociare, was „trennen" bzw. „ scheiden" bedeutet. In der Philosophie versteht man hierunter das Heraustreten eines Individuums aus seiner subjektiven Betrachtungssicht in eine objektive „Vogelperspektive", in der das subjektive Ich zum Teil eines Kontinuums wird. Zu deutsch: man nimmt eine Beobachterposition ein – auch gegenüber sich selbst.

Duchenne-Lächeln
Das Duchenne-Lächeln ist nach dem französischen Wissenschaftler Guillaume-Benjamin Duchenne benannt und gilt als das wahre menschliche Lachen. Der Mensch zeigt wahre Freude und kein gestelltes Lachen. Kennzeichnend hierfür ist, dass nicht nur die Mundwinkel mittels der mimischen Muskulatur nach oben gezogen werden, sondern auch die Augen beteiligt sind und in den äußeren Winkeln die typischen kleinen Fältchen zeigen.

EFQM
European Foundation for Quality Management for Business Excellence

Gender
Der Begriff Gender bezeichnet zum einen die soziale Geschlechterrolle (engl. gender role) beziehungsweise die sozialen Geschlechtsmerkmale. Es bezeichnet also alles, was in einer Kultur als typisch für ein bestimmtes Geschlecht angesehen wird (zum Beispiel Kleidung, Beruf, Verhaltensweisen, Tätigkeiten und so weiter); es verweist nicht unmittelbar auf die körperlichen Geschlechtsmerkmale (sex).

Gelotologie
Hierunter versteht man ist die Wissenschaft der Auswirkungen des Lachens. Sie beschäftigt sich mit den körperlichen und psychischen Aspekten des Lachens. Ihre Anwendung finden gelotologische Erkenntnisse in den sogenannten Humor-Therapien oder Lachtherapien.

Intervention
Intervention als Begriff kommt vom lateinischen intervenire und bedeutet dazwischenkommen, dazwischentreten, sich einschalten. Zumeist ist hiermit ein Eingriff in einen bestehenden Prozess gemeint.

Kaizen
Kaizen ist das japanische Wort für „immer besser". Kaizen wurde in den achtziger Jahren vom japanischen Autohersteller Toyota entwickelt. Kaizen versucht unter Einbindung möglichst aller Mitarbeiter Abläufe in Unternehmen systematisch zu analysieren und zu optimieren.

KVP
KVP, also der „Kontinuierliche Verbesserungsprozess", steht für das systematische Fördern und Nutzen des kreativen Potenzials aller Mitarbeiterinnen und Mitarbeiter eines Unternehmens.

Reframing
Durch Reframing (Umdeutung) wird einer Situation oder einem Geschehen eine andere Bedeutung oder ein anderer Sinn zugewiesen, und zwar dadurch, dass man versucht, die Situation in einem anderen Kontext (oder „Rahmen") zu sehen. Die Metapher hinter dem Ausdruck geht darauf zurück, dass ein Bilderrahmen den Ausschnitt des Gesamtbildes definiert, wie dies auch jemandes Blickwinkel bzgl. der Realität tut. Rahmen bedeutet auch ein Konzept, was unsere Sicht eingrenzt. Verlassen wir diese geistige Festlegung, können neue Vorstellungen und Deutungsmöglichkeiten entstehen. Einem in der Umdeutung geschulten Menschen ist es durch Kommunikation möglich, Szenen in einem anderen Blickwinkel (Rahmen) erscheinen zu lassen, sodass er es Beteiligten erleichtert, mit der Situation umzugehen.

Resilienz
Ursprünglich wurde mit Resilienz nur die Stärke eines Menschen bezeichnet, Lebenskrisen wie schwere Krankheiten, lange Arbeitslosigkeit, Verlust von nahestehenden Menschen oder ähnliches ohne anhaltende Beeinträchtigung

durchzustehen. Heute geht die Auslegung des Begriffes weiter: resiliente Personen haben erlernt, dass sie es sind, die über ihr eigenes Schicksal bestimmen (sogenannte Kontrollüberzeugung). Sie vertrauen nicht auf Glück oder Zufall, sondern nehmen die Dinge selbst in die Hand. Sie ergreifen Möglichkeiten, wenn sie sich bieten. Sie haben ein realistisches Bild von ihren Fähigkeiten.

Tetralemma
Das Tetralemma ist eine Methode zur Anwendung im Bereich von systemischem Coaching, Beratung und Therapie sowie der systemischer Strukturaufstellung. Dabei soll der Entscheidungs- und Handlungsraum beim Vorliegen eines sogenannten „Dilemmas" erweitert werden. Durch diese Erweiterung der Entscheidungs- und Handlungsmöglichkeiten zeichnen sich dann oft vorhger nicht gedachte Lösungsmöglichkeiten ab.

QM
Qualitätsmanagement

Stewardessen-Prinzip:
Zuerst sich selbst gut mit Sauerstoff versorgen, um dann Anderen helfen zu können.

TQM
Total Quality Management

Stichwortverzeichnis

Stichwort	Seite(n):				
Ab-Teilungs-Denken	68	76			
AFQM	113	141			
Anti-Mikado-Strategie	61	95	187		
Anti-Stress-Strategie	137				
ArbeitsMarktService AMS	132	140			
Arbeitswelt	8				
Ärgerangebote	185				
Assozieren	185				
Asymmetrie	48				
Balances Score Card	123				
Ball-im-Tor-Effekt	8	61	161		
Bauchhirn	46				
Befragungsmethodik	109				
Beharrungsvermögen	118				
BeobachterInnen-Position	99	185			
Best-Partner-Prinzip	55				
Beziehungsfeld	50				
Beziehungsqualität	75				
Blaulichtkultur	67	134 f.			
Boxenstopp	16	62	67	124	
Burnout	18				
Business Excellence Modelle	131	142			
Callcenter	83				
Change Management	117 ff.	124			
Change-Agent	120				
Cinderella-Komplex	167				
Coaching	23	41	172 ff.		
Coaching-Audits	109 f.				
Coaching-Techniken	115	159	163		
Controlling-Instrumente	122				
Corporate Identity	165				
Cost Center	63	79			
Coulomb'sche Gesetz	49				
Dienst-Leistung	23	24	63 ff.	73	75
	79	132	161		
Dissozieren	185				
Effektivität	177				
Effizienz	177				
EFQM	113	141			
Eigenmotivation	8	27	83		
Einzelkämpfer	38				
Emotion	45				

Ent-Täuschung	87			
Equality-Check	132			
Erfolgs-Tagebuch	18	27	151	179
Ergebnisorientierung	8			
Evolutions-Psychologie	59			
Fachkompetenz	20			
Fallibilismus	49			
Familienfreundlichkeit	147			
Familienkompetenzen	148	152		
Familienmanagement	139			
Feed-back	22	115		
Feigenblatt-Dasein	57			
Fernkraulen	33	59		
Fluktuation	139	156		
Frauenförderung	145			
Fried-Höflich-Keit	42			
Führungsexpertise	26			
Führungskräfte, neue	33			
Führungskräfteentwicklung	24			
Führungskräfte-Training	23			
Führungs-Qualität	20	41		
Führungsteam	24			
Führungsteamentwicklung	24	25		
Fulltime-Equivalents	71			
Gefangenen-Dilemma	91 f.			
Gelassenheitsgebet	30			
Gender	132 ff.	140	143	
Gender-Mainstreaming	51	145 ff.		
Gender-Paare	143			
Generationswechsel	124 ff.			
Geschäftsprozessopzimierung	117			
Gleichbehandlung	136			
Gleichklang	48			
Glücksbilanz	183			
Glücksfähigkeit	170			
Glückszentrum	157			
Gut-gemeint-Falle	55	90	127	196
Habzeug	28	65	110	
Harvard-Prinzip	36	147	155	
Heisenberg'sche Unschärferelation	44			
HelpDesk	80			
high-performance-Team	9			
Hirnforschung	7	11	74	151
Hirnmanagement	10			
Hofnarr	99			
Humanressourcen	71	142		

Huyghens'sche Prinzip	39			
Inhouse-Training	36			
Intuition	45 ff.	138		
ISO 9001:2008	103 ff.	110	113	
Kaizen	112			
Killerphrasen	96			
Kommunikation	85 ff.			
Kommunikation, destruktiv	97 f.			
Kommunikation, empathisch	49			
Kommunikation, lösungsorientiert	193			
Kommunikation, non-verbal	85			
Kommunikation, untergriffig	98			
Kommunikations-Tipps	100			
Kompetenz	12			
Konsens-Entscheidungen	190			
Kontinuierlicher Verbesserungsprozess	112	114 ff.		
Körpersprache	83			
Kreativitätszentrum	157			
KundInnenbindung	84			
KundInnen-Dienst	80			
KundInnenmarkt	70 ff.			
KundInnenorientierung	37	78		
KVP	112			
KVP-Team	113			
Leitbild	122	160	165	
Lernprozess	12			
Loose-Loose-Situation	29	93		
Loyalitätskonflikt	35			
Lustzentrum	31			
Machtrituale	46			
Management-Intensivtraining	148			
Managementsystem, integriert	106 ff.			
Managing Diversity	42			
Managmentsysteme	101 ff.			
Matrix-Organisation	37	53		
Matrix-Teams	53 ff.			
Mehrfachbelastung	152			
Mentaltraining	10	34	54	88
MentorIn	41			
Mission-Statement	53			
MitarbeiterInnen-Bindung	80			
MitarbeiterInnen-Gespräch	22	29 ff.	33	77
MitwirkerInnen	10			
Mobbing	86			
Motivations-Check	30 f.			
Motivations-Check	174	176		

Multikuturell	60				
Nachwuchs-Führungskräfte	33				
Negativ-Lupe	107				
Nettigkeitsfalle	92				
Nettigkeitssammlung	158				
Netzwerke	163				
NIPSILD	180				
Opferrolle	102				
Overhead	63	79			
Paradigmenwechsel	8				
PEPsL	67				
Persönlichkeitsmodelle	46				
Perspektivenreichtum	47				
Post-Fordismus	14 f.				
Prellbock-Dasein	57				
Pro-bleme	129				
Problemlösungskonzept	172				
Prophezeiung, selbsterfüllende	155	164	168	173	
Prozessmanagementmodell	64	103			
Prozessorientiertes Qualitäts-management	110				
Qualitätsfaktoren	109				
Qualitätsmanagement	77	108 ff.			
Quoten-Frauen	130				
Radarlogik	142				
Relativitätstheorie	43				
Rollenklarheit	186				
Rollenvielfalt	137				
Selbst-Bewusstsein	13	35	36	51	58
	126	136	145	166	187
Selbst-Management	164 ff.				
Selbst-Reflexion	51				
Selbst-Vertrauen	51	58	129		
Selbst-Wert	50				
Self-Made-Man	23				
Sender-Empfänger-Modell	90				
Service Desk	83	109			
Servicebereich	63				
Service-Wüsten	72				
Sicherheitsbeauftragte	65				
Social Skills	154				
Stabilisierungsphase	121 ff.	125			
Stabstellen	63				
Stellvertreter-Konflikte	60				
Stellvertreterkriege	37				
Stewardessen-Prinzip	137	198			

Stressfalle	151	180		
Synergieeffekt	39			
Systemkonflikte	60			
Taylorismus	14	116		
Teamarbeit	37 ff.			
Teambildungsprozesse	122	125		
Teamentwicklungsprozess	26	40	42	
Teamgeist	38	40		
Teamorientierung	37			
Tetralemma	26			
Themenführerschaft	57			
Tit for Tat	92			
Toolbox	174 ff.			
Totenbettperspektive	19	178		
TQM	141			
Tunnelblick	66	124	166	181
Unternehmens-Führung	20			
Unternehmenskultur	20	119		
Unternehmens-Leitbild	27 f.			
Veränderungsprojekte	119			
Veränderungsprozesse	195			
Verbesserung	114			
Verhandlungstechnik	91 ff.			
Verhandlungsziele	94			
Verkaufsgespräch	73			
Vermeidungszentrum	31			
VW-Regel	168	192		
Weiter-Entwicklung	154 ff.			
Wertevіereck	178			
Wertschätzung	118			
WIDEG	32	127	180	
Widerstände	193			
WIN-WIN-Strategien	21	42	74	
Win-win-Verhandeln	56	93		
Wirkungsgrad	9			
Workaholic	18			
Work-Life-Balance	17	72		
Wunsch-Selbstbild	28	163		
Zahlengläubigkeit	44			
Zielerreichungsindikatoren	121			

Literaturverzeichnis

Anke Meyer-Grashorn, Spinnen ist Pflicht. Querdenken und Neues schaffen, mvg-Verlag 2004
Anselm Grün: Menschen führen - Leben wecken, 2006
Anselm Grün: Quellen innerer Kraft, Herder 2007
Anton Zeilinger: Einsteins Schleier – die neue Welt der Quantenphysik; C.H.Beck 2003
António R. Damásio. Ich fühle, also bin ich: Die Entschlüsselung des Bewusstseins, List 2004
António R. Damásio: Der Spinoza-Effekt: Wie Gefühle unser Leben bestimmen, List 2004
António R. Damásio: Descartes Irrtum: Fühlen, Denken und das menschliche Gehirn, List 2004
August Höglinger: Grenzen setzen bei Erwachsenen, 2010
August Höglinger: Zeit haben heißt Nein sagen: Ein Arbeitsbuch zur Selbstorganisation, Höglinger 2006
Christian Gansch: Vom Solo zur Sinfonie; Was Unternehmen von Orchestern lernen können, Audiobook 2007
Christine Bauer-Jelinek: Die Businesskrieger, Beck 2003
Christine Bauer-Jelinek: Die helle und die dunkle Seite der Macht; Edition Va Bene 2002
Christine Wirl: Beschwerdemanagement: Kundenservice 2.0 - die Beschwerde nützen, Training Mai 2011
Eckart von Hirschhausen: Die Leber wächst mit ihren Aufgaben, rororo 2008
Eckart von Hirschhausen: Glück kommt selten allein, rororo 2011
Eckart von Hirschhausen: Glücksbringer - medizinisches Kabarett, Rowohl 2009
Edgar K. Geffroy: Das einzige was stört ist der Kunde. Verlag Moderne Industrie 1994
Francois Lelord, Ralf Pannowitsch: Hectors Reise – oder die Suche nach dem Glück, Piper 2006
Francois Lelord: Hector und die Entdeckung der Zeit, Piper 2007
Frederic Vester: Denken, Lernen, Vergessen: Was geht in unserem Kopf vor, wie lernt das Gehirn, und wann lässt es uns im Stich?, dtv 1998
Frederic Vester: Die Kunst, vernetzt zu denken. Ideen und Werkzeuge für einen neuen Umgang mit Komplexität, DVA 2001
Frederic Vester: Neuland des Denkens, dtv 1997
Frederic Vester: Phänomen Stress: Wo liegt sein Ursprung, warum ist er lebenswichtig, wodurch ist er entartet?, dtv 1998
Friedemann Schultz von Thun: Miteinander reden, rororo 2000
Friedemann Schultz von Thun: Miteinander Reden 2 - Stile, Werte und Persönlichkeitsentwicklung; rororo-Verlag 1989
Gerald Hüther: Was wir sind und was wir sein könnten: Ein neurobiologscher Mutmacher, (Gebundene Ausgabe - 21. Oktober 2011)
Gerald Hüther: Bedienungsanleitung für ein menschliches Gehirn, 2010
Gerald Hüther: Wie man sein Gehirn optimal nutzt, Hörbuch, 2 CDs, 2008

Gerald Hüther: Die Macht der inneren Bilder. Wie Visionen das Gehirn, den Menschen und die Welt verändern, 2010
Gertrud Höhler: Die Sinn-Macher, Ullstein 2002
Gertrud Höhler: Warum Vertrauen siegt, Ullstein 2005
H. Luczak; „Das zweite Gehirn" - Wie der Bauch den Kopf bestimmt - Wissenschafter auf der Spur von Gefühl und Intuition; GEO Nr. 11, November 2000
Hans A. Wüthrich, Dirk Osmetz, und Stefan Kaduk: Musterbrecher. Führung neu leben, Gabler 2006
Hans A. Wüthrich, Wolfgang Winter und Andreas Philipp: Die Rückkehr des Hofnarren. Reflexion als Managementherausforderung, 2001
Hans-Peter Dürr und Marianne Oesterreicher: Wir erleben mehr als wir begreifen - Quantenphysik und Lebensfragen, Herder, Freiburg 2001
Harald Preyer: Kundenzufriedenheit leicht gemacht. Verlag Ueberreuther 2002
Harro von Senger: die 36 Strategeme, Scherz 2000
Joachim Bauer: Das Gedächtnis des Körpers, Piper Verlag, 2002
Joachim Bauer: Prinzip Menschlichkeit - Warum wir von Natur aus kooperieren; Hoffmann & Campe, 2006
Joachim Bauer: Warum ich fühle, was Du fühlst, Hoffmann & Campe, 2005
Johann Günther; Paul Stefan: Marketing Einführung und Praxis, Donau Universität Krems 1997
Josef W. Seifert: Moderation und Kommunikation, Gabal-Verlag 1999
Julia Onken; Maya Onken: Hilfe, ich bin eine emanzipierte Mutter: ein Streitgespräch zwischen Mutter und Tochter, Beck 2006
Kambiz Poostchi: Spuren der Zukunft: Vom Systemdenken zur Teampraxis, Horizonte 2006
Johannes Klostermeier: Sie können einen Hund zur Freundlichkeit nicht prügeln; Interview mit Monika Herbstrith, Computerwoche 2011
Lothar Seiwert: Die Bären-Strategie: In der Ruhe liegt die Kraft, Heyne 2007
Lothar Seiwert: Noch mehr Zeit für das Wesentliche, Goldmann 2009
Lothar Seiwert: Wenn Du es eilig hast, dann gehe langsam, Campus 2005
Maja Storch, Benita Cantieni, Gerald Hüther und Wolfgang Tschacher: Embodiment. Die Wechselwirkung von Körper und Psyche verstehen und nutzen
Manfred Bruhn: Internes Marketing / Integration der Kunden- und Mitarbeiterorientierung / Grundlagen-Implementierung-Praxisbeispiele. Verlag Gabler 1999
Manfred Prior: Minimax-Interventionen; Carl-Auer-Systeme Verlag 2002
Manfred Spitzer (Autor, Sprecher) Glück ist... [Audiobook] 2010
Manfred Spitzer, Wulf Bertram, Bernd Hontschik: Braintainment, Suhrkamp 2008
Manfred Spitzer: Geld im Kopf: Wie Ihr Gehirn mit Geld umgeht, Audiobook Feber 2009
Manfred Spitzer: Dein Gehirn bist Du!: Neurowissenschaft, Kindle 2011
Manfred Spitzer: Selbstkontrolle: Warum tun wir oft nicht, was wir wollen?, DVD
Manfred Spitzer: Selbstbestimmen: Gehirnforschung und die Frage: was sollen wir tun?, 2008

Margit Kunz: Gender Mainstreaming: Gleiche Arbeit unterschiedlich bewertet, Training März 2011
Marshall B. Rosenberg: Gewaltfreie Kommunikation: Eine Sprache des Lebens, Junfermann 2007
Martina Hartkemayer, Johannes F. Hartkemayer, Freeman Dhority: Miteinander Denken – Das Geheimnis des Dialogs, Klett-Cotta 2006
Martina und Johannes F. Hartkemeyer, Freeman L. Dhority; Miteinander Denken, das Geheimnis des Dialogs; Klett Cotta 2003
Matthias Pöhm: Vergessen Sie alles über Rhetorik. Mitreißend reden, ein sprachliches Feuerwerk in Bildern, Goldmann 2009
Monika Herbstrith: „Die Stabilisierungsphase: Nachhaltig erfolgreich – Wachstum unter Kontrolle", new business, 2001
Monika Herbstrith: „Generationswechsel" in New Business, 2001
Monika Herbstrith: aus „Zwischen Menschen und Funktionalitäten: Souveränität gewinnen durch Social Skills" in Help Desk 2007
Monika Herbstrith: Besser ist die Steigerung von Gut; Magazin Training Oktober 2000
Monika Herbstrith: Beziehungsprozesse gestalten, Training November 2002
Monika Herbstrith: Das individuelle Erfolgsrezept, New Business April 2002
Monika Herbstrith: Der unternehmerische Regelkreis – Von der kühnen Vision zum realen Profit, New Business Juni 2002
Monika Herbstrith: Die bereichernden Unterschiede – Business Excellence braucht Frauen und Männer; Magazin Training September 2003
Monika Herbstrith: Die Unterschiedlichkeit von Männern und Frauen als unternehmensweites Gestaltungsprinzip, in: women@work - Informations- und Kommunikationstechnologien aus der Sicht der Frauen, books@ocg.at 2007
Monika Herbstrith: Die Wahrnehmung folgt der Vorstellung, Gesundheit für Sie 2008
Monika Herbstrith: Diversity Management: Bereichernde Unterschiedlichkeiten als unternehmensweites Gestaltungsprinzip; WdF-Magazin 10-2003
Monika Herbstrith: Diversity Management: Die Unterschiedlichkeit von Frauen und Männern als unternehmensweites Gestaltungsprinzip in woman@work - Informations- und Kommunikationstechnologien als Beschäftigungsfeld aus der Sicht von Frauen; Herausgeberin E. Hanappi-Egger; Österreichische Computer Gesellschaft, books@ocg.at; Wien 2004
Monika Herbstrith: Erfolgskapital Vertrauen, New Business 2000
Monika Herbstrith: Führungsarbeit als Dienstleistung, Training, Februar 2003
Monika Herbstrith: Gender Mainstreaming, Magazin Training, November 2003
Monika Herbstrith: Gleich und gleich gesellt sich gern, Training Dezember 2003
Monika Herbstrith: Ich und er? Mein Körper?, Gesundheit für Sie 2006
Monika Herbstrith: Impulse zum Erfolg, New Business November 2000
Monika Herbstrith: Integriertes Umweltmanagement, WdF Mai 2003

Monika Herbstrith: „Integrierte Managementsysteme: Normative Anforderungen souverän meistern" technikreport, 2003
Monika Herbstrith: Interne Dienstleister - erfolgreich auf den internen Marktplätzen des Unternehmens, WdF September 2004
Monika Herbstrith: Jonglieren mit der Rollenvielfalt, WKO – Frau in der Wirtschaft
Monika Herbstrith: Konsequente, kundenorientierte Qualität, Österr. Pflegezeitschrift März 2003
Monika Herbstrith: Kontinuierlicher Verbesserungsprozess, Training 2008
Monika Herbstrith: KundInnenorientierung leben, Business Tipps März 2004
Monika Herbstrith: Marktorientiertes Denken – kundenorientiertes Handeln, WdF April 2002
Monika Herbstrith: MitarbeiterInnen-Orientierung, Lebenswelt Heim September 2003
Monika Herbstrith: Nachhaltig, Erfolgreich, Durchstarten, New Business Start up 2001
Monika Herbstrith: Office Management als Chance erkennen, Training Februar 2005
Monika Herbstrith: Optimal Integriert, Technikreport Oktober 2001
Monika Herbstrith: Optimale Abstimmung; Wirtschaftsblatt Jänner 2004
Monika Herbstrith: Prachtexemplare destruktiver Kreativität - Wertschätzender Humor als Gegenstrategie zu Machtgeplänkel mit Killerphrasen; Kolumne Managementfacetten im Online-Journal www.derStandard.at; 2002
Monika Herbstrith: Prozessmanagement: smart, wirkungsvoll & nutzerfreundlich, WdF Oktober 2004
Monika Herbstrith: Qualität (er)leben, Österr. Pflegezeitschrift November 2002
Monika Herbstrith: Qualität in Form bringen, Österr. Pflegezeitschrift Jänner 2003
Monika Herbstrith: Qualität kontinuierlich verbessern, Österr. Pflegezeitschrift September 2002
Monika Herbstrith: Qualität messbar machen, Österr. Pflegezeitschrift Mai 2003
Monika Herbstrith: Quick Scan Coaches, Training März 2003
Monika Herbstrith: Rund oder Eckig? Sowohl als auch!, Hernsteiner Nr. 2, Juli 2004
Monika Herbstrith: Service Oasen: Nachhaltiger Unternehmenserfolg, WdF, 11/2004
Monika Herbstrith: smart – wendig – erfolgreich, The Supporter September 2004
Monika Herbstrith: smart – wendig – nachhaltig erfolgreich, Training 2007
Monika Herbstrith: Social Skills for High Performance, biz September 2007
Monika Herbstrith: Strategisches (Selbst-)Management, new business 2002
Monika Herbstrith: Vereinbarkeit Familie & Beruf, Woman 2006

Monika Herbstrith: Vertrauen – Ihr Erfolgskapital: Eine gelebte Vertrauenskultur als wichtigste Voraussetzung für Kundenbindung; New Business 2000
Monika Herbstrith: Vom Opfer zum Täter, Training August 2005
Monika Herbstrith: Von Menschen für Menschen: Kundenorientierung leben in Business Tipps: schamlos professionell – unverschämt erfolgreich; Herausgeberin C. Hapala; human.money.company; Wien 2004
Monika Herbstrith: Wichtiger als Dinge zu tun, ist es richtige Dinge zu tun, Training Mai 2002
Monika Herbstrith: Working Mum, Woman 2007
Paul Watzlawick: Anleitung zum Unglücklichsein, Piper 2009
Paul Watzlawick: Wie wirklich ist die Wirklichkeit, Piper 2005
Peter Ditko, Norbert Engelen: in Bildern reden – so entdecken Sie Ihre rhetorische Kraft, Econ & List 1999
R. Roosevelt Thomas; Management of Diversity - Neue Personalstrategien für Unternehmen. Wie passen Giraffe und Elefant in ein Haus?; Dr. Th. Gabler Verlag 2001
Reinhard Sprenger: Die Entscheidung liegt bei Dir, Wege aus der alltäglichen Unzufriedenheit; campus Verlag 2004
Reinhard Sprenger: Mythos Motivation, Wege aus einer Sackgasse, Campus 2002
Robin S. Sharma, Bernardin Schellenberger von Droemer: Der Mönch, der seinen Ferrari verkaufte: Eine Parabel vom Glück, Knaur 2008
Roger Fisher: Arbeitsbuch Verhandeln – so bereiten Sie sich schrittweise vor, Verlag Heyne Campus 2000
Roger Fisher; William Ury; Bruce Patton: Das Harvard Konzept – Der Klassiker der Verhandlungstechnik, Campus 2004
Roman U. Sexl: Was die Welt zusammenhält – Physik auf der Suche nach dem Bauplan der Natur; Deutsche Verlagsanstalt 1982
Rotraud A. Perner: Lust Macht Mut – ein Strategiehandbuch für Frauen; Überreuterverlag 2000
Stefan Klein: Alles Zufall – Die Kraft, die unser Leben bestimmt, Rororo 2005
Stefan Klein: Die Glücksformel, Rowohlt Verlag, 2002
Stefan Klein: Einfach glücklich, Rororo Verlag 2005
Stefan Klein: Zeit der Stoff aus dem das Leben ist, Fischer 2008
Steve Biddulph: Männer auf der Suche, Heyne Verlag 2003
Vera Birkenbiel: Stroh im Kopf? Vom Hirnbesitzer zum Hirnbenützer, mvg Verlag 2004
Vera F. Birkenbihl: ABC-Kreativ: Techniken zur kreativen Problemlösung, Ariston 2007
Vera F. Birkenbihl: An Ihrem Lachen soll man Sie erkennen, MVG Verlag 2005
Yongey Mingyur Rinpoche: Buddha und die Wissenschaft vom Glück: Ein tibetischer Meister zeigt, wie Meditation den Körper und das Bewusstsein verändert, Arkana 2007